Hans-Jürgen Ruppert

Durchbruch zur Innenwelt

Spirituelle Impulse aus New Age und Esoterik in kritischer Beleuchtung

Quell Verlag

ISBN 3-7918-1408-7

1. Auflage 1988
Einbandgestaltung: Klaus Dempel, Stuttgart
Satz: Hermann Weyhing GmbH, Stuttgart
Druck: Quell Verlag, Stuttgart

Inhalt

KAPITEL X

Einführung

»Die Reise ins Innere ist das charakteristische Zeichen unserer Zeit«, schreibt der amerikanische Kulturkritiker und Geschichtsprofessor Theodore Roszak in seinem Buch »Das unvollendete Tier«, einem der wichtigsten Quellenwerke der heutigen »New Age«-Strömung. Diesem Zeitzeichen möchten die folgenden Überlegungen auf der Spur bleiben, um die Ziele dieser Reise besser kennenzulernen und um festzustellen, was davon zu halten ist.
Dabei gilt es aber zuerst einmal die verschiedenen Teilnehmer an der Reise kennenzulernen, sowie die, wie Roszak sagt, mehr oder weniger oberflächlichen Zeitströmungen und einträglichen Vergnügungsfahrten, auf die einige dabei aus sind, die Sandbänke, auf denen mancher landet, nicht zuletzt aber auch die Tiefen der Innenwelt, in denen neue Lebensverheißungen gefunden werden und deren Erreichen als Befreiung und Heil erfahren wird.
Doch ist nicht nur mancher schon auf einer Vergnügungsfahrt »versumpft«, auf einer Sandbank bei der Beschäftigung mit sich selbst hängengeblieben oder als Strandgut an fremdes religiöses Ufer gespült worden, sondern auch in der eigenen Seelentiefe gefangen und von ihr verschlungen worden. Da also solche Reisen in die Innenwelt zu gefährlichen Abenteuern werden können, soll, vor allem gegen Ende der Überlegungen, auch gefragt werden, inwieweit der Durchbruch zur Innenwelt in die Tiefe des Bewußtseins wirklich neue Dimensionen und hilfreiche Zukunftsperspektiven eröffnen kann, und wo er in eine falsche Richtung geht und mit Gefahren verbunden ist, die auf Irr- und Abwege führen oder in Sackgassen enden können. Und zwar unter dem Gesichtspunkt, inwieweit hierdurch der Auftrag und das Leben des Christen befruchtet oder gefährdet werden kann. Denn auch der Christ befindet sich ja als Glied des »wandernden Gottesvolks« (Hebr. 3–4; 12) auf einer Reise – der Reise ins Vaterhaus, wo sein unruhiges Herz Ruhe finden soll. Anders als viele der heutigen Zeitströmungen, bei denen dieses Bild Augustins, des größten Theologen des christlichen Abendlands, so häufig wiederkehrt, verliert er jedoch nie aus dem Blick, daß er einem

Herrn folgt, der selbst der Weg und die Wahrheit ist und von sich sagt: »Niemand kommt zum Vater denn durch mich« (Joh. 14,6).

Bewußtseinswandel und »New Age«-Bewußtsein

In der gegenwärtigen Situation ist allerdings nicht mehr zu übersehen, daß sich diese Sehnsucht der Menschen nach Frieden und Heil auch außerhalb der christlichen Kirchen in vielfältiger Weise neu artikuliert. Schon immer sprechen vor allem die spirituellen Aufbruchsbewegungen die latente Glaubenssehnsucht des Menschen an. Die »Reise ins Innere« äußert sich gegenwärtig vor allem als ein Glaube an die Heilkraft eines »neuen Bewußtseins«, an die Notwendigkeit eines umfassenden Bewußtseinswandels, einer grundlegenden geistigen »Wende«, worin sich diese Sehnsucht kristallisiert. Der Hoffnung auf Veränderung mit Hilfe äußerer Reformen oder gar Revolutionen treten zunehmend geistige Strömungen zur Seite, die im »Durchbruch zur Innenwelt« die entscheidende Voraussetzung für den als notwendig erkannten grundlegenden Wandel von Mensch und Welt erkennen.
Inwieweit dieses »neue Bewußtsein« schon da ist, wie stark es sich bereits etabliert hat, wo seine Wurzeln liegen und inwiefern seine Ausbreitung überhaupt wünschenswert ist oder worin seine Gefahr liegt – darüber gehen die Meinungen stark auseinander. Vor allem bei den Menschen, die vom Kommen des »New Age«, des »Neuen Zeitalters« der kommenden 2000 Jahre unter der Vorherrschaft des »Wassermanns« überzeugt sind, werden geistige Strömungen hoffnungsvoll begrüßt, die in diese Richtung gehen. Von daher klebt man vielen dieser Strömungen und Tendenzen heute sehr oft einfach das Etikett »New Age« auf – bei den »New Age«-Anhängern, um sie für sich zu vereinnahmen, bei ihren Gegnern, um sie zu kritisieren oder gar zu diffamieren. Man muß also immer zwischen dem »New Age-Bewußtsein« oder der »New Age-Spiritualität« im engeren Sinn bei den Vertretern einer mehr oder weniger faßbaren »New Age-Bewegung« und dem darüber hinausgehenden allgemeinen Bewußtseinswandel unserer Zeit unterscheiden, der allerdings in dem »New Age-Syndrom« einen symptomatischen Ausdruck findet. Ohne diese Differenzierung kann man dem Anspruch und der in die Zukunft weisenden Bedeutung der heutigen Veränderungen auf weltanschaulichem Gebiet nicht

gerecht werden, und man vermag insbesondere ihre Herausforderung für den christlichen Glauben nicht richtig zu erkennen, wenn man sich nur auf einzelne Vertreter oder Gruppen der »New Age-Bewegung« konzentriert und nicht das dahinterstehende »neue Bewußtsein«, den »Durchbruch zur Innenwelt« als weitaus umfassendere geistige Macht unserer Zeit erkennt.

Die Attraktivität der »New Age-Bewegung« beruht nun allerdings zu einem großen Teil darauf, daß sich ihre Vertreter zu Sprechern der Plausibilitäten des »neuen Bewußtseins« machen und dadurch an gesellschaftlichem Einfluß gewinnen. »Eine post-moderne Weltanschauung ist im Entstehen begriffen, die sich vor allem darin ankündigt, daß mehr und mehr Menschen nicht mehr an die Voraussetzungen der Modernität glauben.«[1] Das gilt insbesondere für den für das »neue Bewußtsein« typischen Glauben, Versuche einer technologischen Daseinsbewältigung, die konsequente Anwendung des Wissens zur *äußeren* Machtausübung über die Natur hätten die Menschheit in der Neuzeit an den Rand eines Abgrunds geführt, und nur durch eine Kehrtwendung im »Durchbruch zur Innenwelt«, durch die Besinnung auf die *inneren* Kräfte der Seele sei überhaupt noch die Zukunft der Menschheit zu sichern.

Damit soll eine Überwindung der traditionellen »Dualismen« der rationalen Lebenseinstellung verbunden sein – der Dualismen von Geist und Materie, Gott und Welt, Mann und Frau usw. Theodore Roszak formuliert diesen *Grundkonsens* des »neuen Bewußtseins« der New Age-Vertreter, der sogenannten »Aquarier«, so: »Nahezu alle psychischen und geistigen Experimente im Grenzbereich der Aquarier kann man auf einen *gemeinsamen Nenner* bringen: Sie sollen die *Dichotomie* aufheben, unter der die westliche Gesellschaft so lange gelitten hat, und Fleisch und Geist, Intellekt und Instinkt wieder vereinen... Es geht um... *erfahrene* Göttlichkeit in der Welt, und zwar hier und jetzt.«[2]

Die folgenden Beispiele aus Gesellschaft und Wissenschaft, aus Ökologie, Pädagogik, Psychotherapie und Esoterik, sogar aus der Musik und der Heilkunde[3], können zunächst einmal einen kurzen Eindruck von der bereits feststellbaren Verbreitung dieses »Grunddogmas« des neuen Bewußtseins vermitteln, das als geistige Macht in seinem verführerischen Zwang, seiner Faszinationskraft und seinen Verheißungen auf immer mehr Menschen ausstrahlt. Sein Einfluß erstreckt sich nämlich nicht nur auf die New Age-Vertreter im engeren Sinn, die mit ihren

Vorstellungen unmerklich, als eine Art »sanfter Verschwörung« in die Gesellschaft einsickern, sondern auch ganz unabhängig davon auf Vertreter traditioneller Esoterik oder moderner Therapieformen, auf Feminismus und Ökologiebewegung bis hinein ins grün-alternative gesellschaftliche und politische Spektrum oder auf Vertreter des sogenannten »Paradigmenwechsels« in der Naturwissenschaft.

Wende nach innen

Einer der ersten, der das »neue Bewußtsein« beschrieben und sich sogar zu dessen Sprecher gemacht hat, ist der eingangs bereits zitierte Geschichtsprofessor an der California State University, *Theodore Roszak* (geb. 1933). Sein diesbezügliches Buch »Das unvollendete Tier« erschien in Amerika bereits 1977. Damals war die Bewegung eines »neuen Bewußtseins« in den USA bereits auf einem Höhepunkt angelangt, die unter einem bestimmten Aspekt noch genauer beleuchtet werden soll. Roszak bezeichnet sie auch mit dem kaum übersetzbaren Begriff als die »aquarian frontier«, was soviel bedeutet wie die Front der Wassermann-Verschwörer im Rahmen der sich vollziehenden »Bewußtseinsexplosion«.
Die Münchner Journalistin *Susanne Schaup* hat in ihrem Erfahrungsbericht über die New Age-Bewegung in den USA das Wesen der »aquarian frontier« sehr anschaulich festgehalten, als sie schrieb, in Amerika habe sich eine »neue Pioniergeneration« herausgebildet, die die zu überwindenden Grenzen (»frontiers«) nicht, wie die alten Siedler, im Drang nach Westen, sondern vor allem im eigenen Innern suche.[4]
Sucht man nach vergleichbaren Zeitströmungen im damit angesprochenen *gesellschaftlichen Bereich* bei uns, so stößt man seit Beginn der 80er Jahre immer häufiger auf ähnliche Analysen. So stellte der Sozialwissenschaftler *Michael T. Siegert* vom Max-Planck-Institut für Bildungsforschung 1983 auf einer Tagung der Katholischen Akademie der Erzdiözese Freiburg über »Neue Religiosität, neues Bewußtsein, neuer Lebensstil« vor allem bei neuen religiös-charismatischen Bewegungen eine zunehmende »Verlegung der Problematik nach innen« fest: »Die Verlegung nach innen – eine Grundfigur der Problemneudefinitionen im Zusammenhang religiös-charismatischer Gruppen – zielt im Sinne eines Stufenmodells darauf ab, die von den Teilnehmern oft vorgenom-

mene Verknüpfung von sozialen und lebensweltlichen Gegebenheiten bzw. Ereignissen mit persönlichen Befindlichkeiten allmählich durch eine *selbstzentrierte Problematik* abzulösen.«[5] Dies scheint eine der typischen »Sandbänke« zu sein, auf denen viele heute beim Durchbruch zur Innenwelt landen. Doch weiß Siegert nicht nur von Randgruppen, sondern auch von einem gesamtgesellschaftlichen Trend »nach innen« zu berichten: Danach sprechen heute viele Sozialwissenschaftler von einem *Trend zum Okkulten*, weil die von zahlreichen neuen religiösen Gruppen artikulierten Themen nicht mehr länger lediglich als gesellschaftliche Randerscheinungen angesehen werden können: »Kennzeichen dieser Entwicklungstendenz sind – ohne Anspruch auf Vollständigkeit – die Wiederbelebung des Glaubens an Astrologie, an die prognostische Kraft von Tarot-Karten, an außersinnliche Formen der Wahrnehmung, schamanistische Praktiken, Psi-Phänomene und vieles mehr. Der weitverbreitete Wunsch nach einer mehr kontemplativen Lebensführung in Verbindung mit dem Wunsch nach ›spirituellem‹ Wachstum schlägt sich in der Bereitschaft nieder, alternativen Formen der Realitätsdeutung, wie etwa Versuchen der magischen Erklärung Bedeutung beizumessen, wenn nicht gar unbesehen Glauben zu schenken. Beispiele dafür sind die immer noch gut besuchten ›Castanedakurse‹ der Volkshochschulen ebenso wie die im Hinblick auf Einschaltquoten überaus erfolgreichen Astrologiesendungen des Fernsehens und schließlich die Spiegelung religiös-therapeutischer Themen in der um alternative Realitätsdeutung bemühten zeitgenössischen Literatur.«[6]

Selbst die nicht gerade von neuer, alternativer Spiritualität sprühende FAZ geriet in einem Artikel aus Anlaß des 1987 ausgebrochenen »Hexenliteratur-Booms« über »Die Vernunft der Magie« beinahe ins Schwärmen, als sei sie schon immer eine Vertreterin des »neuen Bewußtseins«, und machte Mut, sich auf eine Abenteuerreise in die Innenwelt einzulassen: »Das hochkomplexe Hexenthema«, heißt es in dem Artikel, »birgt die Chance, tatsächlich einmal etwas über *andere Seiten* ›unserer‹ Vergangenheit zu lernen. Ein Kaiser Rudolph II. (1575–1612), in dessen Residenz nicht nur ein Johannes Kepler, sondern Magier aus ganz Europa verkehrten, harrt noch der Interpretation. Wir haben es hier mit *›anderen Wirklichkeiten‹*[7] zu tun, und sich auf diese einzulassen macht ein geistiges Abenteuer aus, das man sich nicht durch die Übernahme platter Thesen zerstören lassen sollte.«[8]

Ein Kenner der bundesdeutschen »Alternativszene«, der lutherische

Pastor *Ekkehard Hieronimus,* hat nachgewiesen, daß dieses Phänomen einer »Wende nach innen« in den »alternativ« orientierten Teilen unserer Gesellschaft bereits seit dem Abflauen der Studentenbewegung der späten 60er Jahre feststellbar ist. Unter Hinweis auf einen Aufruf aus einem einschlägigen »Ulcus Molle Info« von 1977 – »Flieg in dich selbst hinein – so tief wie du willst. Zähle nicht die Lichtjahre da draußen« – schreibt Hieronimus: »Sahen sich die Menschen vergangener Jahrzehnte eher der Tyrannis von Maschinen ausgeliefert..., so sehen die Alternativdenker unserer Zeit diese Bedrohung *tiefer* angelegt: im Staatsapparat, der in zunehmendem Maße Denken und Konsum der Menschen standardisiert, der dem einzelnen immer weniger Spielraum für seine Individualität läßt. Gegen diese Standardisierung, die letztlich schon im Kleinkindalter einsetzt, bleibt dem einzelnen als Widerstandsmöglichkeit *nur noch der Weg nach innen,* in sich selbst... Dieses Innere – so lautet der neue Glaubenssatz – bietet noch den Zugang zum wahren Menschsein, hier vermag der Suchende noch das Ursprüngliche zu erfahren, wenn es auch notfalls durch bestimmte psychische und physische Techniken erst aktiviert werden muß.«[9]
Die heutige Entwicklung im Zeichen des New Age-Bewußtseins ist ohne diese Vorgeschichte in der »alternativen Szene« überhaupt nicht zu begreifen, und viele der Jugendlichen von damals sind die heutigen erwachsenen New Age-Verschwörer – in Zeitungsredaktionen, auf Lehrstühlen, in Verwaltungspositionen oder in der Politik! Ihre Ideen von damals und von heute aber sind im wesentlichen dieselben geblieben.
So wie sich Religion und Gesellschaft immer wechselseitig beeinflußt und durchdrungen haben, so kann die »Wende nach innen« im gesellschaftlichen Bereich nicht abgesehen von den Entwicklungen auf *religiösem Gebiet* betrachtet werden. Bei ihren Überlegungen zu einer »postmodernen Religion in einer grünen Gesellschaft« stützt sich die amerikanische »Tiefen-Ökologin« *Charlene Spretnak* in ihrem Vortrag über »Die spirituelle Dimension grüner Politik«[10] vor allem auf den in New Age-Kreisen hoch angesehenen englischen Wirtschaftswissenschaftler *E. F. Schumacher* (gest. 1977). Dieser hatte mit dem Titel seines Buches »Small is beautiful« (deutsch: »Die Rückkehr zum menschlichen Maß«) nicht nur für ein inzwischen allgemein verbreitetes Schlagwort gesorgt, sondern in seinem Buch »Rat für die Ratlosen« (Reinbek 1979) »mehrere Seiten mit Anweisungen der großen Religionen gefüllt, die darauf

dringen, daß man eine *innere Reise unternehmen* muß. Er bestätigt«, so Ch. Spretnak, »daß es die traditionelle Rolle der Religion gewesen ist, die grundlegende Wahrheit zu lehren, daß ›auf der menschlichen Seinsebene die *unsichtbaren Dinge* unendlich mehr Kraft und Bedeutung haben als die sichtbaren‹.«[11] Daraus folgert Spretnak für die künftige Aufgabe und Bedeutung der Religion: »Um mit Hilfe der postmodernen Religion der Leere des modernen Lebens entgegenzutreten, wäre es zweckmäßiger, die Lehren und Übungen ... zu fördern, die ... das *innere Wachstum* nähren.« Im Bezug auf die jüdisch-christliche Tradition bedeute das vor allem Wiederentdeckung und Förderung der verdrängten »mystischen Seitenpfade«.

Die »Wende nach innen« führt auf religiösem Gebiet aber nicht nur zu einer damit prognostizierten weitgehenden Auflösung von »Religion« in »Spiritualität« und »Mystik« als Wesensmerkmal »postmoderner Religion«. Ebenso charakteristisch ist die mit ihr verbundene Zunahme der sogenannten *»frei flottierenden Religiosität«*, die nach Theodore Roszak »im Rahmen der Gegenkultur für die jüngste amerikanische Generation so überaus charakteristisch gewesen ist«[12] und die sich, jenseits aller verfaßten Kirchen und traditionellen »Sekten«, in den verschiedensten Lebensbereichen, in Kommunen und spirituellen Lebensgemeinschaften, in Psychogruppen oder auf dem Campus, aber auch bei Vertretern unorthodoxer Heilweisen oder vegetarischer Ernährung usw. ausbreitete. »Wenn wir es nicht schaffen, die religiösen Impulse zu begreifen, die hinter dieser faszinierenden Geistesbewegung stecken, dann verliert die zeitgenössische Kultur ihren Stellenwert, weil wir ein dominierendes Element übersehen.«[13]

Aber auch innerhalb der Traditionskirchen selbst machten sich zur selben Zeit die Zeichen einer religiösen Wende nach innen bemerkbar. Dies geschah exemplarisch in Verbindung mit dem immer stärker werdenden Ruf nach »Spiritualität«. Spiritualität, Meditation, Mystik, religiöse Erfahrung – das sind einige der wichtigsten Signalbegriffe jener »Tendenzwende«, die *Jürgen Linnewedel*, juristischer Oberkirchenrat im Kirchenamt der EKD, schon 1975 in seinem Buch »Mystik, Meditation, Yoga, Zen« (3. Aufl. Stuttgart 1984) prognostiziert hat: »Die wachsende Tendenz, nach individueller religiöser Erfahrung zu suchen, wird zwangsläufig zu Mystik und Meditation hinführen. Die genannten Entwicklungslinien sprechen dafür, daß die Gegenwart ein Zwischenstadium ist, in dem das Pendel der Geschichte von einer Epoche stark

äußerlicher Religionsausübung wieder hinüberschwingt in *eine Zeit mehr innerer, lebendigerer Religiosität.* Möglicherweise wird sich hierbei die Mystik Meister Eckharts als neues Leitbild herausformen.«[14]
Vor allem der seither nicht mehr verstummte Ruf nach mehr »religiöser Erfahrung«, an die sich viele Hoffnungen knüpfen, bedarf jedoch einer sorgfältigen theologischen Ortsbestimmung. Jedenfalls dürfte sowohl für die Situation in den verfaßten Kirchen als auch für die frei flottierende Religiosität die Zeitanalyse des früheren Hamburger Bischofs *Hans-Otto Wölber* zutreffen, der bereits 1976 das Ende des Denkens einer rein »rationalen Sachweltorientierung« konstatierte, für das »religiös« gleichbedeutend war mit »individualistisch verengt«: »Heute geht eine Phase zu Ende«, so beschrieb er den damals beginnenden Durchbruch zur Innenwelt, »in der man Objektivität für eine Tugend, *Subjektivität* aber quasi für etwas Unredliches hielt.« Und er hielt diese Wende sogar insofern auch für theologisch legitim, als »Glaube« – als »Begegnung mit der Instanz, der man sich verdankt« – auch »zur *Selbstbegegnung* führt«.[15] Längst seien die Zeiten vorbei, da man von »*bloßer* Innerlichkeit« fast wie von einem Schimpfwort oder einem Versagen der christlichen Existenz sprach; statt dessen »tritt man mit dem Ruf nach Spiritualität offensichtlich neu das Wagnis der Subjektivität, der Selbstbegegnung, der Betonung des unvertretbaren eigenen Erlebens an... So wird Spiritualität zum Ausdruck der Kategorie des einzelnen, der persönlichen Betroffenheit, und Stille wird zur Erfahrung des Bei-sich-Seins, offen für Gott... Gott spricht zu meinem Gewissen, er nimmt mich als Person und nicht als Kollektiv.«
Glaube führt also nicht nur zum Engagement für den Mitmenschen, sondern auch zur *Selbsterkenntnis.* Aber Stillewerden und meditative Öffnung für die Reise in die eigene Subjektivität öffnen den Menschen nicht nur für Gott, sondern auch für die eigene Tiefe mit ihren Konflikten. Deshalb ist Meditation im christlichen Sinne nach Wölber nur denkbar als »objektbezogene«, mit einem Gebet, einem Psalm oder einem Gesangbuchvers als Orientierung, niemals als »objektlose«, »nur unter der *Leitung des Wortes Gottes,* nicht als *Psychotechnik*«[16].
Genau dies ist aber das hervorstechendste Merkmal jener kirchlich nicht gebundenen frei flottierenden Religiosität: ihr fast nahtloser Übergang in die gegenwärtige »Psychokultur« mit ihrem vielfältigen Angebot an derartigen Psychotechniken, so daß manche die neuen religiösen Bewegungen als im Grunde »therapeutisch« charakterisieren, wenn sie nicht

sogar, wie Christopher Lasch, überhaupt das gesamte geistige Klima als »nicht religiös, sondern therapeutisch« bezeichnen. Es wird noch öfter darauf zurückzukommen sein, wie sehr vor allem der damit in den Blick kommende *Bereich der modernen Psychologie und Psychotherapie* Anteil an der »Wende nach innen« hat und zu einer der typischen, oftmals heiß umkämpften Grenzzonen der »aquarian frontier« geworden ist.

Das Max-Planck-Institut für Bildungsforschung hat, wie M. T. Siegert berichtet, diese Überschneidung von »neuer Religiosität« und »Psychoboom« im Jahr 1982 in einem Forschungsprojekt über die kalifornische »Bay Area«, das eigentliche Ursprungsgebiet des »New Age-Bewußtseins« (s. u. Kap. I), untersucht und dabei festgestellt, daß sich die religiös-therapeutischen Angebote durchweg auf den *Einzel*menschen beziehen und die Umwandlung gesellschaftlicher Institutionen keine Rolle spielt. Eine für zahlreiche Therapieformen typische radikale »Hier-und-Jetzt«-Orientierung löst die gesellschaftskritische durch eine »*selbstzentrierte* Betrachtungsweise« von Problemlagen ab. Diese soll zur Einsicht führen, daß es nicht irgendwelche sozialen Verhältnisse und Lebenszusammenhänge sind, die Schwierigkeiten bereiten, »sondern *ausschließlich der Betreffende es selber* ist, der sich als ›Träger‹ und ›Verursacher‹ all der Probleme erkennen muß«[17] – auch dies eine Konsequenz des Bewußtseinswandels, der Wende nach innen. Hier deuten sich Fehlentwicklungen an, auf die noch zurückzukommen ist. Was für manchen als – vor allem für den Therapeuten einträgliche – Vergnügungsfahrt begann, das kann sehr bald zur Sandbank seines Lebens werden, auf der er – im »Hier und Jetzt« mit seinen eigenen Problemen alleingelassen – festsitzt.

Ein besonders markantes Beispiel aus dem psychotherapeutischen Bereich ist die auch in New Age-Kreisen oder etwa bei Bhagwan angebotene »Primärtherapie«, auch als »Urschrei-Therapie« bekannt, von *Arthur Janov,* die von einem Kritiker geradezu als »*Flucht in die Innenwelt*«[18] charakterisiert wurde.

Denn gerade hier im therapeutischen Bereich, wo der Anspruch gegeben ist zu heilen und wo die Verheißungen am größten sind, durch die Wende nach innen Veränderungen bewirken zu können, liegen auch besondere Gefahren des Durchbruchs zur Innenwelt. Es ist kein Zufall, daß dieser Durchbruch im therapeutischen Bereich gerade in jenen Jahren einsetzte, als die politisch-messianistischen Blütenträume zu welken begannen. Der Bericht einer ehemaligen Bhagwan-Anhängerin kann stellvertretend für Tausende stehen, die aus Angst vor der politischen Resignation oder vor dem Amok-Lauf in den Terrorismus zunächst Halt in einem »neuen Bewußtsein« fanden: »Die Angst vor dem Amok-Absurd ließ schließlich mein *Inneres* ins Blickfeld rücken; ich machte eine *Kehrtwendung ins Innere.* Tu was für dich. Fang bei dir selbst an. Ändere dich, nicht die Welt! Ich wollte *in meinem eigenen Inneren* putzen, klären, reinigen.«[19] Doch was als Suche nach dem eigenen Ich begann, das endete, wie die Autorin heute erkennt, in der totalen »Ich-Zertrümmerung« durch die Bhagwan-Botschaft, in einer »grausamen Lebensverkürzung« durch die Sekte und durch die Abhängigkeit vom Guru.

Die Reise in die eigene Seele muß allerdings nicht zum Horrortrip werden, wenn die damit verbundenen Ansprüche und Erwartungen realistisch bleiben und von einer – gerade auch noch im Streben nach »Ich-Zertrümmerung« – selbstzentrierten Sichtweise wegführen können – eine Anfrage auch an die kirchliche Arbeit, hier Hilfen zu geben.

Inwieweit dieses Problem immer richtig gesehen wird, muß gerade im Blick auf solche aktuellen Entwürfe gefragt werden, wo psychotherapeutische Modelle oft nahtlos mit *Feminismus und Esoterik* verbunden werden. Anhänger der New Age-Bewegung befinden sich hier geistig häufig auf einer völlig einheitlichen Linie mit Vertreterinnen einer tiefenpsychologisch beeinflußten Richtung des Feminismus. So beschrieb die Psychotherapeutin *Ursula Rombach* auf einer Veranstaltung der »Frauenwerkstatt« auf dem Frankfurter evangelischen Kirchentag 1987 am Beispiel der sumerischen Göttin Inanna die mythologische Verarbeitung einer »Reise ins Innere« als Chance der eigenen Vervollkommnung und Erlösung.[20] Diese Richtung erstreckt ihren Einfluß mittlerweile bis in die Szene der sogenannten »neuen Hexen«.[21] Als Beispiel dafür, wie sehr hier auch Esoterik und moderne Therapien ineinander übergehen (s. u. 2. Teil), sei der nicht zuletzt auch als »Esotera«-Autor bekannte Münchener Therapeut *Jürgen vom Scheidt* erwähnt. Seine Einführung in eine Reihe esoterischer Praktiken mit dem bezeichnenden Titel »Antworten aus dem Unbewußten« widmet er der Gestalttherapeutin und Gruppenpsychologin *Ruth C. Cohn,* deren Aufsatz über das *»Innere Jenseits«,* wie er schreibt, »meine *eigenen inneren Wege* klären half und deren Methode der ›Themenzentrierten

Interaktion (TZI)‹ eine unentbehrliche Hilfe bei der Arbeit... mit der ›*Gruppe in mir selbst*‹ geworden ist«[22].
Hier wird die moderne Psychotherapie zum unmittelbaren Wegbereiter der Wiederkehr von Mystik und Esoterik – den seit alters klassischen Innenwegen, auf die noch gesondert einzugehen ist.
Dies glauben viele heutige Mystiker und Esoteriker aber auch von der *Naturwissenschaft*, soweit sie auf nachcartesianischen Paradigmen aufbaut, und es dürfte nicht zu bezweifeln sein, daß eine der Hauptquellen für den Bewußtseinswandel derartige Anschauungen über die Rolle der modernen Wissenschaft sind. Erst heute scheint aber ins allgemeine Bewußtsein zu dringen, was sich seit Beginn des 20. Jahrhunderts als neue Wahrnehmung der Realität, als sogenannter »Paradigmenwechsel« in der Wissenschaft anbahnt: daß eine klare Dualität von Subjekt und Objekt dem wirklichen Wahrnehmungsvorgang im physikalischen Labor nicht gerecht wird. »Das Transzendieren der Subjekt-Objekt-Dualität ist aber Grunderfahrung der Mystiker aller Zeiten und Kulturen, und darum fasziniert das Thema ›Mystik und moderne Physik‹ nicht nur Physiker, sondern eine breiter werdende Öffentlichkeit.«[23] Die »Wende nach innen« scheint schließlich sogar ihre wissenschaftliche Absegnung durch sich avantgardistisch verstehende Vertreter der Naturwissenschaft zu erhalten. Da sich für ein breites, an naturwissenschaftlichen Fragen interessiertes Publikum von hier aus wahrscheinlich der plausibelste Zugang zur »Innenwelt« des »neuen Bewußtseins« ergibt, sei dieser Aspekt hier wenigstens erwähnt, obwohl die Fachwissenschaft diese »Wende« weitgehend ignoriert und sich die folgenden Überlegungen an der Esoterik orientieren, deren Vertreter allerdings selbst recht häufig professionelle Naturwissenschaftler sind!
Die seelischen Innenräume des Menschen werden aber nicht nur von Therapeuten als neue Kraftquelle entdeckt. »An jeder Ecke türmen sich Schwierigkeiten vor uns auf. Deshalb muß jeder auf seine Weise nach dem Frieden und der Ruhe suchen, die in seinem Innersten verborgen liegen« – mit diesen Worten bietet ein Katalog der inzwischen etablierten Musikrichtung »New Age«[24] entsprechende Kassetten dieser »*New Age-Musik*« als Hilfe an, den »*inneren Frieden* und unerschütterlichen Gleichmut zu finden, der uns dazu verhilft, unseren alltäglichen Pflichten mit Ruhe, Selbstsicherheit und Freude nachzugehen«[25].
Einer, der seit einiger Zeit ebenfalls auf diese »neue Spiritualität« eingeschwenkt ist, die ihre Impulse vor allem aus einer neuen inneren

Wahrnehmung gewinnt, der frühere deutsche »Jazz-Papst« *Joachim-Ernst Berendt*, weist in seinem Buch »Das Dritte Ohr. Vom Hören der Welt« auf die wichtige Rolle hin, die das richtige »Hören« für diese innere, spirituelle Wahrnehmung spielt: »Das Hören ist... der spirituellste unserer Sinne... Die Entfaltung der Augenkultur... hat unser Leben entspiritualisiert. Sie läuft parallel mit der Entwicklung zu Rationalismus und Materialismus. Immer seltener war bewußt und wurde gezeigt, daß unsere ›*inneren Augen*‹ genau so wichtig sind wie die ›äußeren‹ und daß es nicht nur auf den Blick in den äußeren Raum, sondern auch auf den ›Blick nach innen‹ ankommt.«[26]

Man hat sogar gemeint, ihren breitenwirksamsten Ausdruck finden New Age und neues Bewußtsein in einem *neuen Gesundheitsbewußtsein*, ja in der Heilkunde selbst.[27] Bei allem Streit zwischen »Schulmedizin« und »alternativen Heilweisen« ist nicht zu übersehen, daß bereits über 60% der westdeutschen Ärzte für Allgemeinmedizin die Wende nach innen zumindest teilweise mitvollzogen haben und, wenn auch nur gelegentlich, sich auch der »Außenseitermethoden« bedienen.

Hier, im Bereich der Heilung, der schließlich jeden Menschen etwas angeht, schlägt sich das »Grunddogma« des neuen Bewußtseins naturgemäß besonders stark nieder in Gestalt eines wachsenden Mißtrauens gegenüber den Heilmitteln der chemischen Industrie und den Methoden einer rational, naturwissenschaftlich orientierten Medizin. Dem korrespondiert die zunehmende Öffnung für solche Heilverfahren, die der »Innenwelt« des Menschen stärker Rechnung zu tragen scheinen und die vor allem in Bezeichnungen wie *»Geistige Heilweisen«* oder *»Geistheilung«* einen direkten Bezug auf die Rolle des menschlichen Bewußtseins nicht nur bei der Heilung, sondern auch schon bei der Entstehung von Krankheiten zu haben scheinen. Dem »Grunddogma« zuliebe nimmt man sogar Nachteile durch Verzicht auf die Heilmittel der naturwissenschaftlichen Medizin in Kauf, was für den Betroffenen allerdings lebensgefährlich werden kann. Mit dem Anspruch, damit einer »ganzheitlichen« Sicht des Menschen gerecht zu werden, legt das gewandelte Bewußtsein von Gesundheit und Krankheit den geistig-seelischen Aspekten ein größeres Gewicht bei.

Eines der ältesten und heute wichtigsten Beispiele für diesen »Durchbruch zur Innenwelt« in Abkehr von einem »mechanistischen« Denken ist die *Homöopathie:* »Die Homöopathie unterscheidet sich von der Schulmedizin bereits auf der untersten Ebene der *Definition von*

Krankheit.« Danach »sind die Krankheitskategorien der Schulmedizin Klassifizierungen von Krankheitserscheinungen, die auf Schwachstellen im Abwehrmechanismus einzelner Organismen hinweisen. Das sind nicht die Krankheiten. Die Krankheiten sind viel zu *tiefgründig und spirituell,* als daß der Mensch sie lokalisieren könnte. Die Gewebsveränderungen, die eine Krankheit hervorruft, sind die sichtbare Folge einer Erkrankung auf der *inneren* Ebene.«[28] Sofern »okkult« nichts anderes als den Hinweis auf diese »innere«, »verborgene« Ebene bedeutet, könnte man hier in der Tat von »medizinischem Okkultismus« sprechen. Allerdings wird darunter im christlichen Sprachgebrauch manchmal eine Form von »dämonischer Besessenheit« verstanden, was in dieser generalisierenden Form natürlich nicht haltbar ist. Der Hinweis, daß die *sichtbare* »Krankheit« gar nicht die Krankheit ist, sondern nur deren Symptom, kann vielmehr Menschen von ihrer oberflächlichen Sichtweise des Lebens abbringen. So meinte der 1986 verstorbene *Joseph Beuys,* der das Wesen des Künstlers als schlechthin »therapeutisch« ansah, einmal in einem »Spiegel«-Interview, das Konsumverhalten der Menschheit – sichtbares Krankheitssymptom – werde durch ein neues Bewußtsein »verdünnt im Sinne eines homöopathischen Qualitätsanspruchs... In 300 Jahren werden die Menschen von einem Glas Wasser leben können.«[29]

Die eigentliche Fragwürdigkeit der Homöopathie liegt eher woanders: in der Annahme eines zentralen spirituellen Steuerzentrums des Organismus, genannt *»Lebenskraft«,* die alles auf mirakulöse Weise in der Balance hält. Ihre fragwürdigen Seiten werden offenkundig bei einem normalen Knochenbruch oder etwa auch bei Krebs: Wenn eine manchmal hilfreiche Methode zum Glauben an ihre Allheilkraft verführt, wenn *ein* »rettendes Konzept« höher gestellt wird als der Mensch selbst in seiner Not, ist letztlich Menschenverachtung am Werk. Auf diese Weise können solche Methoden eigentlich auch »dämonisch« werden – was natürlich in gleicher Weise auch von der heute »etablierten« Medizin gilt! Auch die folgende Überlegung kann das noch einmal unterstreichen: »Gerade vom ökologischen Standpunkt aus«, schreibt *Uwe-F. Obsen,* »muß sich die Lehre von der Lebenskraft als zynische Illusion erweisen. Daß nämlich der Körper die Schwermetalle, mit denen uns die Umweltverschmutzung so reichlich bedenkt, verkraften könne, wenn er nur in sich harmonisch geordnet wäre, daß er, wenn er sich im Zustand *›innerer Gesundheit‹* befände, an all diesen Schadstoffen gar nicht erkranken würde – das ist eine grob verharmlosende Vorstellung vom Leben und den Risiken, denen es heute gerade ausgesetzt ist.«[30]

Natürlich würde der New Age-Anhänger hiergegen erwidern, es sei ja gerade das Ziel der angestrebten »Bewußtseinsveränderung« der Menschheit, daß es keine Schwermetalle und Schadstoffe in der Luft mehr geben soll! Aber deutet sich mit einer solchen heute weit verbreiteten Argumentationsweise nicht eine gefährliche und geradezu erschreckende Fehlhaltung an, die sich leider auch mit den »Durchbrüchen nach innen« verbindet? Denn dieses Argument verlagert die Problematik unversehens auf eine völlig andere Ebene: von der *Erkenntnisebene* zur *Machtfrage.* Allein schon diese Tatsache, daß man glaubt, die Machtfrage durch »Bewußtseinsveränderung«, durch »Reisen in die Innenwelt« lösen zu können, zeigt, daß man sie nicht verstanden hat. Das heißt, man unterliegt einer Illusion hinsichtlich des wirklichen Zustands der Menschheit: »Eine strikte Luftreinhaltungspolitik *läßt sich nicht durchsetzen*..., obwohl eine ganze Reihe von Maßnahmen technisch längst möglich wären. Die Hindernisse liegen im Bereich *konkurrierender Werte,* nicht im Bereich mangelhaften Wissens.« Solange das Wollen der Menschen recht unterschiedlich ist und etwa Millionen von Autofahrern ihrer Bewegungsfreiheit einen sehr hohen Wert beimessen, »wirkt sich der alternative Wert der Gesundheit von Mensch und Natur nur sehr eingeschränkt auf die Politik aus«[31]. Dieses Problem wird im Zusammenhang mit dem »neuen Bewußtsein« immer wieder begegnen. Es ist im Grunde seit der Aufklärung virulent und kann aus christlicher Sicht nur im umfassenden Zusammenhang der Frage nach dem Menschenbild des New Age beantwortet werden.

Zwischen Plausibilität und Sektierertum

Das ist eines von vielen Beispielen, wie sie im Zusammenhang mit dem »neuen Bewußtsein« immer wieder begegnen: Vielen guten Ansätzen stehen merkwürdige Kurzschlüssigkeiten und offensichtliche Überforderungen der neuen Konzepte gegenüber, was aber viele Menschen dennoch nicht davon abhalten kann, sich auf das »neue Bewußtsein« einzuschwören und das Heil in einer »Wende nach innen« zu suchen. Das Abgleiten in Sektierertum ist eine ständige Gefahr, wo man für

Teilbereiche ganz hilfreiche Einsichten zum Allheilmittel zu machen versucht und damit überfordert.
Inwieweit dies zum Teil auch mit den übrigen der genannten Beispiele einer »Wende nach innen« und mit ihrem besonders plausibel erscheinenden »Grunddogma« geschieht, wird im Lauf dieser Untersuchung noch öfter zu fragen sein – vor allem im Blick darauf, daß man den Durchbruch zur Innenwelt immer wieder als »Wende« stilisiert und ihn damit mit einem ungeheuren Anspruch befrachtet, dem er vielleicht gar nicht gewachsen ist. Welche geistige Öde muß eigentlich in unserer Zivilisation herrschen und welch tiefgreifende Verletzungen seelischer Grundbedürfnisse müssen vorliegen, so muß man daher fragen, daß derart umfassende und kaum einlösbare Heilsversprechen auf der Grundlage einer »neuen Innerlichkeit« zu überzeugen scheinen und daher auf Anhieb und ungeprüft akzeptiert werden? Was muß geschehen sein, wenn das »New Age« bereits als das anbrechende Zeitalter bezeichnet werden kann, in dem Esoterik und Geheimwissen als besonders plausibel erscheinen und sogar zur »*allgemeinen* Erfahrungs- und Lebensform erhoben werden«[32] könnten?
Es ist erstaunlich, wie leicht sich solche Beispiele aus Gesellschaft, Religion, Wissenschaft, Psychotherapie, Musik und Heilkunde, wie die hier aufgeführten, zusammenstellen lassen, in denen die »Wende nach innen« vollzogen wird. Man könnte aber auch darüber erschrecken, wer sich in diesem Spektrum zu Wort meldet. Wenn sich selbst die Sprache des kapitalistischen Managements und der Werbung bereits umzustellen beginnt und die Sprache der »Wende nach innen« übernimmt, so ist das symptomatisch genug, aber noch nicht einmal das Schlimmste, sondern zunächst nur ein weiterer Beweis der bereits vorliegenden Plausibilität der »neuen Innerlichkeit« in weiten Bevölkerungskreisen. Wenn allerdings ein Unternehmensberater feststellt, der Mensch habe heute – aus unternehmerischer Sicht – nicht mehr als »*waren*geleiteter Verbraucher«, sondern als »*innen*geleiteter Verbrauchertypus« zu gelten, so spricht aus diesen Begriffen nicht nur die »Sprache der Unmenschlichkeit«, sondern, dem Schöpfer dieser Begriffe vielleicht gar nicht bewußt, auch eine handfeste Disqualifizierung der »Wende nach innen« durch eine Art »geistiges Konsumdenken«, das seelische Bedürfnisse wie eine Ware vermarktet. Zwar handelt es sich hier wohl eher um eine unfreiwillige Selbst-Entlarvung. Trotzdem muß gefragt werden, inwieweit die »Wende nach innen« bei manchem nicht doch auf einen

solchen Konsumismus hinausläuft, der »spirituelle Angebote« wie Spirituosen konsumiert. Die Frage, was zuerst da war – das »geistige Konsumdenken« oder entsprechende »Angebote« –, kann dabei auf sich beruhen.

Jüngste Meinungsumfragen unter der bundesdeutschen Bevölkerung bestätigen den Trend »nach innen«. Sie sagen zwar an sich nur etwas über das Maß der gesellschaftlichen Plausibilität dieses Trends aus und haben keine normative Bedeutung im Blick auf das, was erstrebens- oder nicht erstrebenswert ist; man kann daraus aber indirekt auch einige der hier genannten Befürchtungen eines »neuen Konsumismus« ableiten, auf die im Schlußteil noch genauer zurückzukommen sein wird.

Hier ist in erster Linie hinzuweisen auf eine Allensbach-Umfrage von 1986, auf die vom Dortmunder »Forsa«-Institut im Auftrag des »Stern« durchgeführte Umfrage vom August 1986 und auf die 1987 von einer Hamburger Gesellschaft für Marketing, Kommunikation und Sozialforschung im Auftrag der Frauenzeitschrift »Brigitte« durchgeführte Befragung über »die neuen Lebensziele der Deutschen«. Vor allem auf erstere soll am Schluß noch ausführlicher eingegangen werden. Alle drei zeigen jedenfalls, daß die erwähnten Beispiele des Durchbruchs zu einer neuen Innerlichkeit keine extremen Ausnahmen oder Übertreibungen sind, sondern in einem größeren gesellschaftlichen Trend liegen.

Daß nach einer längeren Zeit der Orientierung an »äußeren« Werten, an »vordergründigen«, materiellen Zielen eine stärkere Besinnung des einzelnen auf sich selbst erfolgt, ist aus mehreren Gründen verständlich. Plausibel ist zunächst einmal, daß viele Menschen enttäuscht und darüber hinaus besorgt sind hinsichtlich der allen unmittelbar vor Augen stehenden Resultate und Folgen der modernen Technik. Zu groß erscheinen die Substanzverluste, die der technische »Fortschritt« auf geistigem und seelischem Gebiet mit sich gebracht hat. Die seelische und emotionale Verarmung scheint in keinem Verhältnis mehr zu dem äußeren materiellen Wohlstand zu stehen. Hinzu kommen in den letzten Jahren verstärkt Erscheinungen, die die Zukunft der Menschheit überhaupt in Frage zu stellen scheinen und die Apokalypse als eine zunehmende realistische Möglichkeit erscheinen lassen (Atomangst, Umweltkrise, Ressourcenknappheit, Bevölkerungsexplosion). Von wem werden die daraus resultierenden Sorgen und Befürchtungen eigentlich nicht geteilt? Die Sehnsucht nach »Alternativen« und die Bereitschaft, sich auf solche einzulassen, wächst daher.

Auch die kirchliche Arbeit hat an diesem Substanzverlust durch modernen Rationalismus und Fortschrittswahn teilgehabt. Es besteht deshalb von kirchlicher Seite her zunächst einmal kein Anlaß, der Vergangenheit nachzutrauern oder sich mit den Vertretern des Rationalismus zu verbünden und bei den Aufbruchsbewegungen von vornherein alles abzulehnen, was die geistigen und seelischen Defizite aufzuarbeiten versucht, die als Ursache der gegenwärtigen Krise der Menschheit angesehen werden, nur weil dieser Durchbruch zur Innenwelt auch mit Fehleinschätzungen und Gefahren verbunden ist. Damit ist nicht gemeint – um ein Mißverständnis gleich auszuschließen –, daß die Wichtigkeit der Ratio für das menschliche Leben in irgendeiner Weise abgemindert werden soll und blinden Irrationalismen das Wort geredet wird. Im Gegenteil, denn das Problem ist doch dies: In der bereits jahrhundertealten »Religionskritik« des sogenannten »Humanismus« ging es doch letztlich nicht um einen bloß theoretischen Gegensatz von »Wissenschaft« und »Religion«, um »Vernünftigkeit« oder »Unvernünftigkeit« der Religion, sondern um einen verkappten Kampf um das *Heil* des Menschen, um die praktische Verwirklichung dessen, was für das menschliche Leben gut und heilbringend sein soll. Das ist nirgendwo so klar ausgesprochen wie in den »Feuerbach-Thesen« von Karl Marx. Heute, im »Durchbruch zur Innenwelt« aber ereignet sich etwas völlig Analoges, nur daß diesmal umgekehrt die Heilsbedeutung des aufklärerischen, humanistischen Welt- und Menschenbilds, seine zureichende Kraft für ein »besseres Leben«, in Frage gestellt wird durch – aus seiner Sicht – »irrationale« Strömungen wie die weitgehend okkult-esoterische New Age-Bewegung.

Der alte Vorwurf etwa des Marxismus an die christliche Religion, sie habe *in der Heilsfrage versagt,* den Menschen ein besseres Leben zu ermöglichen, wird heute ebenso an die »Wissenschaft« der letzten dreihundert Jahre gerichtet. Das ist der *Kern* der New Age-Kritik an den sogenannten »alten Paradigmen« der Wissenschaft: Sie haben dem Menschen nicht *das versprochene Heil,* sondern vielmehr *Unheil* gebracht. Und dies ist zugleich auch der Kern der Plausibilität dieser Kritik, die in erster Linie solche zu überzeugen scheint, die sich von dieser Versprechung enttäuscht sehen. Ohne diesen jedem Menschen auf den Nägeln brennenden Hintergrund einer ihm plausiblen Lebenskrise würde sich niemand für die komplizierten wissenschaftlichen Theorien der Sheldrake, Capra, Bohm, Prigogine und wie die vom New

Age in Anspruch genommenen Wissenschaftler alle heißen, interessieren!

Das zeigt noch einmal: Immer geht es darum, daß die Heilsfrage keine bloße Möglichkeit, sondern daß ihre Beantwortung eine Lebens-Notwendigkeit für den Menschen ist[33] und es insofern überhaupt keinen Menschen ohne »Religion« geben kann.

Und gerade die trotz Bedrängnis durch sogenannte postmoderne Unübersichtlichkeit weiter anhaltende Religions- und Kirchenkritik zeigt, daß nach wie vor umstritten ist, was dem Menschen wirklich hilft. Äußeres Symbol sind die Schuldzuweisungen, die sich immer dann wie zum Beweis dessen einstellen, daß es um die Heilsfrage geht, um die Angst, das Heil zu verfehlen! Wer sich davon überzeugen möchte, der lese nur nach, wie in der säkularen Presse und Publizistik, vor allem, wenn sie im traditionellen Sinne »links« orientiert ist (»Kursbuch«; »Die Neue Gesellschaft/Frankfurter Hefte« u. a.) – aber nicht nur da! –, weiterhin voll Gehässigkeit auch gegen die Kirchen polemisiert wird, wenn religiöse und spirituelle Themen, heute also vor allem Themen wie »neues Bewußtsein«, New Age und Esoterik, aufgegriffen werden, die offenbar deren Anspruch auf Verwirklichung des Heils tangieren und Alternativen dazu aufzeigen.

So versteigt sich z. B. eine Journalistin in einer Kritik an der bekannten New Age-Autorin Marilyn Ferguson, die sich zu Eigenschaften wie »Gefühl«, »Fürsorge«, »Mitleid«, »Geduld« und »Nächstenliebe« positiv geäußert hatte, zu der hämischen Bemerkung: »Was sich liest wie die Beschreibung einer katholischen Heiligen, ist in der New Age-Bewegung bitterer Ernst.«[34] In dieser infamen Formulierung steckt sogar eine doppelte Gehässigkeit: nicht nur, daß damit offenkundig eine Heilige der katholischen Kirche herabgesetzt werden soll, indem sie in negativer Weise als Klischeevorstellung in einem abwertend gemeinten Vergleich herhalten muß, sondern auch daß die *christlichen Tugenden* der Demut und Nächstenliebe *selbst* hier in übelster Weise verunglimpft werden, wie nicht zuletzt ein antireligiöses Habermas-Zitat am Schluß des Artikels unterstreicht! Auf der gleichen Linie liegt die Polemik der Autorin gegen die Praktizierung natürlicher Methoden der Empfängnisverhütung in der auf eine Hippie-Gründung von 1971 zurückgehenden, fast 2000 Einwohner zählenden New Age-Landkommune »*The Farm*« in Tennessee und gegen deren Kampagne gegen die Abtreibung. Die Problematik dieser Initiativen liegt eher woanders: in der Institution des

»spirituellen Hebammentums«, das durch die Übersetzung der Farm-Bücher von Ina May (»Spirituelle Hebammen«) und Margret Nofziger (»Natürliche Geburtenkontrolle«) auch bei uns bekannt wurde.[35] Im Grunde sind derartige Polemiken auch ein Ausdruck der Ratlosigkeit angesichts der in diesen Kreisen kaum für möglich gehaltenen spirituellen »Wende nach innen« und ihrer Plausibilität. Bedenkt man dabei, daß zum Beispiel ein repräsentativer »Evangelischer Erwachsenenkatechismus« zwischen den Stichwörtern »Demokratie« und »Denken« keinerlei Hinweis auf den Begriff »Demut« enthält, so wird unmittelbar deutlich, daß die Kirchen selbst an der Verursachung eines spirituellen Defizits schuld sind und daß die New Age-Anhänger hier ein brachliegendes Feld sozusagen kampflos besetzen können!

Mit dem »Durchbruch zur Innenwelt« ergibt sich somit eine gewisse Tragik für die »emanzipatorischen«, »humanistischen« Bewegungen. Sie erkennen nicht, daß die Heilsfrage eine Notwendigkeit für *jeden* Menschen ist, und unterscheiden daher zwischen »religiösen« und »areligiösen«, »aufgeklärten« Menschen und Strömungen. Damit aber werden sie der heutigen »Wendezeit« nicht mehr gerecht, in der die Heilsfrage neben und ganz unabhängig von den für den Inbegriff religiöser Ignoranz gehaltenen Kirchen neu gestellt wird! Statt ihrerseits in den Kirchen und Religionen mögliche Verbündete bei der Zurückdrängung wirklicher Gefahren zu erkennen, wie sie zum Teil von den Aufbruchsbewegungen ausgehen, werden weiterhin Klischeevorstellungen aus der Mottenkiste aufklärerisch-rationalistischer und marxistischer Religionskritik verbreitet, die, wie in dem hier zitierten Beispiel, teilweise auf das Niveau der Bummelwitze von Stammtischbrüdern über die Kirchen abgleiten können.

Die Kirchen können in dieser Situation konkurrierender Heilsangebote nichts anderes tun, als deutlich zu machen, worin sie selbst das Heil für die Menschheit erblicken und gefunden haben, indem sie in Verkündigung, Seelsorge und Diakonie Zeugnis davon zu geben versuchen. Sie können sich nicht auf die eine oder andere Seite schlagen in dem neuzeitlichen Konflikt um die Heilsfrage – einem Konflikt, der viel älter ist als die »New Age-Bewegung«, die mit dem Ausdruck »New Age« – »Neues Zeitalter« – in dieser Hinsicht eigentlich nur ihre Ahnungslosigkeit zum Ausdruck bringt, als sei eine »Wende« zum Besseren für die Menschen einfach schon dadurch gegeben, daß man an die Stelle eines alten, im Verdacht des Versagens in der Heilsfrage stehenden ein neues

wissenschaftliches Weltbild setzt! Ja, manche New Age-Anhänger meinen offenbar, insoweit der »Schuldige« gefunden sei, stelle sich automatisch das Heil ein – könne sozusagen das »Geistige« immer stärker »durchscheinen«, ohne daß man einen aktiven, positiven Beitrag zur Verwirklichung des Heils in der Gesellschaft zu leisten brauche!
Andererseits könnte die im »neuen Bewußtsein« aufbrechende Sehnsucht nach Überwindung der Spaltungen, die nicht zuletzt ein rationalistisches Zeitalter aufbrechen ließ, in den christlichen Kirchen wieder stärker die Erinnerung daran wachrufen, daß Christen einen Geist empfangen haben, der Spaltungen überwindet und, in aller Verschiedenheit, eine Einheit begründet.
Auch wenn sie angeschlagen und vielfach geschwächt sind – die *säkularen Strömungen* sind noch immer beherrschende Mächte des Denkens und Handelns in Wissenschaft, Politik und Gesellschaft. Noch ist die Vorherrschaft von Marxismus, Liberalismus und Kapitalismus in ihren verschiedenen Einflußsphären weltweit ungebrochen. Die *spirituellen Aufbruchsbewegungen* sind – zwischen wachsender Plausibilität und Sektierertum – zwar nicht mehr auf eine so verschwindend kleine Minderheit beschränkt, daß man diesen Faktor vernachlässigen könnte; sie sind als »Alternative« zu den herrschenden Mächten aber auch noch nicht so stark, daß es gerechtfertigt wäre, wenn die Kirchen die kritische Auseinandersetzung ausschließlich auf Auswüchse und Fehlentwicklungen in diesem Bereich konzentrieren würden und den beherrschenden Einfluß der säkularen Mächte dabei aus den Augen verlieren könnten. Sowohl die Kirchen selbst als auch die Aufbruchsbewegungen sind immer noch von denselben Auswirkungen eines Verdrängungsprozesses in der säkularen Gesellschaft betroffen, der nach wie vor ungebrochen scheint. Soweit sich die Kirchen selbst dem rationalistischen Zeitgeist öffneten, mußten, parallel zu gesellschaftlichen Verdrängungsmechanismen des Religiösen, auch innerhalb ihres eigenen Bereichs religiös-charismatische Erscheinungen (z. B. Vision, Ekstase, Wunderheilung etc.) zu einer Angelegenheit »kirchlicher Subkulturen« oder gar ins Sektierertum abgedrängt werden.
Joachim-E. Berendt hat diese Verdrängung des Religiösen aus unserer Zivilisation 1987 in seinem Festvortrag zum Jubiläumskongreß des esoterischen H. Bauer Verlags mit verantwortlich gemacht für die heutige Krise. Dabei ist es zweitrangig, um welche der verschiedenen Auffassungen von Religion es sich handelt: »Der degoutante, immer ein

wenig süffisante Ton, mit dem heute in unseren Massenmedien – vom ›Spiegel‹ über den ›Stern‹ bis zu ›Bild‹ – über Spirituelles geredet wird, ist der gleiche«, stellt Berendt fest, »mit dem in der Generation unserer Großeltern über Sexuelles geredet wurde. Damals wurden Bücher, in denen etwas Sexuelles vorkam, von den Massenmedien boykottiert. Heute gibt es diese gleiche Wand des Boykotts vor der spirituellen Literatur. Als wäre sie ›obszön‹.«[36]

Gewiß kann man hiergegen einwenden, die Gefahren seien möglicherweise größer als die Hilfe und der Nutzen, wenn sich infolge einer Überwindung dieses Verdrängungsprozesses nun auch noch alle möglichen »Geister« in der Öffentlichkeit tummeln. Und es gibt bereits genug Alarmsignale dafür, was auf die Gesellschaft zukommen würde – denkt man z. B. an das Vordringen okkulter, spiritistischer Praktiken bis in die Klassenzimmer der Schulen, nicht zuletzt infolge unverantwortlicher, verharmlosender Darstellung solcher viele Ängste auslösender Praktiken in der Öffentlichkeit!

So wird es in Zukunft sehr darauf ankommen, »die Geister zu unterscheiden«, also Zeugnisse echter geistlicher Erfahrungen im übersinnlichen Bereich von der »okkulten Schund- und Schmutzliteratur«.

Der Fall dieses »Tabus« wird wahrscheinlich eine der bisher größten Herausforderungen auch für die christlichen Kirchen und die Theologie, die deutlich machen müssen, wie die ausgelösten Ängste und Irrwege, die gefährlichen »Vergnügungsfahrten« und »Sandbänke« auf diesem weiten Gebiet der »Reise ins Innere« durch die Kräfte des Evangeliums überwunden werden können. Wenn etwa gemäß der »Brigitte«-Umfrage 43% der Bevölkerung überhaupt nicht an ein Leben nach dem Tod glauben, andererseits aber 34% ganz andere, größtenteils esoterisch geprägte Vorstellungen über das Leben nach dem Tod haben als die Bibel, dann ist der christliche Glaube, jedenfalls was diesen wichtigen Aspekt betrifft, nicht nur zum Glauben einer Minderheit geworden, sondern dann wäre auch der erstaunlich hohe Prozentsatz von 34% religiös Andersdenkender ein Ausdruck der bereits voll einsetzenden »Reise ins Innere« und ihrer zunehmenden Plausibilität. Deshalb gilt es, sich über die Frage klar zu werden: Was ist von der Esoterik zu halten?

Was ist Esoterik?

Die »Wende nach innen« hat nicht nur, wie gesehen, eine überraschende Plausibilität, deren gesellschaftliche Gründe hier nicht näher untersucht werden können, die aber aus den genannten Beispielen und Umfrageergebnissen deutlich hervorgeht; sie hat auch historische Hintergründe, die im allgemeinen wenig bekannt sind. Aufbruchsbewegungen im Zeichen eines »Durchbruchs zur Innenwelt« hat es in der Geistesgeschichte schon immer gegeben, und sie können sich, was nicht zu unterschätzen ist, auf eine alte Tradition stützen: die *Esoterik.*

Darunter versteht man seit langem Anschauungen und Praktiken, die dem Menschen beim Antritt seiner »Reise ins Innere« helfen können. Esoterik ist daher heute wieder gefragt, wo solche Reisevorhaben aktuell sind. Der Schriftsteller *Werner Bergengruen,* der sich sehr mit parapsychologischen Phänomenen beschäftigt hat, definierte die »Magie« einmal mit dem Titel einer seiner Erzählungen als *»Die Kunst, die Dinge von innen zu sehen«.*[37] Diese Definition läßt sich mit noch größerem Recht überhaupt auf den Gesamtbereich der »Esoterik« beziehen, enthält doch dieses Wort in seiner Ableitung vom griechischen »eso-« = »innen«, »inwendig«, »das nach innen gewandte«[38] bereits einen Hinweis auf die Sache selbst, um die es geht.

In dem »Kleinen Lexikon der Paranormologie« von Ferdinand Zahlner und Andreas Resch wird *»Esoterik«* definiert als vom griechischen »esoterikós« (= innerlich, verborgen) abgeleiteter »allgemeiner Ausdruck für ›Geheimwissen‹, ›Geheimwissenschaft‹; ein Wissensbereich, der nur einem bestimmten Kreis von Eingeweihten mitgeteilt wird bzw. zugänglich ist. Im Gegensatz zur Exoterik werden darunter etwa die Überlieferungen und Lehren von Kabbala, Alchemie, Rosenkreuzertum, Gnosis, Freimaurerei, Theosophie u. ä. zusammengefaßt. Oft wird unter E. auch das seit altersher tradierte, aber von den offiziellen Wissenschaften nicht anerkannte Wissen verstanden.«[39]

Enge Beziehungen bestehen aber nicht nur zwischen dem esoterischen und dem magischen Weltbild, das auf dem Gedanken einer inneren Allverbundenheit der Dinge beruht. Schon von seiner Wortbedeutung her ist Esoterik eng mit dem Begriff *Okkultismus* (lat. »occultus« = »geheim«, »verborgen«) verwandt. Unter diesem Begriff faßt man weltanschauliche Richtungen zusammen, die das Wissen von und den Umgang mit den *unsichtbaren* und *geheimnisvollen Seiten* der Natur und des menschlichen Geistes besonders pflegen, vor allem auch deren »innere« Seiten. Er bezieht sich einerseits auf bestimmte okkulte Praktiken (wie Magie, Pendeln, Wahrsagen u. dgl.), andererseits auf das sogenannte »Geheimwissen« (Esoterik, Mystik, Gnosis), wie es u. a. von den okkulten Weltanschauungsgemeinschaften (z. B. Theosophie, Anthroposophie, Rosenkreuzer und andere neugnostische Bewegungen) in sogenannten »Geheimwissenschaften« systematisiert wird, die den Horizont der herkömmlichen reduktionistischen Naturerkenntnis erweitern wollen. Zu den wichtigsten Beispielen solcher Systematisierungen gehören »Die Geheimlehre« (1888) der Begründerin der »Theosophischen Gesellschaft«, *Helena P. Blavatsky* (1831–1891), und »Die Geheimwissenschaft im Umriß« (1910) des Begründers der Anthroposophie, *Rudolf Steiner* (1861–1925).

Der Begriff Okkultismus begegnet dem Sinn nach zuerst bei *Agrippa von Nettesheim* (1486–1535) in seinem Hauptwerk »De occulta philosophia, libri III, sive de magia«, erfuhr aber erst durch *Eliphas Lévi* (1810–1875), den früheren Abbé Alphonse-Louis Constant, sowie durch *Carl Kiesewetter* (1854–1895) Eingang in den allgemeinen Sprachgebrauch.

Der Okkultismus ist, ebenso wie die Esoterik, zu unterscheiden einerseits vom vulgären *Aberglauben*, da er einen weltanschaulichen Gesamtentwurf darstellt, andererseits von der *Parapsychologie*, die okkulte Phänomene mit anerkannten wissenschaftlichen Methoden erforscht. Der frühere Leiter der Ev. Zentralstelle für Weltanschauungsfragen *Kurt Hutten* (1901–1979), der die »okkulte Explosion« unserer Tage gegen Ende seines Lebens intensiv analysiert hat, unterschied im Blick auf solche weltanschaulichen Gesamtentwürfe sozusagen vier »Okkult-Konfessionen«: *Spiritismus – Astrologie – Ufologie* und die *neugnostisch-esoterischen Weltdeutungen* (Theosophie, Anthroposophie, moderne Rosenkreuzer). Nach Hutten sind alle esoterischen Gemeinschaften ein Zweig am Baum des Okkultismus.[40] In diesem Sinn hat er alle heutigen »gnostisch-esoterischen Weltdeutungen« dem Okkultismus zugeordnet und wertvolle Kriterien zur Beurteilung von Esoterik und Okkultismus erarbeitet: »Der Begriff ›okkult‹ darf nicht durch die Gleichsetzung mit ›Aberglaube‹ und ›Zauberei‹ disqualifiziert werden. Er bezeichnet vielmehr die Überzeugung, daß die sichtbare Welt nicht die einzige und ganze Wirklichkeit ist, sondern von einer größeren, unseren Sinnesorganen unzugänglichen Welt umschlossen

wird. Und er bezeichnet weiter die Versuche, einen Zugang zu dieser Überwelt zu gewinnen und ihrer innezuwerden.«[41]
Bei dieser verborgenen Welt handelt es sich für den Esoteriker um eine sowohl von der grobstofflichen Materie als auch vom reinen Geist zu unterscheidende »feinstoffliche« Welt, in die er durch die Entwicklung und Schulung besonderer geistiger Organe einzudringen und auf die er einzuwirken vermag, die aber dem »normalen« Bewußtsein verschlossen ist. Zwischen Geist und Materie besteht aber kein völliger Gegensatz, weil die ganze Wirklichkeit durchströmt wird von einer einheitlichen *»(Lebens-)Energie«*, die im Geistig-Göttlichen, im Menschen, in der Pflanzen- und Tierwelt bis hinunter ins Mineralische und in den materiellen Kosmos nur eine unterschiedliche, abgestufte »Verdichtung« annimmt. Der ganze Kosmos ist *ein* Energiefeld mit zahllosen Zwischenstufen und »Frequenzen« oder »Schwingungsebenen«. Die okkulten Bezeichnungen für diese universale Energie, wie *Od-Kraft* (K. von Reichenbach) oder *Weltäther* (F. A. Mesmer), haben in fast allen Kulturen Entsprechungen, z. B. *Prana* (indisch), *Chi* (chinesisch), *Ka* (ägyptisch), *Mana* (polynesisch), *Baraka* (sufisch), *Yesod* (kabbalistisch), *Orenda* (irokesisch) oder, zwei Beispiele aus der modernen Psychotherapie: *Orgon-Energie* (W. Reich) und *Bioenergie* (A. Lowen).
Huttens Begriffsbestimmung eröffnet für das Gespräch mit Esoterik und Okkultismus ganz neue Möglichkeiten, da sie zunächst einmal das Selbstverständnis der Esoterik, zumindest idealtypisch, korrekt wiedergibt und dadurch von vornherein unnötige Polarisierungen vermeidet und eine wirklich sachbezogene Kritik ermöglicht, wie die folgende Untersuchung zeigt. Vor allem im Christentum pietistischer, evangelikaler und fundamentalistischer Prägung wird der Begriff »Okkultismus« ja oft von vornherein mit Vorstellungen von »dämonischer Besessenheit« in Verbindung gebracht und ist dort theologisch negativ besetzt. Diese generelle Gleichsetzung von »okkult« und »dämonisch« – die sogenannte »dämonistische Interpretation okkulter Phänomene« – entspricht aber weder dem Selbstverständnis vieler – vor allem christlicher – Esoteriker, noch ist sie von der Sache her wirklich berechtigt und geboten. Sowenig man aus der mißbräuchlichen Verwendung der modernen Atomphysik die generelle »dämonische Besessenheit« dieser Wissenschaft oder christlicher Atomphysiker ableiten kann, sowenig kann man auch aus dem – zugegebenermaßen sehr gefährlichen – Mißbrauch okkulter, paranormaler und magischer Kräfte durch den

Menschen eine solche Beurteilung im Blick auf sämtliche okkulten und esoterischen Weltanschauungen und Phänomene herleiten.
Auch das biblische Weltbild kennt zahlreiche übersinnliche Phänomene, wie z. B. magische Kraftwirkungen, Visionen oder Auditionen (vgl. 2. Kor. 12); okkulte Praktiken aber werden, sofern sie das Erste Gebot berühren, von den biblischen Autoren abgelehnt (z. B. 3. Mose 20,6.27; 5. Mose 18,9–14; Jes. 8,19). Sachgemäß ist daher weder eine radikale Entmythologisierung oder Eliminierung übersinnlicher Phänomene (als angeblichem Ausdruck eines »überholten Weltbilds«) noch eine pauschale Dämonisierung des Okkulten (besonders in Gläubigenkreisen, die im Okkultismus die Einbruchsstelle widergöttlicher Geister fürchten).
Im Sinne der zitierten Begriffsbestimmung Kurt Huttens ist aus biblisch-theologischer Sicht grundsätzlich hervorzuheben, daß es der Okkultismus mit einer *erweiterten Natur* zu tun hat. Die okkulten Phänomene reichen also nicht in die Transzendenz Gottes hinein, sondern gehören, biblisch gesehen, zur *geschaffenen Welt.* Der Hintergrund dieser im Gegensatz zu einer exklusiv »dämonistischen Interpretation« okkulter Phänomene stehenden Sichtweise liegt also in einem schöpfungstheologischen Ansatz, wie er etwa auch von dem Theologen Adolf Köberle (geb. 1898) vertreten wird.[42]
Von daher wird der christlichen Theologie die Lösung der heute so wichtigen Aufgabe ermöglicht, dem biblischen Glauben auch in diesem aus dem modernen Bewußtsein weitgehend verdrängten, durch die heutige »Wende nach innen« aber wiederentdeckten Bereich des »Übersinnlichen« Raum zu schaffen und die okkulten Anschauungen und Praktiken dem Maßstab der biblischen Wahrheit zu unterwerfen. Dadurch kann vor allem auch verhindert werden, daß die unsichtbare Wirklichkeit zur Domäne von Okkultisten wird, so wie die sichtbare Welt von Rationalisten als Domäne betrachtet wird. Denn Gott ist nach dem biblischen Zeugnis nicht nur der Schöpfer des Sichtbaren, sondern auch des Unsichtbaren (Kol. 1,16; nicänisches Glaubensbekenntnis).
Hutten interpretierte hierbei die Suche nach einer »erweiterten Natur« vor allem als Ausdruck einer »Protestbewegung gegen den Säkularismus«. Seine Grundthese lautet: Die »okkulte Explosion« der vergangenen Jahrzehnte wurde hervorgerufen durch einen »lebensgefährlichen Verlust an Hoffnung«: »Für die Menschen, die unter der quälenden Enge und Dunkelheit ihres Daseins leiden, halten die Okkultbewegungen befreiende Botschaften bereit.« Die Hinwendung zu okkulten und

esoterischen Anschauungen ist auch eine Folge davon, daß die moderne Theologie gesellschaftsbezogenen und politischen Themen oft größere Aufmerksamkeit schenkt und Fragen der Menschen nach der »vertikalen Hoffnung« vernachlässigt. Gemeinsam ist den esoterischen und okkulten Weltanschauungsbewegungen »das Überschreiten der Grenze zwischen dem Diesseitigen und dem Jenseitigen«. Es erfolgt die »Transgression« der sichtbaren Welt in eine unsichtbare Überwelt mit unbegrenzten Lebensperspektiven für den Menschen. Zur Beschreibung dieser »Überwelt« greifen die Okkultbewegungen »auf alte Weisheiten, esoterische Traditionen, Elemente des Volksglaubens, Kundgaben von Jenseitigen, Sehern, Meistern und Mystikern ebenso zurück wie auf die Forschungsergebnisse der modernen Naturwissenschaft«[43].

Es gibt aber noch einen weiteren wichtigen Begriff, der zugleich etwas mehr von dem historischen Hintergrund und der Entstehung der esoterischen Traditionen deutlich werden läßt: Nach dem Schweizer katholischen Theologen und Parapsychologen Professor *Gebhard Frei* (1905–1967), der zwischen einer *östlichen* Esoterik (China, Indien, Tibet) und einer *westlichen* unterschied, setzt der westliche Strom der Esoterik in Ägypten ein, in der Lehre des *Hermes Trismegistos* bzw. *Thot*, des ägyptischen Gottes des Wissens, der in griechisch-römischer Zeit zu Hermes Trismegistos wurde.[44] Deshalb wird die westliche Esoterik auch als *Hermetik* bezeichnet. Im Corpus Hermeticum aus dem 3. Jahrhundert begegnen bereits fast alle wichtigen Grundanschauungen, die für die Esoterik bis zum heutigen Tage maßgeblich sind:

1. die Lehre von den Entsprechungen von Mikro- und Makrokosmos (»wie oben, so unten«), besonders für die Astrologie fundamental;
2. die Anschauung vom Bewußtseins- und Lebenswandel des Menschen durch Einweihung oder Initiation in ein höheres, geheimes, nur dem Esoteriker zugängliches Wissen;
3. die Anschauung von verschiedenen Sphären der jenseitigen Entwicklung des Menschen, die sogenannte »Seelenreise«, in die der Mensch durch die Einweihung eintritt;
4. die Lehre von der Astralwelt und vom Astralleib des Menschen – einem feinstofflichen Organismus zwischen Körper und geistigem Ich-Kern des Menschen, und
5. eine diesen Anschauungen entsprechende vier-, sieben- oder neungliedrige Anthropologie.

Im Unterschied zur *Mystik*, die sich mit der Kirchenlehre vereinbaren

ließ, wo sie an der Differenz zwischen Schöpfergott und Mensch festhielt (Meister Eckhart), bedeuteten diese Grundanschauungen und die damit verbundenen Praktiken der Esoterik meist einen Bruch mit der kosmologischen Doktrin der Kirche, während in Zeiten größerer Toleranz, wie z. B. im Zeitalter der Renaissance, die esoterische und hermetische Tradition weniger geheim war und eine größere Rolle im wissenschaftlichen und gesellschaftlichen Leben spielte (Paracelsus; Pico della Mirandola; Agrippa von Nettesheim; John Dee, der Hofmagier Königin Elisabeths I. von England, oder Kaiser Rudolf II. in Prag).
Eine ähnliche Situation bot sich erst wieder im 19. Jahrhundert, als es zur Herausbildung des modernen *Spiritismus* kam, sowie solcher Strömungen, die sich mit den alten, noch aus der Renaissance-Zeit stammenden Bezeichnungen der *Theosophie* oder der *Rosenkreuzer* benannten. Diesen Strömungen gehörten bedeutende Literaten und Wissenschaftler jener Zeit an. Vor allem aber wurde im 19. Jahrhundert für die mit solchen geheimen Überlieferungen befaßten Strömungen und Praktiken ein neuer Begriff geprägt: *Okkultismus*, der in seiner heute üblichen Bedeutung von Geheimlehre und Geheimwissenschaft auf den erwähnten Eliphas Lévi zurückgeht. »Diesem Verständnis des Okkultismus liegt die Ansicht zugrunde, daß alle Erscheinungen in der Welt eine Ganzheit bilden und in notwendigen, zielgerichteten Beziehungen zueinander stehen, die weder zeitlich noch räumlich sind.«[45]
Die Frömmigkeit der Hermetica ist rein literarisch: Es handelt sich um Erbauungsliteratur, die aber keinen Kultus hervorgebracht hat. Diese Eigentümlichkeit begegnet auch in der modernen Esoterik wieder: Esoteriker haben von jeher nur einen schwachen Trieb zur Bildung fest organisierter Gemeinschaften. Es handelt sich hier entweder um bloße »Lesergemeinden« und »informelle« Gruppen bei Workshops, Seminaren und Tagungen, oder um Menschen, die sich entweder dem Kult der überlieferten Religionen anschließen oder selbst kultische Formen aus den vorhandenen Kirchen oder Religionen weiterentwickeln oder umdeuten. Die Mitgliederzahlen esoterischer Weltanschauungsgemeinschaften sind daher auch relativ bescheiden. Dies könnte sich aber ändern, so wie es immer auch Zeiten gab, in denen Esoterik viel stärker in Öffentlichkeit umschlug als in stark rationalistisch oder materialistisch orientierten Perioden: neben der erwähnten Epoche der Renaissance z. B. das Zeitalter der Romantik, oder auch die »okkulte Explosion« der 20er Jahre dieses Jahrhunderts.

Vor allem in der seit den 70er Jahren aus Kalifornien vordringenden New Age-Bewegung finden die hier zusammengefaßten Grundtendenzen und Motive von Esoterik und Okkultismus – in enger Verbindung mit »alternativen« gesellschaftlichen Bestrebungen, »humanistischer Psychologie« und naturwissenschaftlichen Theorien unserer Zeit – ihre aktuellste Ausprägung. Deshalb ist die Untersuchung des Verhältnisses von New Age und Esoterik besonders wichtig bei der Auseinandersetzung mit der heutigen »Wende nach innen«. Vieles, was heute unter »New Age«, »neues Bewußtsein«, »neue Religiosität« oder »neue Spiritualität« firmiert, ist nicht so neu, wie es sich manchmal darstellt. Dem Kenner der okkulten und esoterischen Tradition begegnen hier viele alte Bekannte in neuem Gewand – oft nur dürftig kaschiert. Auch dies ist ein Grund, das »New Age-Bewußtsein« einmal von der Esoterik her zu durchleuchten. Viele, die sich dem »neuen Bewußtsein« zurechnen, wissen selbst kaum etwas über diese Hintergründe. Und auch vielen Theologen, die in dieser Aufbruchsbewegung nach innen gleich schon wieder das Wehen des Heiligen Geistes verspüren wollen, kann eine diesbezügliche Aufklärung nur gut tun. Andererseits stellen heute viele »alte« Esoteriker mit Befriedigung fest, daß die Jugend »endlich« zu den alten Weisheiten und spirituellen Erfahrungen ihres Denkens vorzustoßen scheint, über die man sich im Zeitalter des Rationalismus lächelnd hinwegzusetzen versuchte als Produkte lebensferner Träumer. Spekulationen über kosmische Zusammenhänge und Wirkungen, die weithin, auch im christlichen Verständnis, einfach als »Aberglaube« galten, würden heute, so meint man, von avantgardistischer Wissenschaft als »neues Paradigma« erwiesen.
Dabei soll die Untersuchung des »neuen Bewußtseins«, dessen umfassender Horizont samt seiner gesellschaftlichen Plausibilität im weiteren Sinne hier zunächst umrissen wurde, auf die sich als »New Age-Bewegung« verstehende oder ihr zuzuordnende geistige Strömung *im engeren Sinn* konzentriert werden. Im Ergebnis mag dann tiefergehender Aufschluß über das Wesen dieses Aufbruchs nach innen gewonnen werden, insbesondere zu den Fragen: Wo hat die in diesem Aufbruch in ein »Neues Zeitalter« zum Ausdruck kommende Glaubenssehnsucht ihr Recht? Können sich christlicher Glaube und »New Age-Bewußtsein« befruchten oder voneinander lernen, sich vielleicht sogar in einer »Ökumene der Religionen« zusammenfinden? Und wo liegen die Grenzen und Gefahren des »neuen Bewußtseins«?

1. Teil

ERLÖSUNG DURCH KOSMISCHE ENERGIE?

Kapitel I

Ein neues Bewußtsein entsteht

Der weit verbreitete Trend eines Bewußtseinswandels erhält gegenwärtig im New Age-Bewußtsein eine spezifische Ausprägung, die nun weiter untersucht werden soll. Das New Age-Bewußtsein läßt sich ganz allgemein beschreiben als eine Mischung aus Esoterik und östlicher Philosophie, humanistischer Psychologie und alternativen Lebensentwürfen. Es ist sozusagen die Quintessenz dieser in vieler Hinsicht divergenten Richtungen, die doch in einem zentralen Punkt konvergieren: dem Glauben an eine *Veränderung von innen heraus*, durch einen Wandel und vor allem eine Höherentwicklung des menschlichen Bewußtseins. Die Feststellung des indischen Weisen Sri Aurobindo: »Die Umstände, in denen der Mensch auf der Erde lebt, sind das Ergebnis seines Bewußtseinszustandes. Die Umstände ändern zu wollen, ohne das Bewußtsein zu ändern, ist ein eitles Trugbild«, dürfte wohl jeder New Age-Vertreter für sich akzeptieren. Die *Esoterik* bezieht sich schon mit ihrem Namen auf »die Kunst, die Dinge von innen zu sehen«, *östliche Philosophie und Religiosität* glauben, das Heilsziel vor allem durch meditative Versenkung zu erreichen, die *moderne Psychokultur* lebt weitgehend von einem radikalen Subjektivismus, einer Art »Ego-Trip«, und bei den *alternativen Lebensentwürfen*, die man mit dem New Age-Bewußtsein in Verbindung bringen kann, handelt es sich meist um einen Lebensstil, der wesentlich von diesen auf Veränderung von innen heraus ausgerichteten Strömungen geprägt ist.

Andererseits zeigen schon diese unterschiedlichen Elemente, daß man nicht von einer einheitlichen New Age-*Bewegung* sprechen kann, sondern nur von verschiedenen Gruppen oder einzelnen, die sich, im Bewußtsein, damit die Wende zu einer neuen Zeit zu vollziehen, diese verschiedenartigen Sichtweisen der Wirklichkeit aneignen. Dennoch ist es möglich, daß sich hier auf längere Sicht ein Lebensgefühl etabliert, das, vielfach in Konkurrenz zu den immer noch zugkräftigen Verheißungen einer materialistischen Kultur einerseits, aber auch zu den religiösen Hoffnungen der traditionellen Religionen, insbesondere des Christentums, andererseits, eine eigene Form säkularer Hoffnung darstellt.

1. Erscheinungsformen des »neuen Bewußtseins«

Schon vor über zehn Jahren, als »New Age« bei uns noch eine unbekannte Vokabel war, schrieb ein Beobachter über einen auffälligen Bewußtseinswandel in den USA: »Wir erleben gegenwärtig die Geburtswehen einer neuen Weltanschauung. Diese Weltanschauung ist noch nicht vollständig ausgebildet. Sie enthält viele innere Widersprüche, aber sie nimmt Gestalt an.«[1] Und er meinte, in den kommenden Jahren werde sie immer stärker missionierend hervortreten und insbesondere auch auf dem Gebiet der Erziehung die Jugend umwerben. Gemeint war das New Age-Bewußtsein, aber der Autor kam in seiner bemerkenswerten Darstellung, deren 1980 erschienene deutsche Übersetzung weitgehend unbeachtet blieb, noch ohne diesen Begriff aus.
In Amerika scheint man den seit dem Ende der 60er Jahre in weiten Kreisen der Bevölkerung feststellbaren Bewußtseinswandel zunächst weniger mit dem Begriff »New Age«, sondern mit einer ganzen Reihe weiterer Begriffe in Verbindung gebracht zu haben, wie vor allem *»new consciousness«* (neues Bewußtsein) oder auch *»aquarian conspiracy«* (Verschwörung im Zeichen des Wassermanns) oder *»aquarian frontier«* (s. o. S. 10). Auch *Marilyn Ferguson* spricht in ihrem Bestseller »The Aquarian Conspiracy« (1980) von der »Revolution des Bewußtseins der frühen siebziger Jahre«, von einer gesellschaftlichen Transformation, die auf einer »Veränderung *von innen heraus*«, auf einer Veränderung des Bewußtseins des einzelnen beruhe.[2] Noch in einem Artikel aus dem Jahr 1976 behandelte sie die Thematik des »neuen Bewußtseins« unter dem Titel: »Die namenlose Bewegung«! Nur selten erwähnt sie Begriffe wie beispielsweise »New Age-Spiritualität« oder »New Age-Parteiausschuß«[3]. Der Begriff »New Age« scheint ursprünglich eher in vorwiegend »alternativ« orientierten und »subkulturellen« Kreisen verwandt worden zu sein. Das liegt daran, daß man sich hier stärker mit den okkulten und esoterischen Traditionen befaßte, die schon seit dem 19. Jahrhundert das Kommen des »New Age« oder des »Wassermannzeitalters« erwarteten.

Die Bezeichnung »neues *Bewußtsein«* spiegelt deutlich die zentrale Rolle wider, die Psychologie und Psychotherapie für die weltanschauliche Entwicklung in der amerikanischen Gesellschaft seit dem Ende der 60er Jahre haben. Dies gilt vor allem im Blick auf die *»Human-Growth-Bewegung«*, die »Bewußtseins-Wachstums-Bewegung«[4] und die *»Human-Potential-Bewegung«*, auf die noch zurückzukommen ist (s. u. S. 55). Das Hervortreten dieser Strömungen fällt zeitlich mit dem zusammen, was der amerikanische Historiker *Christopher Lasch* als den »Narzißmus der siebziger Jahre des 20. Jahrhunderts« bezeichnet.[5] Dieses »neue Bewußtsein« der 70er Jahre ist nach Lasch »nicht religiös, sondern therapeutisch«, wobei das »therapeutische Denken« aber nicht nur die Religion, sondern auch die Politik abzulösen beginne: »In den siebziger Jahren haben sich«, so Lasch, »viele frühere Linke selbst der therapeutischen Sensibilität verschworen.« Sie tauschten die politischen Redensarten der sechziger Jahre gegen therapeutische Slogans aus. »In den fünf Jahren von 1971 bis 1975«, schreibt ein solcher Vertreter der »*inneren Revolution* der siebziger Jahre«, »habe ich Est, Gestalttherapie, Bioenergetik, Rolfing, Massage, Jogging, biologisch reine Nahrungsmittel, Tai Chi, Esalen, Hypnotismus, modernen Tanz, Meditation, Silva Mind Control, Arica, Akupunktur, Sexualtherapie, Reichsche Therapie und More House ausprobiert – ein Selbstbedienungskurs im Neuen Bewußtsein.«[6] Damit sind die typischen »Psychotechnologien« der »Human-Potential-Bewegung« genannt, die bis heute in hoher Wertschätzung bei den New Age-Anhängern stehen.

Zum »neuen Bewußtsein« – E. Gruber schreibt es bereits als feststehenden Terminus mit großem »N« – zählt man jedoch nicht nur die »Reisen ins Innere« im therapeutischen Bereich, sondern auch zahlreiche Entwicklungen im wissenschaftlichen, gesellschaftlichen, religiösen oder pädagogischen Bereich.

Im »Esquire« vom Januar 1972 berichtete ein Autor über seine erste Begegnung mit dem »neuen Bewußtsein« folgendes: »Als ich das letzte Mal nach Amerika zurückkam, stellte ein Computer in der Grand Central Station mein *Horoskop*, Leute in safrangelben Gewändern und in Ekstase sangen gegenüber meiner Bank *Hare Krishna*, einige Börsenhändler, die ich kenne, spekulierten auf dem Aktienmarkt, indem sie das *I Ging* warfen, Allan Ginsberg sang im Gerichtssaal *Om mani padme hum*, meine früheren Zimmergenossen in Harvard befanden sich in tiefer *Meditation*, und einige meiner vernünftigsten und intelligentesten Freunde waren in das *Tibetanische Totenbuch*, in die *Kabbala* und den *Tarot* vertieft.«[7]

Diese Mischung aus östlicher Religiosität und Esoterik ist auch charakteristisch für die sogenannten *Bewußtseinsmessen*, die in verschiedenen Städten durchgeführt wurden und auf denen sich Vertreter des »neuen Bewußtseins« in großer Zahl trafen (1979 in New York, 1982 in Los Angeles, 1983 in San Francisco).[8] Ein europäischer Ableger ist die Londoner »Esoterik-Messe«, das »*Festival for Mind – Body – Spirit*«, das 1987 zum zehnten Mal durchgeführt und von über 20000 Menschen besucht wurde. Ein breites Spektrum von Vertretern verschiedenster geistiger Traditionen und gesellschaftlicher Strömungen trifft sich bei diesen Veranstaltungen. So fanden sich unter den 92 Ausstellern in London Theosophen und Spiritisten, Anhänger von Rudolf Steiner, »Bhagwan« Shree Rajneesh oder Sri Chinmoy, Vertreter der New Age-Kommune »Findhorn« und anderer religiös-spiritueller Gruppen, Stände der »Gesellschaft für Humanistische Psychologie«, der »British Astrological & Psychic Society« oder der »National Federation of Healers«, des ca. 4000 Mitglieder umfassenden britischen Geistheilerverbandes, sowie viele Einzelgänger, die ihre Produkte und Fähigkeiten anboten – von »Selbstfindungsangeboten« über astrologische »Lebensberatung«, Naturkost, Bücher, Handlesen, alternative Heilmethoden, Massagen, Kirlian-Fotografie, Tarotsessions bis hin zu Kosmetika. Vorträge, Musik- und Tanzdarbietungen sowie kostenlose Heilungsdemonstrationen prominenter Vertreter der New Age-Szene rundeten das jahrmarktartige Treiben ab.

Auch in anderen Ländern haben sich inzwischen derartige Veranstaltungen von Vertretern des »neuen Bewußtseins« ausgebreitet. Nach dem Vorbild der Londoner »Esoterik-Messe« wurde in Hamburg ein New Age-Festival eingerichtet, das 1987 unter dem Titel »*Einswerden. Wege zur Integration von Körper, Geist und Seele*« zum vierten Mal unter Beteiligung von 4000 Personen in der Markthalle und an anderen Orten stattfand. Zahlreiche kleinere derartige Festivals wurden inzwischen auch in vielen anderen Städten durchgeführt. Bei sogenannten »Regenbogenzeremonien«, »Schamanenkongressen« oder interreligiösen »Friedenskonferenzen« treffen sich auch Vertreter verschiedener Religionen im Zeichen des »neuen Bewußtseins«: Sufi- und Zen-Meister, indianische Medizinmänner und immer wieder der Dalai Lama sitzen neben Atomphysikern, Biologen oder Therapeuten. Friedenspfeifen

werden herumgereicht, und der Geist eines »neuen Zeitalters« wird beschworen.
Das »Spirituelle Adreßbuch 86/87« nennt für den deutschsprachigen Raum über 1000 Anschriften von Gruppen, die im weitesten Sinn der neuen Bewegung zugerechnet werden können, das Verzeichnis »Connections New Age« (Frankfurt 1987) enthält sogar rund 2000. Der frühere stellvertretende Generalsekretär der UNO, *Robert Muller*, spricht von weltweit 70000 »Netzwerken«, wie sich solche Gruppen auch bezeichnen.

2. Die »Entmodernisierung« der Jugendkultur

Das breite Spektrum der »Bewußtseinsmessen« läßt schon den hohen Anteil erkennen, den Esoterik (s. u. Kap. II) und östliche Philosophie (s. u. Kap. III), aber auch moderne Psychotherapie oder archaische und mystische Traditionen, Indianer, Kelten und Schamanen (s. u. Kap. V) am »neuen Bewußtsein« haben.
Man hat angesichts solcher Tendenzen schon im Blick auf die 60er und 70er Jahre von einer *Entmodernisierung* in der amerikanischen Jugendkultur gesprochen. Nach dem amerikanischen Soziologen *Peter L. Berger* wurde diese Entwicklung vor allem durch das Zusammentreffen von zwei Haupttendenzen geprägt, die aus dem »Unbehagen in der Moderne« eine Umkehrung der modernen Entwicklung seit den letzten dreihundert Jahren anstreben: zum einen der Ökologie-Bewegung mit ihrer Infragestellung der technisch-materialistischen Kultur und zum anderen dem Wiederaufleben von Esoterik, Okkultismus und östlicher Religiosität.
Diese beiden Tendenzen leben im »neuen Bewußtsein« der New Age-Anhänger der 70er und 80er Jahre fort – unter dem Anspruch, an der Wende zu einer neuen Ära der menschlichen Entwicklung zu stehen, genannt: »New Age« oder, astrologisch, *Wassermannzeitalter.* Denn nach einer alten astrologischen Spekulation soll mit dem Übergang des sogenannten »Frühlingspunkts« der Sonne am 21. März in ein neues Sternbild auch ein neues Zeitalter beginnen. Diese Verschiebung des Frühlingspunktes vollzieht sich etwa alle 2000 Jahre nach rückwärts durch den Tierkreis (s. Abbildung auf der folgenden Seite).
Die Tochter C. G. Jungs, die Astrologin *Gret Baumann-Jung*, beschrieb

Die Sonne bewegt sich unter den Sternen im Laufe eines Jahres scheinbar auf der Bahn der Ekliptik. Die Richtung der scheinbaren Bewegung der Sonne ist durch einen Pfeil angegeben. Der Frühjahrs-Äquinoktialpunkt bewegt sich scheinbar in entgegengesetzter Richtung entlang der Ekliptik.

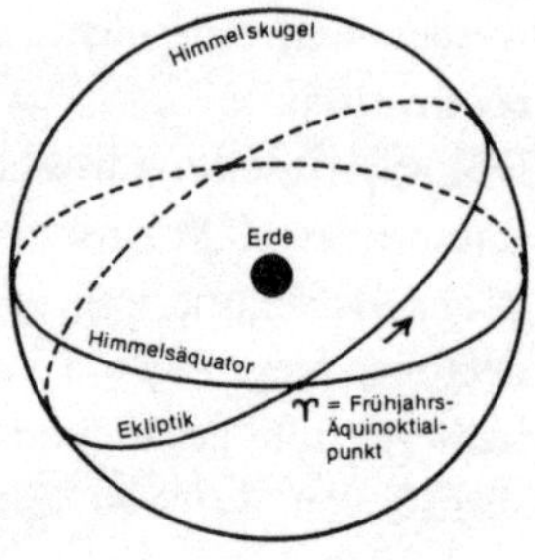

die astrologischen Hintergründe dieser »Zeitenwende« einmal so: »Wie Sie wohl alle wissen, verschiebt sich der Frühlingspunkt, d. h. die Tag- und Nachtgleiche rückwärts durch den Tierkreis. Die Sonne hat eine jährliche Verspätung von 50 Bogensekunden gegenüber den Fixsternen, was in 72 Jahren einen Grad ausmacht und in 360 × 72 Jahren einen ganzen Kreis. Das sind 25 920 Jahre. Diese nennt man das ›Platonische Jahr‹, welches durch die Tierkreiszeichen in zwölf gleiche Teile geteilt wird. Somit rückt der Frühlingspunkt ca. alle 2000 Jahre (2160) in ein anderes Sternbild. Jedesmal, wenn das passiert, scheinen archetypische Verschiebungen stattzufinden, die auch unser Weltbild verändern! Gerade jetzt sollen wir an einer solchen Zeitwende stehen, indem die Frühlings-Tag- und Nachtgleiche aus dem Tierkreiszeichen Fische in das des Wassermann wandert. Die Astrologen und Astronomen sind sich nicht einig, auf welches Jahr dieses Ereignis anzusetzen wäre (es wird öfters das Jahr 1950 genannt), da die einzelnen Zeichen nicht so genau gegeneinander abgegrenzt sind. Es kommt dabei auch gar nicht auf das genaue Jahr oder Jahrhundert an, da man sich hier die Wirkung der Sternbilder nicht im Sinne einer Prägung vorstellen soll, wie sie z. B. bei der Geburt eines Menschen stattfindet, sondern in der *Symbolik* des Tierkreises spiegelt sich die Entwicklung des menschlichen Bewußtseins. Dabei gibt es frühreife Menschen und Völker und Spätentwicklungen. So alle 2000 Jahre wird dem Menschenkind sein Kleid zu eng (z. B. sein Weltbild) und es muß ein anderes erwerben, dessen passende Form wir merkwürdigerweise in der Symbolik des Tierkreises ausgedrückt finden.«[9]

Die Entstehung des neuen Bewußtseins des »New Age« kann nur vor dem Hintergrund der geistigen Atmosphäre Kaliforniens verstanden werden, von wo aus sehr häufig die spirituellen Aufbrüche der Gegenkultur ausgingen, die nach einigen Jahren auch in Europa spürbar waren.

In Amerika aber nahm die jugendliche Protestbewegung der 60er Jahre eine andere Entwicklung als bei uns. Parallel zur *politischen* Protestbewegung trat die *Hippie-Bewegung* auf, mit Drogen-Erfahrung und einem, allerdings von jeglichem kirchlichen Bezug völlig losgelösten, *religiösen Selbstverständnis.* Ohne die Jugendbewegung der Hippies in den Jahren 1966–1972, die den Aufstand gegen eine Zivilisation ohne Religion und Tradition unternahm und vom Kommen eines neuen, schöpferischen Menschen überzeugt war, ist die Entstehung eines »neuen Bewußtseins« überhaupt nicht zu begreifen.
Unter der Losung »make love, not war« versuchte sich die Jugend den Machtstrukturen zu entziehen und zog sich aus der vom Vietnamkrieg erschütterten Gesellschaft in die Nischen eines »alternativen Lebens« zurück. Damit trat sie einerseits, was den Protest betrifft, die Nachfolge der Beat-Generation der 50er Jahre an, die den von Allan Ginsberg und Jack Kerouac propagierten Auszug der Jugend aus der bürgerlich-puritanischen Gesellschaft vollzog. Die Hippies setzten andererseits aber den kalten Machtstrukturen der technischen Zivilisation nicht nur eine von »Liebe« geprägte Gegenkultur entgegen, sondern führten auch zwei *neue* Strömungen in die Weltanschauung der Gegenkultur ein, die das »neue Bewußtsein« seitdem prägen und auch bei den Vertretern des »New Age« wiederbegegnen: *Okkultismus* und *östliche Religiosität.*
»Nicht zufällig ist es, daß unter diesen Gruppen auch die *Droge* heimisch wurde, deren Gebrauch mit der Sehnsucht nach Bewußtseinserweiterung verbunden war«, schrieb Helmut Aichelin, der frühere Leiter der EZW, der das »chemische Pfingsten« jener Jahre beobachtet hat: »Und es ist vollends nicht zufällig, daß das *Interesse an Okkultismus und Parapsychologie* außerordentlich stark zu wachsen begann. Man war ganz allgemein auf der Suche nach dem Geheimnis hinter den glatten Fassaden einer versachlichten und verdinglichten Welt.«[10]
»Ideen der modernen Jugendkultur von Amerika und England, deren Einfluß sich durch Film und Schallplatte auf der ganzen Welt ausbreitete, sind ohne das Wissen um ihre Herkunft aus der Welt der magischen Überlieferung kaum zu begreifen«, meint Sergius Golowin. Der Film »2001«, nach einem Manuskript von Arthur C. Clarke, aus dem Jahr 1968 stand bereits deutlich unter dem Einfluß des »neuen Bewußtseins« und endete mit der Morgendämmerung eines »neuen Zeitalters«, mit einem »neuen Menschen« – dem Weltraum-Kind. Bereits Elvis Presley, dessen Musik Millionen in magische Rauschzustände und Raserei

versetzte, soll sich intensiv mit den Werken der Ahnfrau des modernen Okkultismus, der Gründerin der »Theosophischen Gesellschaft« Helena P. Blavatsky, und mit dem »Tibetanischen Totenbuch« befaßt haben. Und Mick Jagger von den »Rolling Stones« »bekannte sich offen als ein Fortführer der Überlieferungen des Hexensabbats... und auch von dessen Gegenstück im amerikanischen Voodoo-Kult«[11].

Die Drogen-Welle kam zusammen mit der »Kulturrevolution« der Hippies schließlich auch zu uns. Von den Drogen als Mittel der »Bewußtseinserweiterung« kam man glücklicherweise aber sehr bald zu gefahrloseren Formen in Gestalt von Meditation.

Das Auftreten von Gurus aus dem Osten, die dieses Bedürfnis aufgrund jahrtausendealter Erfahrung befriedigen konnten und in religiöse Bahnen lenkten, führte zur Etablierung einer regelrechten *religiösen Subkultur* auch bei uns: Die Zeit der sogenannten »Jugendreligionen« der 70er Jahre begann.

Betrachtet man die 80er Jahre, so erkennt man einen Wechsel von der »religiösen« zur *»therapeutischen Subkultur«* (Reimar Lenz). Der Übergang bahnt sich an in religiös-therapeutischen Gruppen wie bei den Sannyasins des »Bhagwan« Shree Rajneesh.

Die vorerst letzte, wenn auch mit mehr als zehnjähriger Verspätung aus den USA bei uns eintreffende Welle der »Entmodernisierung« ist das »neue Bewußtsein« des New Age, in dem die von P. L. Berger geschilderten Grundtendenzen fortleben, wobei auffällt, in welch hohem Maß zu den religiösen und therapeutischen Elementen esoterische, okkulte und sogar archaische Anschauungen hinzutreten. Die Tageszeitung »Die Welt« faßte daher im Oktober 1985 diese neue Tendenz nicht ungeschickt mit folgenden Worten zusammen: »New Age reklamiert für sich ein ›abgerundetes Modell für unsere Zukunft, das alle Bereiche des Lebens umfaßt‹. Das Charakteristikum scheint die Verschmelzung von wissenschaftstheoretischen Modellen mit den Geheimlehren esoterischer Zirkel zu sein. Schamanen, Lamas, Medizinmänner bewegen sich auf New Age-Kongressen so selbstverständlich wie Ministerialräte auf Verbandstagungen. So endet der Antiimperialismus der 68er bei den Naturvölkern.«

Nach dem amerikanischen Soziologen *Hans Sebald* handelt es sich beim »New Age« um eine etwa seit dem Ende des Vietnam-Krieges »aus der pazifistischen Gegenkultur entsprossene Romantik«[12]. Indem die damals entstandenen geistigen Tendenzen in den 70er und 80er Jahren zunehmend in die Hauptkultur einströmen, bildet sich unmerklich eine neue Bewegung. Über die geistigen Wurzeln dieser neuen »Verschwörung im Zeichen des Wassermanns« schreibt der mit ihr sympathisierende *Theodore Roszak:* »Eben diese Generation der Hippies und Blumenmädchen stieß die Tür zum aquarischen Grenzbereich auf und schuf nachprüfbare, gesellschaftlich relevante Faktoren, sozusagen Lebensoptionen für Millionen... Sie machten den mystisch-extravertierten Lebensstil populär, sie leisteten die Vorarbeit für die Gurus und Therapeuten.«

Zum Teil handelt es sich hier um denselben Personenkreis, denn die »Verschwörer« waren die Jugendlichen der 60er Jahre, die nun als Lehrer, Professoren, Verleger oder anderweitig am geistigen Leben Beteiligte auf dem »Marsch durch die Institutionen« jene Lebensoptionen verwirklichen möchten. Der Psychologe *Peter Russell* meint daher, man könne die New Age-Bewegung als die Suche nach Wegen betrachten, die Vision jener Jahre in die Wirklichkeit umzusetzen.[13]

Den Grundlagen jener Vision samt der Rede vom »Wassermann-Zeitalter« kann man auf Schritt und Tritt bereits in den zahlreichen Zeitschriften der Alternativkultur sowie des Pop- und Rock-Undergrounds jener Jahre begegnen. Hier sind vor allem der *»Spiritual Community Guide«* und *»A Pilgrim's Guide to Planet Earth«* (deutsch: »Alte Wege zur Neuen Welt«, Obernhain 1977) zu erwähnen, beide von einer »Spiritual Community« 1974 in San Rafael/Kalifornien herausgegeben, die sich nach eigenen Aussagen *»der Planetarisierung des Bewußtseins* und *dem Kommen des New Age«* widmete.[14] Beide wurden zum Vorbild weiterer, auch heute noch erscheinender »Spiritueller Adreßbücher« und enthalten bereits Kurzdarstellungen damals schon existierender New Age-Zentren wie »The Farm«, »Lama Foundation«, »Lindisfarne«, »International Cooperation Council«, rosenkreuzerische, anthroposophische und theosophische Gruppen wie »Lucis Trust«, Neugeist-Gruppen wie CSA oder auch Gemeinschaften, die unmittelbar in die Therapieszene gehören.

Das berühmte Esalen-Zentrum wird noch etwas versteckt unter »Growth Centers« geführt. Dazu wird erläutert: »In diesem Lande findet eine Synthese von *spiritueller Wachstums-Arbeit* (growth work), *traditionellen Yoga-Praktiken* und *Meditationstechniken* statt. Es werden jetzt Methoden zur Erlangung von mehr Bewußtsein (awareness) des physischen Leibes und der höheren Bereiche in die Psychotherapie eingeführt. Dadurch kann die Realität von Ganzheitlichkeit erfahren werden. Diese Gruppen verwenden ›*Gestalt*‹, *Encounter, Psychosynthese, Sensitivity*, ferner *Ta'i Chi Ch'uan, Tanz, Gruppentherapie, Alexander-Technik*, ›*arts and crafts*‹, *Massage, Rolfing* und alle Formen von *Meditation und Yoga*. Der Zweck dieser Arbeit ist der Nachweis, daß wir durch Spontaneität, Offenheit und Freiheit von emotionaler Blockierung eine größere Tiefe an Selbstkontrolle erlangen können, besser mit anderen zusammenarbeiten können und unser wirkliches Potential und unseren Lebenszweck verwirklichen können.«[15] Freilich dominiert in beiden Führern noch eindeutig das breite Angebot an hinduistischen und buddhistischen Meditationspraktiken, und die hier aufgezählten Gruppen tauchen nur am Rande auf.

Während sich der »Spiritual Community Guide« auf Nordamerika beschränkt, ist *»Alte Wege zur Neuen Welt«* der Versuch, die spirituellen Zentren des »neuen Bewußtseins« in der ganzen Welt zu erfassen. Überhaupt ist dieser »spirituelle Reiseführer« eines der ersten und klassischen Beispiele für die »Reisen ins Innere«, die seither unzählige Menschen angetreten haben: »Heute sind wir Pilger –«, heißt es im Vorwort, »Pilger des Herzens und Pilger auf dem Pfad, der jenseits der Grenzen in die ganze Welt führt... Wir sind die Gesandten eines Bewußtseins geworden, die ihr Schicksal in der Universellen Einheit spüren. Dieses Buch ist eine Manifestation des heutigen Bedürfnisses nach Reisen... im Geist und im Herzen... *Wo immer wir hingehen, finden wir uns selbst.* Für viele ist es unnötig, irgendwohin zu fahren... Viele von uns wurden zum Reisen inspiriert, nach Indien, Europa, Südamerika, Australien. *Jeder reiste nach innen.*«[16]

Dabei kommen aus ungewohntem Blickwinkel auch manche Kuriositäten zutage. So wird dem modernen »Pilger« z. B. die Schweiz folgendermaßen vorgestellt: »Viele New-Age-Gruppen verbringen zumindest einen Teil des Jahres in den Alpen, üben dort ein Handwerk aus, veranstalten Kräuterlehrgänge oder spirituelle Übungen. In diesem Land lebten und arbeiteten viele Vorkämpfer des New Age: *Rudolf Steiner, Carl Jung, Hermann Hesse*... In der Nähe des Klosters Einsiedeln wurde *Theophrastus Paracelsus* (1493–1541), der große Naturwissenschaftler, Physiker und Alchemist der Renaissance, geboren. Er erklärte öffentlich, er habe die Grundlagen seiner neuen Wissenschaft unter Zigeunern, Hexen und Zauberern gefunden... In späteren Zeiten wurde er der Schutzheilige der Rosenkreuzer, die damals noch als Geheimbund existierten. Er gilt als Begründer moderner Naturwissenschaft und Psychoanalyse sowie als Inspirationsquelle europäischen Okkultismus von Eliphas Lévi bis Madame Blawatsky. Die Jugend der Schweiz ist davon überzeugt, daß die Zeiten der alten weisen Hirten, freien religiösen Gemeinschaften und großen Gelehrten wie Paracelsus noch nicht verflossen sind, sondern daß deren Lehren einmal einen starken Einfluß haben werden.«[17]

Über die Tschechoslowakei – das Heimatland des New Age-Psychiaters Stanislav Grof – erfährt man unter anderem: »In der Tschechoslowakei hat das Studium östlichen Geheimwissens lange Tradition. Mittelalterliche Alchemisten, jüdische Mystiker und Wissenschaftler des 20. Jahrhunderts, die sich mit Parapsychologie und Astrologie beschäftigen, sind und waren alle auf der Suche nach Gesetzen, die hinter den Erscheinungen stehen... Die Alchemie entspricht dem Wesen der Tschechen und wird immer noch praktiziert. Einige der berühmten böhmischen Kristallwerke stellen die benötigten Gerätschaften her... Im 16. Jahrhundert erschuf der kabbalistische Rabbi Yehuda Löw den *Golem*, eine menschliche Gestalt, die er belebte und als Diener für die Gemeinde und sich einsetzte. Er behauptete, durch Anwendung einer Buchstabenkombination aus dem Wort Shem, was soviel wie Gott bedeutet, sei es möglich, *Energie in Materie umzuformen.* Durch Niederschrift und Eingabe des Wortes wurde der Golem lebendig. Nach der Legende soll Rabbi Löw am Sabbath das Wort ausgelöscht haben, damit sich der Golem ausruhen könne. Als er es einmal vergaß, fing dieser an, die Menschen zu erschrecken und zu tyrannisieren. Als er schließlich vor der Synagoge gefangen wurde und das Wort Shem ausgelöscht ward, zerfiel der Golem zu Staub und Asche. Die Überreste sollen sich noch im Gewölbe der Synagoge befinden. Die Sage von dem roboterhaften Golem ist in der tschechischen Kultur tief verwurzelt. Heute studieren Wissenschaftler alte alchemistische Texte, und angeblich haben einige ein ähnliches Verfahren entdeckt, wie es der Rabbi Löw zur Belebung von Holz, Metall oder Ton angewandt haben mag. So wie viele europäische und anerkannte amerikanische Forscher betrachten auch viele Tschechen und Russen die Alchemie als Schlüssel zu wissenschaftlichen Entdeckungen. Der sowjetische Raumfahrtpionier K. E. Ziolkowsky[18] gab zu, daß er bei der Entwicklung des Raumschiffes den Vorstellungen des Alchemisten Roger Boscovitch aus dem 18. Jahrhundert gefolgt war.«[19]

Dem Verfasser des Artikels über »Westdeutschland« scheint es die germanische Mythologie besonders angetan zu haben: »Zwischen Licht und Finsternis«, orakelt er, eine Art »Entnazifizierung à la New Age« vollziehend, »wandert die germanische Seele auf dem schmalen Pfad von Genie und Wahnsinn. Obgleich das Land auf den ersten Blick hin vom Geist des Materialismus beherrscht ist, hat doch die Suche nach unbegrenzter Wahrheit nicht aufgehört zu existieren. Spirituelle Zentren des New Age wachsen überall und verändern in positiver Weise die vibrations, die zur Nazizeit so vergiftet waren. *Balder,* der Gott der Liebe, Harmonie und Schönheit... taucht wieder aus dem Reich *Hel* auf, um Frieden auf Erden zu bringen... Die deutsche Seele hat in *Midgard* ihren Ursprung – zwischen dem Königreich der brennenden Mittagssonne und dem Reich der Dunkelheit und Kälte. *Bifröst* ist die nordische Vision der *Antahkarana,* der Regenbogenbrücke[20], die Midgard und Asgard verbindet, den Wohnsitz der Menschen mit dem Land der Götter. Sie ist sozusagen *der Pfad vom gewöhnlichen zum höheren Selbst,* vom Menschlichen zum Übermenschlichen. In der Symbolik der Edda mit ihren germanischen Mythen aus vorchristlicher Zeit liegt der Schlüssel zum Verständnis dieser Seele.«[21]

Diese Kostproben zeigen mehr als nur die Präsenz des Wissens um die westliche esoterische Tradition bei den Vertretern des »neuen Bewußtseins«, was an sich schon beachtlich genug wäre. Sie geben, wie diese »spirituellen Reiseführer« überhaupt, vor allem einen Hinweis auf die Grundlagen der Weltanschauung der New Age-Anhänger, die im folgenden immer wieder, in verschiedenster Form und selbst bei denen, die sich von dem Etikett »New Age« aus unterschiedlichen Gründen mehr oder weniger distanzieren, begegnen werden. Diese Grundlagen sind vor allem: 1. der Glaube an die Macht des *Bewußtseins* gegenüber allen materiellen Begrenzungen, 2. der Glaube an die *Einheit* aller Dinge und 3. der Glaube an eine *kosmische Höherentwicklung,* insbesondere an das Kommen des »neuen Menschen« und seine Überwindung der kreatürlichen Beschränkungen. Auf diesen Grundlagen verdichten sich so unterschiedliche Traditionen wie westliche Esoterik, östliche Mystik und moderne Psychotherapie zum schier unentwirrbaren »New Age-Syndrom«. Lange bevor sie aus dem amerikanischen »religiösen Underground« in die Hauptkultur vordrang, begegnet diese fundamental gnostische Grundanschauung des »neuen Bewußtseins« bereits bei dem »Drogenpapst« *Timothy Leary:* »Allen religiösen Bewegungen liegt die

Idee zugrunde«, schreibt er in seiner »Politik der Ekstase«, »daß der Mensch ›schläft‹, daß er sich von dem *universalen Bewußtsein* (als sinnvolle Definition für Gott), das sein eigentliches Wesen ist, *absondert* und sein bewußtes Leben auf die eigenen Grenzen des Ego beschränkt. Alle Religionen enthalten die Aufforderung an den Menschen, zu *erwachen*, sich seines *göttlichen Ursprungs bewußt zu werden*.«
Der Weg dazu waren für Leary die Drogen als die »Religion des 21. Jahrhunderts«[22]. Man kann sogar fragen, ob die späteren New Age-Denker überhaupt Wesentliches über seine Grundanschauung hinaus beigetragen haben! Jedenfalls hat Leary damit den zentralen Begriff des *»universalen«* oder *»kosmischen Bewußtseins«* für die kommende New Age-Generation vorgegeben und selbst ein »Erwachen« ausgelöst!
Für *Theodore Roszak* kündigt sich mit diesem neu erwachten »kosmischen Bewußtsein« das Kommen eines »Neuen Zeitalters« und das Kommen eines »Neuen Menschen« an.[23] Vor allem der Begriff *»Evolution«* wird nach Roszak zu einem Schlüsselbegriff für das »neue Zeitalter«, indem er nicht nur auf das biologische Leben, die Natur, sondern auch auf den menschlichen Geist, das Bewußtsein, bezogen wird. Fast alle wichtigen Vertreter des »neuen Bewußtseins« oder des New Age haben derartige evolutionistische Zukunftsentwürfe vorgelegt, in denen die Evolution des menschlichen Bewußtseins die zentrale Rolle spielt und sogar die Grundlage einer neuen Heilshoffnung ist. Am bekanntesten wurden bei uns die Entwürfe von Fritjof Capra, Ken Wilber, Peter Russell und Theodore Roszak.
Wenn man das New Age-Bewußtsein als eine besondere Ausprägung des oben geschilderten Bewußtseinswandels betrachten kann, so liegt sein Spezifikum und die Gemeinsamkeit seiner führenden Repräsentanten also darin, daß sie auf die Frage nach dem Ziel des Bewußtseinswandels, der »Reise nach innen«, in überraschender Weise fast durchweg mit einer ganz bestimmten Vorstellung antworten: Das Ziel des »Durchbruchs nach innen« ist die Erfahrung des *Kosmischen Bewußtseins*.
Ob sie nun stärker von esoterischen, psychologischen oder fernöstlichen Vorstellungen und Begriffen geprägt sind, so sehen doch die meisten darin geradezu das Kennzeichen des »Neuen Zeitalters«, daß in ihm, nachdem sich der Mensch aus den dämmerhaften Bewußtseinszuständen der natürlichen Evolution zum Ichbewußtsein entwickelt hat, nun die Evolution des Bewußtseins zu einer höheren Stufe *bewußt gesteuert* werden soll.

Dieser Gedanke ist nicht neu, aber er spiegelt sich vielfach wider in den Zukunftsentwürfen der New Age-Anhänger. Ein sehr einfaches Entwicklungsschema ergibt sich dadurch, daß man mindestens drei Stufen oder Zeitalter unterscheidet, die bei den New Age-Autoren unter verschiedenen Namen immer wieder begegnen: Dämmerhafter Bewußtseinszustand – Ichbewußtsein – höheres Bewußtsein; oder: vom Tier zum Menschen, vom Menschen zum Halbgott.
Der Computer-Fachmann und TM-Anhänger *Peter Russell* erblickt vor allem in den modernen Kommunikationstechniken die Grundlage für die Herausbildung einer neuen, höheren Bewußtseinsebene, die alles übersteigt, was bisher an »menschlichem« Bewußtsein vorhanden war, und unseren ganzen Planeten zu einem einzigen großen »Superhirn« erwachen läßt: »Wir werden uns nicht mehr als isolierte Einzelwesen sehen, sondern wissen, daß wir Teil eines sich rapid integrierenden weltweiten Netzes sind: die Nervenzellen eines sich aktivierenden Globalhirns.«[24]
Die drei Stufen der Entfaltung des menschlichen Bewußtseins sind aber eingebettet in einen noch größeren Evolutionszyklus. Dieser reicht nach P. Russell »von der Einheit reiner Energie [1] über die Evolution der Materie [2], des Lebens [3], des Bewußtseins [4], Gaias [– Superorganismen von Planeten, auf denen sich Bewußtsein zu einem »globalen Gehirn« entwickelt – 5], von Galaxien [6] zur schließlichen Wiedervereinigung mit dem Brahman [7]«[25], dem indischen Wort für die Einheit des Universums.
Für jeden Kenner ist klar, daß hinter dieser Anschauung ein siebenstufiger Evolutionszyklus steht, wie er bereits aus der okkulten Tradition (Theosophie; Anthroposophie) oder aus der östlichen Weltanschauung bekannt ist.
Die Tendenzen der Entmodernisierung im »neuen Bewußtsein« und die Idee der Erlösung durch Erlangung des »kosmischen Bewußtseins« lassen sich auch in den *Haupt-Symbolen* der New Age-Bewegung wiedererkennen, an deren vier wichtigsten sich die weitere Darstellung orientiert:

Der *Regenbogen* weist hin auf die Verbindung des Menschen mit den im Universum schwingenden kosmischen Energien. Durch ihre Herabrufung mittels meditativer Praktiken nähert sich der Mensch seiner eigenen Vergöttlichung.

Das *Yin-Yang-Zeichen* symbolisiert den Zustand des Ausgeglichenseins und der Harmonie der grundlegenden Polarität aller Phänomene. Yin ist nach der Philosophie des Taoismus die integrative, weibliche, intuitive Tendenz, Yang die expansive, männliche, rationale Energie. »Das ständige Wechselspiel der Gegensatzpaare stellt ein dynamisches Bild des Lebens dar, das sich in neuen Entdeckungen der Physik, wie etwa in Niels Bohrs Komplementaritätsprinzip und den esoterischen Traditionen widerspiegelt«, heißt es im »New-Age-Wörterbuch« (Freiburg 1986).

Das *Wassermann-Symbol,* die doppelte, parallele Wellenlinie des Tierkreiszeichens »Wassermann«, ist nichts anderes als eine esoterische, der abendländischen astrologischen Tradition entstammende Entsprechung zum chinesischen Yin-Yang-Zeichen und zeigt gleichfalls die im »neuen Zeitalter« angestrebte harmonisierende Synthese an.

Das *endlos verflochtene Band* symbolisiert die von den New Age-Gruppen angestrebte universale »Vernetzung« aller Einzelinitiativen zum Zweck der den einzelnen und die Gesellschaft durch »kosmisches Bewußtsein« transformierenden »Verschwörung der Liebe«.

Kapitel II

Neues Denken, alte Geister

Der Regenbogen weist hin auf die Verbindung des Menschen mit den im Universum schwingenden kosmischen Energien. Durch die Verbindung mit dem höheren kosmischen Bewußtsein mittels meditativer Praktiken nähert sich der Mensch seiner eigenen Vergöttlichung.

Das New Age-Bewußtsein ist das zur Zeit wohl aktuellste und am tiefsten in die Gesellschaft hineinreichende Beispiel eines esoterischen bzw. okkulten Welt- und Lebensentwurfs. Manche traditionellen Okkultgruppen und -bewegungen sehen in seiner Ausbreitung zum Teil eine ärgerliche, vielleicht sogar übermächtige Konkurrenz. Andererseits halten es viele Esoteriker aber auch für eine mit Zustimmung und Sympathie aufgenommene Bestätigung der eigenen Weltsicht. Denn das »neue Bewußtsein« läßt in vieler Hinsicht »alte Geister« wieder lebendig werden.

Zu den ersten, die einen die gesamte Menschheit erfassenden Bewußtseinswandel mit der Wende vom christlichen »Fische-« zum »Wassermann-Zeitalter« in Verbindung brachten, gehörten vor allem die im 19. Jahrhundert entstandenen theosophischen Strömungen. Bei der amerikanischen Theosophin *Alice A. Bailey* (1880–1949) und den sich heute auf ihre Lehre berufenden New Age-Gruppen sieht die im Regenbogen-Symbol enthaltene Grundidee des neuen Bewußtseins so aus:

In der ihr von einem fiktiven tibetischen Meister übermittelten Schrift »Initiation – Menschliche und solare Einweihung« (1922) wird die esoterische Einweihung als Konstruktion der *Lichtbrücke* (sanskrit: antahkarana) zwischen der menschlichen Person und den obersten geistigen Hierarchien des Kosmos dargestellt. *Antahkarana* ist »der Lichtkanal, der die Brücke zwischen dem physischen Gehirn und der Seele«, das heißt dem »wahren oder höheren Selbst« des Menschen bildet bzw. zwischen dem »niederen, analytischen Denken« und dem »höheren Denkvermögen, welches selbst ein Aspekt des göttlichen Selbstes«[26] ist. Das Erbauen dieser im Regenbogen symbolisierten Lichtbrücke schafft einen Kanal für die Übermittlung und das Einströmen geistiger Energien – Licht, Liebe und Kraft – aus dem Bereich der höchsten geistigen Wesen des Kosmos.

Die Ideen der Theosophie vom Einströmen der geistigen Energien »Licht, Liebe und Kraft« waren von großem Einfluß auf den Amerikaner *David Spangler* (geb. 1945), der den Begriff »New Age« vor allem durch sein 1971 veröffentlichtes Buch über die Findhorn-Kommune zum erstenmal in Europa popularisierte (deutsch: »New Age. Die Geburt eines Neuen Zeitalters«, Fischer Taschenbuchverlag 1978). Die 1962 gegründete *Findhorn-Kommune* in Schottland ist das zur Zeit größte New Age-Zentrum in Europa, in dem seit Anfang der 80er Jahre ständig etwa 200 Mitglieder leben und zu dem jährlich Tausende von Besuchern pilgern. Sie ist nach Spangler, der von 1970 bis 1973 mit seiner Partnerin Myrtle Glines, einer früheren Mormonin, dort weilte, das Urbild einer künftigen New Age-Kultur, in der sich die Menschen dem Einfluß der einströmenden »Energien« von Licht und Liebe öffnen. Nach Spangler erfolgte die Geburt des »Neuen Zeitalters« im Jahr 1967, unmittelbar vor Ausbruch der Studentenunruhen, die selbst schon ein Ausdruck der »Herabkunft der neuen Energien« des kommenden Wassermann-Zeitalters gewesen seien.

Unter dem Eindruck seines Besuches in Findhorn gründete der Kulturhistoriker *William Irwin Thompson* die *»Lindisfarne Association«* auf Long Island bei New York. Diese gab einen Sammelband mit Vorträgen der »Lindisfarne Konferenz zur Erforschung planetarer Kultur« heraus, der 1977 auch unter dem deutschen Titel »Antwort der Erde. Wegweiser zu einer planetaren Kultur« erschien. In seinem Vortrag über »Die Rolle des Esoterischen in der planetaren Kultur« stellt David Spangler fest, unter esoterischem Aspekt sei unter der »planetaren Kultur« des neuen Zeitalters ein kultureller Prozeß zu verstehen, in dem die Menschheit zum »Gehirn des Planeten« und fähig wird, »die Seele oder Identität unseres Planeten zu verkörpern«: Die Menschheit sieht die Erde nicht mehr als materielles Objekt, sondern als »lebendes Wesen«, sie wird selbst zu einem »Prozeß, durch den die Erde ein tieferes Bewußtsein ihrer selbst verkörpert«[27].

In der Bibel Zeichen des *Bundes* Gottes (1. Mose 6), wird der Regenbogen im New Age-Bewußtsein zum Symbol der *Selbsterschaffung* und der *Selbsterlösung* durch kosmisches Bewußtsein. Der Entwicklung dieses Bewußtseins der Menschheit und darüber hinaus des ganzen Planetensystems dienen die zahlreichen Meditationspraktiken. Von A. Bailey oder von Findhorn beeinflußte New Age-Gruppen versammeln sich z. B. am sogenannten »Weltinvokationstag«, an dem der Einstrom der »Christus-Energie« besonders stark sein soll, oder zur »Vollmondmeditation«, um geistige Kanäle zu bilden für die einfließenden göttlichen Energien des jeweiligen Tierkreiszeichens, oder zur »Weltheilungsmeditation« an jedem ersten Tag eines Monats.

Bei diesen Praktiken geht es einerseits um die Entdeckung und Ausschöpfung des menschlichen Bewußtseinspotentials, andererseits um seine Erweiterung mit Hilfe der einströmenden Energien ins Übermenschliche, Kosmische, zum »kosmischen Bewußtsein«. Im Blick auf das *Menschenbild* der Vertreter des »neuen Bewußtseins« muß man hierbei wissen, daß sowohl die Tradition der westlichen Esoterik (z. B. Theosophie oder Anthroposophie) als auch die östliche Weltanschauung verschiedene *Stufen* der Identität kennen – von Stufen geringerer Bewußtheit über das geistige Selbstbewußtsein (»Persönlichkeitsstufe«) bis hin zu erst noch in Zukunft zu entwickelnden höheren Stufen der Bewußtheit, die den Menschen auf die geistige Ebene von Engeln oder göttlichen Wesen erheben. Spangler spricht auch von einem »Spektrum der Identität«[28].

In der Sprache der esoterischen Tradition nennt man die höchste Stufe für den einzelnen das »(höhere) *Selbst*«[29]. In der östlichen Tradition spricht man vom *atman*.

Unter evolutionärem Gesichtspunkt ist das »höhere Selbst« *Ziel* eines geistigen Entwicklungsprozesses des Einzel-Ich – so wie das Ziel des geistigen Transformationsprozesses der ganzen Welt das *brahman*, das Absolute oder »das Selbst der *Welt*« ist.

Jede Einführung einer evolutionären Betrachtungsweise führt aber notwendig das zeitliche und räumliche Element ein, das dem Geistigen, dem Bewußtsein als unräumlicher und zeitloser Dimension unangemessen ist. Denn für das höhere Bewußtsein ist letztlich *alles eins:*

Ich = Selbst (atman) = Absolutes (brahman).

Darum sagte David Spangler einmal in Findhorn: »Das New Age in Begriffen von Ort oder Stellen zu suchen, ist illusorisch..., hieße, der alten Denkschablone zu verfallen, die Orte über das sich manifestierende

Bewußtsein stellt, die Materie vom Geist trennt... Also: Fort mit dem Neuen Zeitalter, fort mit allen Zeitaltern, und herbei mit der *Zeitlosigkeit* in unserem Bewußtsein. Nur dann finden wir den wahren Geist und *das Wesen dessen, was das Neue Zeitalter bringen soll.*«[30]

Die Praktiken zur Ausschöpfung des menschlichen Bewußtseinspotentials sind jedoch keineswegs auf Gruppen wie Findhorn beschränkt, die mehr oder weniger in der esoterischen Tradition verwurzelt sind. Es gibt eine Bewegung, die diese Aufgabe sogar programmatisch in ihrem Namen trägt – die sogenannte *»Human-Potential-Bewegung«*, ein Begriff, der in den 70er Jahren für eine Reihe psychologischer Schulrichtungen und Zentren in Amerika geprägt wurde, die *Selbst*-erfahrungsgruppen (encounter) und Sensitivitätstraining betreiben. Es handelt sich hier um die eigentliche »Bewußtseinsfabrik«, in der das »neue Bewußtsein« produziert wird. Bereits das Menschenbild der Tiefenpsychologie C. G. Jungs war ja teilweise von ähnlichen Voraussetzungen geprägt wie das der Esoterik. »In der Tiefenpsychologie C. G. Jungs ist das Selbst Reifungsziel des Individuationsprozesses.«[31] Die »Selbstverwirklichung« ist der Weg vom konditionierten, bewußten Ich zum Selbst, wobei sich C. G. Jung zur Beschreibung dieses Weges selbst der esoterischen Sprache bedient (nämlich der Symbolik der Alchemie), um diesen Prozeß zu verdeutlichen, und somit eine eigentlich »esoterische Psychologie«[32] schafft.

Zur »Human-Potential-Bewegung« zählt man u. a. die »Gestalttherapie« von Fritz Perls, die »Bioenergetik« von Alexander Lowen und die 1962 gegründete »Vereinigung für Humanistische Psychologie«. Im selben Jahr wurde auch das kalifornische *Esalen-Institut* bei Big Sur gegründet, das heute als Mekka der New Age-Anhänger gilt und zum Vorbild für zahlreiche kleine »Esalens« auf der ganzen Welt in Gestalt von »New Age-Zentren« wurde, die therapeutische Angebote im Geist der »Human-Potential-Bewegung« vermitteln. Dies gilt insbesondere von der sogenannten *»Transpersonalen Psychologie«*, die sich als »vierte Kraft« aus der »Humanistischen Psychologie« herausentwickelt hat (s. u. Kap. VII). Der Gedanke der »Zeitlosigkeit« findet im therapeutischen Bereich einen Ausdruck vor allem im Ideal des Lebens im »Hier und Jetzt«, einem Schlagwort in new age-orientierten Kreisen.

Da im Gründungsjahr von »Esalen« und der »Vereinigung für Humanistische Psychologie«, 1962, auch die New Age-Kommune »Findhorn« gegründet wurde, ist die Ansicht von New Age-Vertretern, die den

Beginn des »Wassermannzeitalters« in dieses Jahr verlegen, nicht ganz ohne Sinn. Doch ist dies esoterisch gesehen eine wohl allzusehr an Raum und Zeit orientierte, eher vordergründige Vorstellung im Vergleich zu den tieferen astrologischen Spekulationen, die über das Wassermannzeitalter aufgestellt wurden. Die Frage nach seinem »genauen« Beginn ist ebenso unklar wie im Grunde unwichtig. Dennoch hat sich gerade damit die Okkultliteratur immer wieder beschäftigt, und die Rede vom »Wassermannzeitalter« ist keineswegs so neu, wie sie heute manchem erscheint, sondern hat eine Vorgeschichte in der okkulten Tradition des Westens:

Die ersten, die einen die gesamte Menschheit erfassenden Bewußtseinswandel mit der Wende vom »Fische-« zum »Wassermannzeitalter« in Verbindung brachten, vornehmlich *theosophische* Strömungen, verbanden damit bereits fast die gesamten Vorstellungen und Erwartungen, die heute unter New Age-Anhängern en vogue sind. Sie kulminieren fast durchweg in der schon von der Theosophin Alice Bailey für das New Age prognostizierten Welteinheitsreligion, wonach die Menschen zu der Erkenntnis kommen sollen, »daß die Menschheit dem innersten Wesen nach eine Einheit ist, daß die Menschen miteinander teilen und zusammenarbeiten müssen, und daß eine neue Weltreligion im Entstehen ist«. Dieses Einheitsbewußtsein wird von A. Bailey auch als das »Christus-Bewußtsein« bezeichnet, denn »Christus« ist für sie der »Avatar« oder »Weltlehrer« des kommenden Zeitalters: »Er ist der Erste der großen Weltlehrer, der in zwei Zyklen des Tierkreises tätig ist – im Zeitalter der Fische und des Wassermanns.«[33]

Diese allgemeinen Menschheitsveränderungsideen aber gehören zum Grundbestand der meisten okkulten Strömungen seit der Aufklärung. Selbst die Idee der Reinkarnation in ihrer optimistischen Variante leitet sich bei den meisten von ihnen eher von Lessings »Erziehung des Menschengeschlechts« als vom Hinduismus her. So ist auch die Idee des »Wassermannzeitalters« ein typisches Produkt der westlichen okkulten Strömungen. Ihre Plausibilität besteht heute wie bereits bei den noch im »old age« lebenden Theosophen des 19. Jahrhunderts in der Erwartung, daß im neuen Zeitalter die gesamte Menschheit von einem Bewußtseinswandel zum Besseren ergriffen wird, wie er von einzelnen schon in früheren Perioden vorausgesagt worden sei.

Eine der ersten Schriften, die den Begriff »Wassermannzeitalter« popularisiert haben, ist das im Jahr 1908 unter dem Titel »*The Aquarian*

Age Gospel of Jesus, the Christ of the Piscean Age« erschienene sogenannte »Wassermann-Evangelium« des Amerikaners *Levi H. Dowling* (1844–1911). Obwohl vorgeblich auf meditativem Wege durch direkte göttliche Inspiration empfangen, begegnen in ihm zahlreiche »alte Bekannte« aus dem modernen theosophischen Spiritismus des 19. Jahrhunderts, wie die »Akasha-Chronik« – eine aus »Akasha«, der geistig-göttlichen Ursubstanz, bestehende Aufzeichnung aller kosmischen Vorgänge – oder die »Stille himmlische Bruderschaft« der bereits als »Meister« zur Vollendung gelangten höchsten Repräsentanten der Menschheit. Wie in der Theosophie ist der Titel »Christus« völlig von der historischen Persönlichkeit des Jesus von Nazareth gelöst und bezeichnet eine transzendente Bewußtseinsebene, auf die der Mensch »aufsteigen« kann. Und an die theosophische Konzeption erinnert auch die Vorstellung von der periodischen Wiederkehr eines Erlösers am Anfang eines neuen Zeitalters: So gilt Melchisedek als der Christus des Widder-Zeitalters und Jesus als der Christus des Fische-Zeitalters, wobei dieser »Jesus« aus zahlreichen Motiven der esoterischen Jesus-Literatur zusammengeflickt ist und bereits die wichtigsten Motive der Heilsbotschaft heutiger New Age-Vertreter verkündigte.
Dies gilt insbesondere von der im »Wassermann-Evangelium« vorgetragenen Selbsterlösungslehre: »Wer erlöst sein will, muß den Erlöser in sich selber finden.« (8, 22) »Böses ist... nichts anderes als unharmonische Verbindung guter Dinge.« (39, 14) »Dem sich hier offenbarenden moralischen Optimismus, der die rechte Ordnung der Dinge allein dem menschlichen Willen zuweist, entspricht die ebenso optimistische kosmologische Konzeption, daß die Welt wesentlich göttlicher Natur sei, womit unter Einbeziehung der astrologischen Deutung des Sternzeichens des Wassermanns der metaphysische Optimismus als die tragende Grundlage des Wassermann-Evangeliums deutlich wird. Die mit der gewonnenen Erkenntnis (Gnosis) verbundene Erstarkung des Willens und die Beseitigung der moralischen Disharmonie sei Erlösung, die zugleich auch die Materie in ihren geistigen Urzustand zurückkehren ließe. Somit erfolge in der Erlösung auch die Transmutation, d. h. die Verwandlung der irdischen Materie in göttliche Substanz.«[34] »Was ich tat, das werden alle Menschen tun, und was ich bin, das werden alle Menschen sein.« (176, 30)
Auch die Charakteristik des Wassermannzeitalters als »Zeitepoche der Vollkommenheit«, in der das institutionelle Christentum überflüssig

wird, begegnet wieder in heutigen Vorhersagen in Esoterik und New Age. In ihrer Schrift »Esoterik – Was ist das eigentlich?« stellen *Brita und Wolfgang Dahlberg* vom »Frankfurter Ring« fest: »Im Bild des Wassermanns sieht man eine Gestalt, einen Mann, der einen großen Kübel mit Wasser auf die Erde herniedergießt. In diesem Symbol wird gesagt, daß aus der geistigen Welt sehr viel Wissen den Menschen gegeben wird, ... daß im Wassermannzeitalter vor allem das *esoterische Wissen* der Menschheit *allgemein zugänglich* gemacht wird.«[35]
Die »großen Kirchen« haben für die Esoteriker des New Age lediglich noch »die Funktion von Kindergärten bzw. Volksschulen«[36].
Daß das »Wassermannzeitalter« auch eine ganz andere Charakteristik erhalten kann, zeigt das Buch von *Alfons Rosenberg,* »Durchbruch zur Zukunft. Der Mensch im Wassermannzeitalter« (1958), wonach es sich um ein Zeitalter der Katastrophen und der »intellektuellen Maßlosigkeit« (S. 129) handelt, an dessen Ende eine der »Sintflut« entsprechende »Feuerkatastrophe« steht (S. 229).
Schließlich dürfen bei der Frage nach den Ursachen der Plausibilität okkult-esoterischer Weltbilder für die Vertreter des New Age-Bewußtseins aber auch die gelegentlich begegnenden Fälle nicht vergessen werden, bei denen es sich um Okkult-Gruppen oder Einzelgänger handelt, die sich lediglich an diese Strömung anhängen und eine »Umfirmierung« vornehmen, oder aber um Leute mit einer traditionellen »esoterischen Vergangenheit«, um ehemalige Spiritisten, Theosophen oder Neugeist-Anhänger u. a. Letzteres gilt z. B. auch für die Gründer der berühmten New Age-Kommune Findhorn, den ehemaligen RAF-Offizier und Hotelmanager *Peter Caddy,* seine Frau *Eileen* und seine Freundin *Dorothy MacLean.* Wenn man sich einmal deren Lebensgeschichte anschaut, wie sie Paul Hawken in dem Taschenbuch »Der Zauber von Findhorn« festgehalten hat, so erscheint es plausibel, daß für sie das erstaunliche Wachstum von Kohlköpfen oder Spinat auf einer Müllkippe in Nordschottland etwas mit ihrem Kontakt zu Geistwesen zu tun hat, die in ihrem Weltbild auch zuvor schon eine wichtige Rolle spielten.
Auf zahlreiche weitere Beispiele für die Lebendigkeit der Erwartung des »Wassermann-Zeitalters« in okkulten Kreisen weist das im Verlag der Ludendorff-Anhänger erschienene Buch »*Vor einem neuen Äon*« (Verlag Hohe Warte, Pähl/Obb. 1958) hin, das zugleich die »alten Geister« hinter dem »neuen Denken« deutlich hervortreten läßt.

Unter anderem wird darin auf den Theosophen *Leadbeater* verwiesen, der bereits 1917 mit der Wiederkunft Christi, des »Großen Weltlehrers«, »in etwa 15 bis 20 Jahren« rechnete. »Wie Leadbeater andeutet, ist Jesus Christus nach der okkulten Lehre nur *einer* der großen Eingeweihten, ein ›Weltlehrer‹, der sich auf Erden inkarnieren läßt, um die Menschheit zu erlösen. Die hinduistische Lehre nennt das Erscheinen solcher Welterlöser ›Avatar‹, womit eine Inkarnation der Gottheit in der Welt gemeint ist.«[37]

Es klingt wie aus einem heutigen New Age-Magazin, wenn *Olga Froebe-Kapteyn,* die Gründerin des *»Eranos-Kreises«* in Ascona, im Vorwort zum »Eranos-Jahrbuch« von 1934 von dem *einen* Weg spricht, der hinter aller östlichen und westlichen Symbolik stecke: »Denn es handelt sich letzten Endes im Westen wie im Osten um *die psychologische Erfahrung des Selbst*«, um die Manifestation des raum-zeitlosen atman in der Psyche. Der Westen habe »in seinen Mysterienschulen immer eine eigene Tradition des Yoga« bewahrt, und sie weist hierfür auf die gnostische, die hermetische, die pythagoreische, die alchemistische und die rosenkreuzerische Schule hin.[38]

In der Berliner Wochenzeitschrift »Die Woche« Nr. 39 aus dem Jahr 1932 findet sich eine Gegenüberstellung von »Fische-« und »Wassermannzeitalter«, die wegen ihrer verblüffenden Ähnlichkeit mit heutigen, in New Age-Kreisen verbreiteten »Paradigmen-Tabellen« wiedergegeben werden soll[39]:

»Fische-Zeitalter	Wassermann-Zeitalter
(60 v. Chr. b. 1961 n. Chr.)	(1962 bis 3961)
Weltverbesserung	Selbstverbesserung
Zivilisation	›Gottmenschentum‹
Kenntnis	Gnade
Äußere Gesetze	Innere Gesetze
Das Geld ist Mittler zwischen den Menschen	Eine Menschheit ohne Geld usw.«

Der Autor des 1958 erschienenen Buches »Vor einem neuen Äon« kommentiert: »Mit anderen Worten haben wir im Wassermannzeitalter die Abwendung von dem heute herrschenden ›Materialismus der Wissenschaft‹ und die Zuwendung zu den ›inneren Gesetzen‹, unter denen die Entwicklung der ›Intuition‹ und anderer parapsychologischer Fähigkeiten verstanden wird.«

»Das Zeichen ›Wassermann‹«, heißt es in dem 1939 erschienenen Buch

»Der Untergang des Materialismus« von *Dr. Walter Kröner*, »zeigt zwei parallele Schwingungslinien; denn Seele und Leib, Geist und Materie, die sich im Fischezeitalter voneinander wandten, schwingen nun harmonisch miteinander... So wird ›Schwingung‹ zum *Schlüsselwort der neuen Zeit:* in lebendiger Schwingung löst sich die Materie auf... Alle Materie wird von Geist durchleuchtet erscheinen wie Wasser, durch das das Licht der Sonne fällt.«[40]

Selbst *Hitler* wurde 1932 als Wendezeit-Vollstrecker des »Wassermannzeitalters« bejubelt: »Wohl nur eine medial-dämonische Persönlichkeit, wie Hitler es ist, konnte die vom Schicksal gestellte Aufgabe meistern, die Wende zwischen zwei Zeitaltern vollziehen, eine neue Zeit einleiten.«[41]

Es reicht allerdings nahe an die »Weltverschwörungstheorie« der Ludendorff-Bewegung heran, wenn in einer leider in evangelikalen und fundamentalistischen Kreisen verbreiteten Literatur behauptet wird, hinter der New Age-Bewegung stehe eine von Okkultisten und sogenannten »überstaatlichen Mächten« ausgedachter »Plan«, um die Weltherrschaft in die Hand zu bekommen.[42]

Doch läßt sich die Idee des »Wassermannzeitalters« in der okkulten und esoterischen Tradition noch weiter zurückverfolgen als in die Vorkriegsperiode oder in die zweite Hälfte des 19. Jahrhunderts: »Schon Emanuel Swedenborg[43] hatte, wahrscheinlich im Anschluß an gewisse mittelalterliche Zeitspekulationen, angenommen, seine neue Bibelinterpretation markiere eine *neue göttliche Dispensation.* Die Vorstellung vom Wassermannzeitalter spielt auch im amerikanischen Okkultismus des vorigen Jahrhunderts, dessen erster Philosoph der 1826 geborene Andrew Jackson Davis war, eine wichtige Rolle.«[44]

Dieser »Dispensationalismus« ist insofern für das Lebensgefühl der heutigen Esoterik- und New Age-Gruppen von grundlegender Bedeutung, als er sich prinzipiell von östlichen »Verfallstheorien« unterscheidet und zu einer Art »mystischem Utopismus« ausgebaut wird, was sich z. B. bis in die Reinkarnationsauffassung niederschlägt: »Denn hinter dem Dispensationalismus der okkulten Tradition steht ein Zeitverständnis, das dem traditionell indischen diametral entgegengesetzt ist. Dieses geht von einem zunehmenden Verschleiß kosmischer Energien aus und gelangt so zu einer Verfallstheorie, der gemäß vier Zeitalter aufeinander folgen, eines immer schlechter als das vorangehende... Dem okkulten Dispensationalismus dagegen liegt die *optimistische* Vorstellung einer fortschreitenden... göttlichen Offenbarung zugrunde, die sich leicht mit dem optimistischen Evolutionsdenken des 19. Jahrhunderts verbinden konnte.«[45] In dieser Form findet dieser »alte Geist« heute wieder als vermeintlich »neues Denken« bei New Age-Vertretern begeisterte Zustimmung.

Gerade *Emanuel Swedenborg* (1688–1772) hat in dieser Hinsicht so etwas wie ein »New Age-Christentum« (s. u. Kap. X/4.) vorweggenommen, indem er die christliche Erwartung der Wiederkunft Christi und des Jüngsten Gerichts auflöste in seine Botschaft vom Kommen der »Neuen Kirche« als eines *»neuen christlichen Zeitalters«*[46], wobei er bereits, wie heute unter New Age-Vertretern üblich, alle biblischen Glaubenswahrheiten ausschied, die dieser grundlegenden Vision entgegenstanden, insbesondere die Briefe des Apostels Paulus, die den heutigen »Neukirchen«-Anhängern »nicht mehr als ›Wort Gottes‹« gelten, sondern als eine Art Apokryphen, während der Bibel-Kanon auf die Bücher begrenzt wird, die einen »fortlaufenden *inneren* Sinn« im Blick auf die Botschaft vom »neuen Zeitalter« aufweisen.[47]

Mit Swedenborg sind im Grunde bereits am Beginn der Aufklärung die wesentlichen *Grundfragen* markiert, die sich heute für den christlichen Glauben durch das »neue Bewußtsein« von New Age und Esoterik stellen! Das gilt insbesondere auch im Blick auf die Zukunft: Ob der Mensch glaubt, seine Zukunft als eine Art »Regisseur der Evolution« in einem »neuen Zeitalter« mehr und mehr selbst in den Griff bekommen zu können (Modell der Selbsterlösung), oder ob er glaubt (und hofft!), daß das niemals gelingen wird, weil die Zukunft nicht ihm selbst, sondern Gott gehört und er nicht über sie verfügen kann, sondern ihm echte Zukunft nur von Gott geschenkt werden kann (religiöser Glaube; Gnade).

Der Weg der Esoterik besteht seit jeher darin, über den Weg nach innen, über das Bewußtsein Verbindung mit dem Ganzen, mit dem Universum aufzunehmen, die »Regenbogenbrücke« zu den »kosmischen Energien« zu erbauen, also *Erlösung durch kosmische Energie oder, was dasselbe ist, kosmisches Bewußtsein* herbeizuführen.

Spangler versteht hierbei unter Esoterik »einfach eine Sprache und ein Begriffssystem, das sich entwickelt hat, *um uns selbst und unsere Beziehung zum größeren Ganzen des Universums zu beschreiben*«[48]. In dieser Perspektive sind New Age-Bewußtsein und Esoterik praktisch dasselbe.

Kapitel III

Mystik wird uns Einsicht schenken...

Das neue Bewußtsein des New Age findet vor allem in diesen beiden Symbolen seinen Ausdruck, weil sie die *kosmische Harmonie* jenseits aller Trennungen in Geist und Materie, rationales und intuitives Denken, Mann und Frau usw. andeuten. Schon in einer älteren Darstellung hat man die parallelen Wellenlinien des Wassermann-Symbols gedeutet als »Neufassung des Begriffs der psychophysischen Parallelität, ihre Auflösung in einen ›psychophysischen Synergismus‹«[49].

Dies will auch der »Wassermann-Song« aus dem Musical »Hair« ausdrücken:

Harmonie und Recht und Klarheit!
Sympathie und Licht und Wahrheit!
Niemand wird die Freiheit knebeln,
niemand mehr den Geist umnebeln.
Mystik wird uns Einsicht schenken,
und der Mensch lernt wieder denken,
dank dem Wassermann, dem Wassermann!

Damit war schon 1967 prophezeit, was in den 70er und 80er Jahren Ausdruck einer »Wendezeit« in Wissenschaft, Kultur, Gesellschaft usw. werden sollte: Mystik als Grundlage eines neuen Bewußtseins und neuer Erkenntnis.
Wie Spanglers Ausführungen über die »Zeitlosigkeit« zeigen, handelt es sich beim neuen Bewußtsein des New Age letztlich um eine *mystische Erfahrung,* die Zeit und Raum transzendiert und damit vor allem auch das in Zeit und Raum, in der Geschichte existierende Einzel-Ich. Damit wird es sozusagen überwunden und transformiert in einer höheren Einheit.

Für diese mystische Erfahrung des neuen Bewußtseins gibt es einen Schlüsselbegriff: *Kosmisches Bewußtsein.* »Der Kern des neuen Bewußtseins ist die Erfahrung des Kosmischen Bewußtseins, in welchem die normalen Kategorien von Raum, Zeit und Moral verschwinden.«[50]
Der Begriff »kosmisches Bewußtsein« wurde bereits 1901 durch das Buch »Cosmic Consciousness« des kanadischen Psychiaters *Richard M. Bucke* eingeführt (deutsch: Celle 1925) und dann vor allem durch den amerikanischen Psychologen und Philosophen *William James* (1842–1910), Sohn eines Swedenborgianischen Theologen und Bruder des Schriftstellers Henry James, verbreitet.
Über die Identifizierung des Ich mit dem Selbst (atman) hinaus (s. o. Kap. II) bedeutet »kosmisches Bewußtsein« die Erkenntnis, daß auch Selbst und Kosmos dasselbe sind: die Identifizierung Atman = Brahman.
Seit R. M. Bucke ist das »kosmische Bewußtsein« vielfach beschrieben worden. *Marilyn Ferguson* zählt unter anderem folgende Merkmale auf: »Verlust der Grenzen des Ichs und plötzliche Identifikation mit allem Leben (ein Verschmelzen mit dem Universum); Lichter; verwandelte Wahrnehmung der Farben; Erregungen; elektrische Empfindungen; Gefühl der Ausdehnung oder eines Emporspringens; Verbannung von Angst, besonders der Todesangst; brausende Geräusche; scharf umrissenes Bewußtwerden von Idealen; ein Gefühl der Befreiung; eine Vermischung der Sinne (Synästhesie), als würden Farben gehört und als könnte Sehen Hörempfindungen erzeugen; ein ozeanisches Gefühl; ein Glaube, als sei man erwacht – als sei das Erlebnis die einzige Realität und normales Bewußtsein nur ihr armseliger Schatten; und ein Gefühl, Zeit und Raum zu übersteigen.«[51]
Auch der Atomphysiker *Fritjof Capra* (geb. 1939 in Wien) hatte 1969 als 30jähriger ein solches »mystisches Urerlebnis«, das gut in das Buch von R. M. Bucke mit Darstellungen der Erfahrung des »kosmischen Bewußtseins« aus vielen Jahrhunderten passen würde: Er saß an einem Spätsommernachmittag am Strand und beobachtete die Wellen und den Rhythmus seines Atems. Plötzlich erlebte er die ganze Umgebung als einen kosmischen Tanz: »Ich ›sah‹ förmlich, wie aus dem Weltenraum Energie in Kaskaden herabkam und ihre Teilchen rhythmisch erzeugt und zerstört wurden. Ich ›sah‹ die Atome der Elemente und die meines Körpers als Teil dieses kosmischen Energie-Tanzes; ich fühlte seinen Rhythmus und ›hörte‹ seinen Klang, und in diesem Augenblick wußte

ich, daß dies der Tanz Shivas war, des Gottes der Tänzer, den die Hindus verehren.«[52]

Als Capra dieses mystische Erlebnis hatte, stand er bereits mitten in der Bewegung des »neuen Bewußtseins«, die damals von Kalifornien ausging. In seinem stark autobiographisch geprägten Buch »*Das neue Denken*« bezeichnet er die Begegnung mit der Gegenkultur der 60er Jahre sogar als die tiefsten und radikalsten Erfahrungen seines Lebens[53], denn er fühlte sich gleich nach seiner Ankunft in Kalifornien im Herbst 1968 zu der Gegenkultur der Hippies hingezogen, ja, er führte damals ein regelrechtes Doppelleben als Dozent mit Forschungsauftrag und als Hippie, nachdem er gerade noch den »Mai 68« mit der von Cohn-Bendit angeführten Studentenrevolte in Paris miterlebt hatte. Dieses Eintauchen in die Hippiekultur bedeutete für Capra zugleich die erste Begegnung mit den auch das New Age-Bewußtsein überaus prägenden Elementen von östlicher Spiritualität und Esoterik, I Ging und Meditation, Drogen und Hier-und-Jetzt-Orientierung moderner Therapien. Der Zen-Philosoph Alan Watts, Carlos Casteneda, Jiddu Krishnamurti und Hermann Hesse waren die Lieblingsautoren in den Regalen der Hippiekommunen, von denen Capra die drei erstgenannten auch persönlich kennenlernte. Er meint, im Grunde endete diese Periode der sechziger Jahre »im Dezember 1980 mit der Kugel, die John Lennon tötete«[54].

Nach dem Ablauf seines Forschungsauftrags, seines US-Visums sowie der Trennung von seiner ersten Frau im Jahr 1970 unternimmt Capra einen Neuanfang in London mit Teilzeitjobs. Im Grunde ist er in der damaligen Situation ein gescheiterter Wissenschaftler, der allerdings eine »Idee« hatte, die er folgendermaßen beschreibt: Noch in Kalifornien hatte er eine Fotomontage seines mystischen Urerlebnisses angefertigt, die er in London wieder betrachtet. »Urplötzlich... wußte ich mit absoluter Gewißheit, daß die Parallele zwischen Physik und Mystik, die ich gerade zu entdecken begann, eines Tages zum Allgemeingut des Wissens gehören würde, und ich spürte auch, daß es *meine Bestimmung* war, diese Parallelen gründlich zu erforschen und die Ergebnisse zu publizieren.«[55]

Capra veröffentlichte einen Aufsatz zu diesem Thema, den er führenden Wissenschaftlern, darunter auch *Werner Heisenberg* (gest. 1975), zusandte. Im Jahr 1972 besucht er Heisenberg dann in München, den er 1974 noch ein zweites Mal trifft, um ihm das Manuskript seines dann

Ende 1978 erschienenen Buches »*Das Tao der Physik*« zu zeigen.[56] Während damals noch für Capra die *Physik* Modell für alle Wissenschaften war, ersetzt er sie in dieser Rolle später durch die *Systemtheorie*, nachdem er 1976 in Amerika mit dem Denken von Gregory Bateson (s. u. Kap. IV) in Kontakt gekommen war.[57]

Denn Capra hatte London im Dezember 1974 wieder verlassen und war »mit dem fertigen Manuskript im Gepäck und mit großen Hoffnungen, mich in Kalifornien als Physiker und Schriftsteller etablieren zu können«, wieder in Richtung USA aufgebrochen. Seit 1975 ist er Mitglied des Forschungsteams des Physikers *Geoffrey Chew* in Berkeley, der mit seiner »Bootstrap-Theorie« (Schnürsenkel-Theorie) der Elementarteilchen »die Quantenmechanik und die Relativitätstheorie zu *einer* Theorie vereinigt«[58], und 1976 begann, vor allem durch seine Verbindung mit dem Psychiater Stanislav Grof (s. u. Kap. VII), seine Tätigkeit in »Esalen«.

Im Sommer 1978 begann Capra schließlich mit der Niederschrift jenes Werkes, das ihn nach einer Abfassungszeit von vier Jahren über den Kreis von Fachleuten hinaus bekannt gemacht hat: dem Bestseller »*Wendezeit. Bausteine für ein neues Weltbild*« (14. Aufl. 1987), in dem er in umfassender Weise nachzuweisen versucht, wie sich die Wissenschaft seit dem Beginn des 20. Jahrhunderts durch einen tiefgreifenden »Paradigmenwechsel« ihrer Grundlagen in Richtung auf wesentliche weltanschauliche Voraussetzungen jenes »neuen Bewußtseins« hin entwickelt, das er auch als »mystisch« bezeichnet. Die »Wendezeit« ist für ihn »der Abschluß einer langen intellektuellen und persönlichen Reise, die fünfzehn Jahre zuvor auf dem Höhepunkt der 1960er Jahre begonnen hatte«[59]. Wo aber ist Capra bei diesem »Durchbruch zur mystischen Innenwelt« eigentlich angekommen?

Capra unterscheidet zwischen der »westlich-wissenschaftlichen« und der »mystischen« Anschauung vom Bewußtsein: Für erstere »steht die Materie an erster Stelle, ist Bewußtsein eine Eigenschaft komplexer materieller Strukturen«. Demgegenüber ist für letztere »das Bewußtsein die primäre Wirklichkeit und Urgrund allen Seins. Die Manifestation des reinen Bewußtseins wird in vielen spirituellen Traditionen mit dem *Göttlichen* assoziiert. Man nennt es das Wesen des Universums, das sich in allen Dingen manifestiert.«[60]

Im Gegensatz zum »alten Paradigma« der westlich-mechanistischen Wissenschaft sieht Capra aber in der modernen *Systemtheorie* eine

Annäherung an die *mystische Auffassung* vom Bewußtsein, denn die Strukturen komplexer Systeme, ihre »Selbstorganisation«, sind Ausdruck ihres »Geistes«. Begreift man das ganze Universum als System, so könnte man seine Strukturen, von den subatomaren Teilchen bis zu den Galaxien, von den Bakterien bis zu den Menschen, als Manifestation der Selbstorganisations-Dynamik des ganzen Universums, als Ausdruck des »kosmischen Geistes« oder des »kosmischen Bewußtseins« bezeichnen. Gott ist daher für Capra nicht »in irgendeiner persönlichen Form manifestiert, sondern stellt die Selbstorganisations-Dynamik des gesamten Kosmos dar«[61]. »Der einzige Unterschied (zur Wissenschaft) besteht darin, daß Mystiker größten Wert auf die unmittelbare Erfahrung des kosmischen Bewußtseins legen, die über den rein wissenschaftlichen Ansatz hinausgeht. Dennoch scheinen beide Wege durchaus vereinbar. Die auf der Systemlehre beruhende Naturanschauung scheint endlich einen sinnvollen wissenschaftlichen Rahmen abzugeben, innerhalb dessen man sich auch mit den uralten Fragen nach der Natur des Lebens, des Geistes, des Bewußtseins und der Materie beschäftigen kann.«[62]

Auf der Ebene des »kosmischen Bewußtseins« geht es nach Capra jedoch nicht mehr nur darum, die Wirklichkeit zu *erkennen*, sondern man kann »zu dieser Wirklichkeit *werden*... Gewahrsein entspricht auf dieser Ebene dem wahren mystischen Zustand, in dem alle Grenzen und Dualismen transzendiert sind und jegliche Individualität sich in ein universales und ungeteiltes Einssein auflöst. Die Ebene des kosmischen Bewußtseins zu erreichen, war seit jeher das alles überragende Bestreben der spirituellen oder mystischen Traditionen, im Osten wie im Westen. Obwohl viele dieser Überlieferungen sich der anderen Ebene durchaus bewußt waren..., betonen sie jedoch stets, daß die mit allen anderen Bewußtseinsebenen assoziierten Identitäten *illusorisch* sind, ausgenommen die allerhöchste Ebene des *kosmischen Bewußtseins*, auf der man seine allerhöchste Identität findet.«[63]

Auf eine Einzelkritik von Capras wissenschaftlicher Arbeit muß hier verzichtet werden. Ihre Seriosität hätte die Fachwissenschaft zu überprüfen. Hier kann als Beispiel nur das Urteil des Verhaltenspsychologen *H. Hemminger* angeführt werden, der nachgewiesen hat, daß Capra die Grundlage der Evolutionsbiologie überhaupt nicht verstanden hat und eine völlig unzureichende Auffassung von der »Selektionstheorie« hat! Vereinfacht ausgedrückt: Der »Kampf ums Dasein« findet zwischen zwei Mäusen statt, die nach dem Mauseloch rennen, und nicht zwischen Maus und Bussard.[64]

Es soll hier nur hervorgehoben werden: Die »Versöhnung« von Wissenschaft und Mystik, östlicher und westlicher Spiritualität, erreicht Capra damit um den Preis der Akzeptanz eines buddhistisch geprägten Welt- und Menschenbildes. Mystik schenkt nicht nur Erkenntnis, sondern auch ein Sein, eine Teilhabe an einem Heilszustand: Wie in der alten Gnosis ist »Erkenntnis« hier nicht nur ein Wissen, sondern zugleich auch *Erlösung.* »Erkenntnis«, »Wissen« in diesem gnostischen Sinn wird damit aber immer auch zum *Selbstzweck* und verliert seinen Charakter, der ihm etwa im christlichen Sinn zukommt – als Mittel zum Zweck der Daseinsfristung und der Nächstenliebe. Auf diesem Anspruch, mit der Ankündigung des wissenschaftlichen »Paradigmenwechsels« zugleich Künder eines neuen Heilswissens zu sein, dürfte die Faszination Capras auf einen beträchtlichen Teil des geistig interessierten Publikums beruhen. Das geht auch daraus hervor, mit welcher Ausschließlichkeit etwa die als »kosmisches Bewußtsein« bezeichnete Einheit und Harmonie des menschlichen Bewußtseins mit allem auch als »Gottesbewußtsein« verstanden wird: zum Beispiel in dem Vortrag »Die spirituelle Dimension grüner Politik« von Charlene Spretnak vor der E. F. Schumacher-Society of America, in dem ein Gott »jenseits« dieses kosmischen Einheitsgefühls ausdrücklich abgelehnt wird.[65]

Daß zwischen dem New Age-Monismus und dem Weltbild östlicher Religionen kaum ein Unterschied besteht, wird ziemlich einhellig von Kritikern ganz unterschiedlicher Herkunft hervorgehoben. So stellte der Ethnologe *Hans Peter Duerr* in einem Interview fest: »Im Hinduismus wird derjenige befreit, der erkennt, daß das eigene Ich im Grund identisch ist mit atman, dem kosmischen Selbst. Ich habe in Kalifornien einige der New Age-Stars kennengelernt, und die haben mir unisono erklärt, es gehe darum, ›to lose our egos‹. *Einssein mit dem Kosmos* ... Als sie erläuterten, wie sie sich das vorstellen, habe ich gemerkt, daß sie an so eine Art ›ozeanisches Gefühl‹ oder, etwas psychoanalytischer ausgedrückt, an eine ›intra-uterine Urlust‹ denken, also warm und mollig eingemummelt in den Kosmos.«[66]

Capra ist zwar der bei uns bekannteste, aber bei weitem nicht der einzige Vertreter dieser neuen Heilsbotschaft von der Erlösung durch »kosmisches Bewußtsein« oder, in anderer Terminologie, durch »kosmische

Energie«. Der Gedanke, daß das Bewußtsein des einzelnen nur Akzidenz des allumfassenden »kosmischen Bewußtseins« ist, daß letztlich überhaupt *alles* Bewußtsein ist und es »nichts anderes« gibt, beherrscht im Grunde die ganze Bewegung des »neuen Bewußtseins« – von Vertretern aus der Alternativkultur bis zu Anhängern traditioneller Esoterik, von Psychobewegungen wie *Werner Erhards* »EST« bis zu Vertretern moderner Naturwissenschaft, für die, wie *Michael Talbot* in »Mysticism and the New Physics« (New York 1981) zeigt, »das Universum ein großer Gedanke« ist, dessen Substanz »Bewußtsein« ist.[67] »Das Wassermann-Zeitalter wird die unmittelbare *Verbindung zwischen dem Selbst und dem Universum oder der Kosmischen Energie erleben*«, so lautet präzis die von einem unbekannten australischen New Age-Propheten formulierte Erlösungshoffnung.[68]

Ein besonders tiefsinniger Vertreter dieser Heilsbotschaft ist der Amerikaner *Ken Wilber* (geb. 1949). Der studierte Biochemiker und zeitweilige Chefredakteur der interdisziplinären Zeitschrift »Re-Vision« hat mit seinem umfangreichen Werk »Up from Eden«, das im Deutschen den Titel »*Halbzeit der Evolution. Der Mensch auf dem Weg vom animalischen zum kosmischen Bewußtsein*« (Bern/München/Wien 1984)[69] trägt, wie kein anderer New Age-Denker zugleich die tiefe Erlösungssehnsucht und das Versprechen von Erlösung durch kosmisches Bewußtsein zum Ausdruck gebracht. Das evolutionäre Schema, das dem Denken dieses »Systematikers des New Age« zugrunde liegt, stammt von dem Kulturphänomenologen *Jean Gebser* (1905–1973), der es in seinem umfangreichen Werk »Ursprung und Gegenwart« (entstanden zwischen 1947 und 1965) begründete. Neben Wilbers Anschauung vom »kosmischen Bewußtsein« begegnete es auch im »integralen Bewußtsein« bei dem Jesuitenpater *Hugo M. Enomiya-Lassalle*[70]. Gebsers Schema wird von Wilber ergänzt zu einer acht Bewußtseinsstufen umfassenden Entwicklungsgeschichte des Geistes.

»Nach Gebser hat das menschliche Bewußtsein in seiner bisherigen Entwicklungsgeschichte nacheinander drei Phasen durchlaufen, von der *magischen* über die *mystische* zur *mentalen* Bewußtseinsstufe... So wird etwa mit dem Durchbruch der *mentalen* Phase, die bis heute dominiert, das Matriarchat durch patriarchalische Lebens- und Denkformen abgelöst, der Mythos durch die... Philosophie zerstört, das zyklische Zeitverständnis durch ein lineares ersetzt, die Raumwahrnehmung perspektivisch usw. Logik, Rationalität und Abstraktion gewinnen die Oberhand über Emotionalität und Sinnlichkeit, Intuition und Imagination: all das Folge- und Begleiterscheinungen eines anderen ... Vorgangs, der die mentale Phase hauptsächlich charakterisiert, nämlich der *Bewußtwerdung des Ich ...*, welche die Bewußtwerdung der Natur (= magisches Bewußtsein) und die Bewußtwerdung der Seele (= mythisches Bewußtsein) überlagert und teilweise verdrängt. Das seiner selbst bewußte Subjekt, geboren aus der Urspaltung von Ich und Nicht-Ich, umgibt sich mit einem System von Abgrenzungen ... Das mentale Bewußtsein besitzt demnach wesenhaft eine *duale* Struktur ... Die Religionen, allen voran das Christentum, werden ebenfalls dem Gesetz der Rationalisierung unterworfen.«[71]

Wilber nennt die Versuche des Menschen, in der »mentalen Phase« der Bewußtseinsentwicklung durch sein »separates Ich« den Kosmos zu beherrschen, das *Atman-Projekt:* »Jeder sehnt sich zutiefst nach wahrer Transzendenz, nach Atman-Bewußtsein, nach der Höchsten Ganzheit ... Weil der Mensch ... den notwendigen Tod seines separaten Ichempfindens jedoch nicht akzeptieren will, sucht er Transzendenz auf eine Weise zu erlangen, die sie in Wahrheit *verhindert* und symbolische Ersatzlösungen erzwingt ...: Sex, Essen, Geld, Ruhm, Wissen, Macht ... Das Atman-Projekt ist also sowohl eine Kompensation für das *scheinbare* (also letzthin illusorische) Fehlen von Atman als auch das Bemühen, Atman wiederzuerlangen ... Ich will versuchen aufzuzeigen, daß es letzten Endes das Atman-Projekt ist, das die Geschichte in Gang hält. Und erst wenn das Atman-Projekt sein Ende gefunden hat, wird *das wahre Atman-Bewußtsein* hervortreten. Das ist dann ... die Auferstehung des überbewußten Alls/Universums.«[72]

Das Hervortreten dieses »kosmischen Bewußtseins« ist nur möglich durch eine »Transformation« der heutigen menschlichen Bewußtseinsstufe: durch die *Befreiung* des Bewußtseins von der *Gebundenheit an das »Ego«*, die ja nur einer bestimmten Bewußtseinsstufe in der Entwicklungsgeschichte des universalen Geistes entspricht. Der Tod des *Ego* erweist sich als Bedingung für die Geburt des *»wahren Selbst«*, durch das der Mensch göttliches Leben in vollkommener Freiheit erlangt. Das »kosmische Bewußtsein«, also »die Entdeckung, daß das eigene tiefste Wesen mit dem All eins ist, *befreit* den Menschen von der Last der Zeit, der Ängste und Sorgen. Er wird von den Ketten der Entfremdung und der Isoliertheit der Existenz *befreit*. Die Erkenntnis, daß das Selbst und das Andere eins sind, *befreit* von der Lebensangst. Die

Einsicht, daß Sein und Nichtsein eins sind, *befreit* von der Todesangst.«[73] Das »kosmische Bewußtsein« erfüllt so den Anspruch aller Religion, die Kluft zwischen Gott und Mensch zu überbrücken und die Menschen wieder mit Gott zu verbinden.

Bieten Entwürfe, wie sie Wilber oder Enomiya-Lassalle und andere vorlegen, vielleicht sogar entscheidende Ansätze für eine Lösung der zwischen Konfessionen und Religionen strittigen Fragen im Sinne einer »größeren Ökumene der Religionen«?

Zweifellos kommt Wilber mit seinem Entwurf zahlreichen Forderungen entgegen, wie sie nicht nur vom allgemeinen Zeitgeist, sondern auch von namhaften Vertretern der Kirchen und der Religionen immer wieder erhoben werden, indem er 1. einen *»inneren Weg«* jenseits aller konkreten Konfessionen und Religionen zur »Erleuchtung« zeigt, sozusagen einer »größeren Ökumene« des Wassermann-Zeitalters vorarbeitet, und indem er 2. im Unterschied zu aller »Religion aus zweiter Hand« damit zugleich den Anspruch auf einen *»erfahrbaren Weg«* zum Heil einzulösen verspricht. So hatte Theodore Roszak festgestellt: Im Zeitalter des Wassermanns »müssen wir alle Religionen, Philosophien und Weltanschauungen vergessen, die sich in Sprache erschöpfen – in Doktrinen, Lehrveranstaltungen, abstrakten Analysen und akademischen Gedankenspielereien. Von den östlichen und mystischen Traditionen haben wir gelernt, daß wahre Therapie *erfahrenes* Wissen sein muß, ... kein verkündeter Glaube.«[74]

In dieser Forderung Roszaks begegnet nun aber eine wesentliche *Einschränkung* der Möglichkeit eines Dialogs, wie sie auch bei Wilber selbst zu finden ist und die um so mehr auffällt, als das »neue Bewußtsein« des New Age sonst Wert darauf legt, von »Abgrenzungen« und »dogmatischen Unterscheidungen« völlig frei zu sein, die als das Kennzeichen des seine Identität aus Unterscheidungen gewinnenden »hautverkapselten Ich« des »old age« oder einer hoffnungslos »mentalen Bewußtseinsstufe« angesehen werden.[75]

Wilber unterscheidet nämlich selbst deutlich zwischen Gott als dem »ganz anderen« in der *Theologie* und als dem »ganz anderen« in seiner eigenen, *»Ewige Philosophie«* (philosophia perennis) genannten Weltanschauung und nimmt zwischen beiden eine rigorose Abgrenzung vor.[76] Ihm ist also selbst klar, daß sich allenfalls Teile der christlichen Mystik, nicht aber der christliche Glaube insgesamt in sein weltanschauliches System integrieren ließe. Es ist allerdings ein Irrtum, wenn er meint, der Gott des christlichen Glaubens sei beziehungslos zur Welt, und man muß schon die gesamte christliche Theologiegeschichte ignorieren (einschließlich der Vertreter der Ostkirche, wie Gregor Palamas oder Sergej Bulgakov, die hier wesentliches gesagt haben), um zu einem solchen Urteil zu gelangen. Allerdings scheinen New Age-Vertreter durchweg der falschen Ansicht zu sein, der herkömmliche Glaube schließe eine Sensibilität für den göttlichen Geist in den Dingen aus.[77] Vielleicht spielt hier auch der fundamentalistisch-biblizistische Hintergrund Amerikas eine Rolle, daß Wilber nicht sieht, daß dem Glaubenden durch die Offenbarung Gottes in Jesus Christus ja auch die Beziehung Gottes zur Welt erschlossen ist (s. u. Kap. X)! Der christliche Glaube ist jedenfalls nicht Ausdruck eines »Atman-Projektes« oder der zu überwindenden »mentalen Bewußtseinsebene«, allenfalls gewisse problematische Erscheinungen im christlichen Bereich könnte man so verstehen.

Die überraschend deutliche Abgrenzung Wilbers zeigt die Hilflosigkeit der Vertreter des »neuen Bewußtseins«, den christlichen Glauben überhaupt auch nur richtig wahrzunehmen, geschweige ihn als Lebensmöglichkeit erkennen und anerkennen zu können. *H. R. Schlette* hat exakt den Punkt getroffen, als er im Blick auf einen Dialog mit dem »neuen Bewußtsein« (er nennt namentlich Aurobindo, Gebser, Teilhard de Chardin, Graf Dürckheim, Capra und vor allem Enomiya-Lassalle) skeptisch feststellt: »Jenes neue Bewußtsein steht mit einem *einseitig mystischen Religionsverständnis* in enger Verbindung, *das kaum diskursfähig ist.*«[78] Und *R. Hummel* hat darauf hingewiesen, worin diese Unfähigkeit zum echten Dialog liegt: »Das Christentum ist nicht eine bestimmte *Spielart der einen mystischen Grunderfahrung*, sondern ... in einer ganz bestimmten Weise *Offenbarung Gottes*, die sich uns *erschließt*, indem wir dem Ruf Jesu in seine *Nachfolge gehorsam* sind.« Auch Luther hat dem Sinn nach einmal gesagt, »selbstverständlich ist Gott überall, und es gibt keine Stelle, wo er nicht wäre. Aber eine andere Frage ist, wo Gott *will*, daß wir ihn finden, *wo er sich finden lassen möchte*«[79].

Es ist erstens ein Ausgrenzen des Partners, wie dieser sich selbst sieht, als »überholte Bewußtseinsstufe« eines bloß »verkündeten Glaubens« (Roszak), und es ist zweitens eine hiermit Hand in Hand gehende verbreitete Unkenntnis des christlichen Glaubens, die einen echten Dialog, jedenfalls zur Zeit noch, von vornherein unmöglich machen. Es ist erschreckend, was etwa Wilbers Schüler Elmar Gruber in seiner Einführung in das New Age an Vorstellungen über den christlichen Glauben entwickelt. Dennoch ist es ein beeindruckender Entwurf, den Wilber vorlegt, und er wird, ebenso wie Capra und andere, auch im christlichen Bereich Eindruck hinterlassen, und zwar vor allem bei denjenigen, für die die christlichen Glaubensaussagen ohnehin nur in symbolischer Form allgemeine Bewußtseinsprozesse zum Ausdruck bringen, die sich in jedem Menschen abspielen und in eine »Entwicklungsgeschichte« des menschlichen Bewußtseins eingegliedert werden können.

Kann auf diese Weise aber das Wesentliche des christlichen Glaubens festgehalten werden? Der Glaube wird sich der tödlichen Umarmung durch diese neue Gnosis nur entziehen können, wenn er sich der in seinen Anfangszeiten im Ringen mit der Gnosis erfolgten Selbstklärung wieder deutlicher erinnert. Denn »erst im Spiegelbild seiner gnostischen Sonderform hat der christliche Glaube sich selbst als *historische Offenbarungsreligion* sehen gelernt«[80].

Das bedeutet vor allem: Christlicher Glaube hat darin sein unverrückbares Fundament, daß der Mensch *außer* Jesus Christus nichts anderes braucht, um Gott, sein Heil, seine Erlösung und Befreiung zu finden. Gemessen an dem dem Menschen in Jesus Christus eröffneten Zugang zu Gott kann keinem »neuen Zeitalter«, keinerlei »Entwicklung« von Bewußtsein oder Materie irgendeine heilsbedeutende Rolle zukommen. Das ist aber insofern keine Identitätsfindung durch Abgrenzung von Außen, kein »Atman-Projekt«, weil der Glaube seine Identität gar nicht aus diesen Unterscheidungen von »Nichtglaubenden« ableitet, in deren Überwindung durch ein »kosmisches Bewußtsein« das »Heil« nach Wilber besteht, sondern sie in sich selbst hat: daß sich in dieser historischen Person Jesus von Nazareth Gott selbst in unüberbietbarer Weise dem Menschen offenbart hat, sich in sein Herz hat schauen lassen und den Menschen in Dienst nimmt. Dieses Glaubensgeheimnis, das prinzipiell jedem offensteht, erschließt sich im Gehorsam der Nachfolge dieser Person, wie es *Albert Schweitzer* einmal in einem Brief aus Lambarene an C. F. Andrews, einen Freund Mahatma Gandhis, als sein eigenes Glaubensbekenntnis zum Ausdruck gebracht hat: »›Er gebietet. Und denjenigen, welche ihm gehorchen, Weisen und Unweisen, wird er sich offenbaren in dem, was sie in seiner Gemeinschaft an Frieden, Wirken, Kämpfen und Leiden erleben dürfen, und als ein unaussprechliches Geheimnis werden sie erfahren, wer er ist...‹ Jesu Geist befiehlt, und wir müssen gehorchen. Ich denke, das ist die fundamentale Idee in der Lehre des Apostels Paulus. Jesus ist der Herr unserer Leben, unser Herr. Es sind nicht Theorien, die wir über ihn lehren – dies ist nicht die entscheidende Probe –, sondern eher, mit welchem Gehorsam wir ihm dienen.«[81]

Kapitel IV

Die sanfte Vernetzung

Wird das Bewußtsein des einzelnen transformiert durch »kosmisches Bewußtsein«, so bedeutet dies zugleich auch die Möglichkeit der Transformation der *ganzen Gesellschaft.*

Die überraschende Verbreitung neuartiger »Bewußtseinstechniken« zur Erlangung des »kosmischen Bewußtseins« in den USA seit den 70er Jahren war für die amerikanische Wissenschaftsjournalistin *Marilyn Ferguson* (geb. 1938) der Anlaß für intensive Nachforschungen. In ihrem Buch mit dem deutschen Titel *»Die sanfte Verschwörung«* (Basel 1982) versucht sie, diese »aquarian conspiracy« zu beschreiben, vor allem im Blick auf die gesellschaftlichen Auswirkungen des Bewußtseinswandels und seine praktisch-politische Bedeutung.
Der praktische »Einstieg« in diesen Bewußtseinswandel erfolgt auf dem Wege der Einweihung in ein breitgefächertes Angebot »moderner Mysterien« (s. u. 2. Teil), und die damit verbundenen Lernprozesse des New Age haben daher einen ausgesprochen esoterischen Charakter. Die meisten dieser Bewußtseinstechniken, die von der ziemlich einfallslosen Anwendung von Drogen über den von »humanistischer« und »transpersonaler Psychologie« beherrschten Psychomarkt bis hin zu anspruchsvollen Meditationspraktiken meist östlicher Herkunft reichen, konvergieren in der für die New Age-Vision grundlegenden Anschauung, daß der Mensch durch die Erreichung einer höheren Bewußtseinsebene auch in der Lage ist, seine eigene Evolution zu steuern und schließlich sogar den Bereich der Kreatürlichkeit zu überwinden und selbst seine eigene Göttlichkeit zu verwirklichen (s. u. 1.). Immer aber impliziert der Glaube an die Transformation des Ich zum »kosmischen Bewußtsein«, daß daraus auch eine »neue Welt« und eine neue, bessere Gesellschaft hervorgehen wird (s. u. 2.).

1. Emanzipation von der Geschöpflichkeit

Mit der »sanften Verschwörung« beschreibt Ferguson nichts anderes als die vor allem von Kalifornien ausgehende »Bewußtseinsrevolution« seit dem Ende der 60er Jahre. Wie bereits festgestellt, war zunächst die Gegen- und Alternativkultur der Träger dieses neuen Bewußtseins, die im Rückzug aus der Industriewelt in ihren Gruppen und Kommunen einen eigenen Lebensstil entwickelte. Doch wurde diese Bewegung bald von einer Phase abgelöst, in der »alternative« Vorstellungen und Praktiken immer mehr in die Hauptkultur eindrangen und akzeptiert wurden. Diese Entwicklung führt zentral zum Verständnis der New Age-Bewegung. Trotz der erwähnten Unterschiede gab es bereits zwischen der Kulturrevolution der amerikanischen Hippies und der Studentenbewegung in Europa eine wichtige Gemeinsamkeit: in der Idee der *Befreiung* und dem Glauben an das Kommen eines *»neuen Menschen«*. Und diese Idee entbehrt sowohl in der Bewegung des »neuen Bewußtseins« in Amerika als auch »in Teilen der Neuen Linken nicht säkularisierter gnostischer Elemente des Traumes einer *Emanzipation vom Menschenschicksal*« und seiner Vergänglichkeit schlechthin. Anders gesagt: »Befreiung« wurde aufgefaßt als Befreiung »nicht nur *von menschlichen Schranken*, sondern *von den Schranken des Menschseins*« überhaupt[82], wie es schon das Ziel der Vergöttlichung des Menschen in der antiken Gnosis war, das heißt der Lebenserneuerung aus »heilbringendem Wissen« (= Gnosis).
Viele der heutigen New Age-Vertreter sind von diesen Idealen ihrer Studentenzeit geprägt, wie etwa P. Russell[83], oder waren selbst sogar Aktivisten der 68er Bewegung, wie z. B. der Inhaber des Sphinx-Verlages in Basel, Dieter A. Hagenbach[84]. Die Jugendlichen der 60er Jahre sind aber die Erwachsenen der 80er Jahre. Der »Traum vom meditativen, zärtlichen, solidarischen, bedürfnislosen, kreativen Leben« (R. Lenz) der Alternativkultur wird nicht einfach vergessen. Es wird vielmehr versucht, ihn den Problemen der wissenschaftlich-technischen Zivilisation besser anzupassen. Nicht mehr Schaffung des »neuen Menschen« durch Rückzug in eine vorindustrielle Gegenwelt, »Alternative«, lautet jetzt die Devise, sondern Evolution, Weiterentwicklung der Kreativität des Menschen, »Transformation« von Mensch und Welt mit Hilfe der modernsten Techniken, »Versöhnung von Esoterik und Elektronik« (G. Gerken), »sanfte Wende«, »sanfte Verschwörung« usw.

Aber es wird im Übergang zum neuen Bewußtsein durchweg *die gnostische Revolte gegen die »condition humaine« des Kreatürlichen*[85] festgehalten, der Glaube nicht nur an die Verbesserungsfähigkeit, sondern darüber hinaus an die prinzipielle Übersteigbarkeit der menschlichen Kreatürlichkeit. In der sich auf alle Gebiete menschlichen Lebens, auf Wissenschaft, Pädagogik, Medizin usw., erstreckenden Praxis dieser »sanften Verschwörer« kommt dies in dem Grundgedanken des neuen Bewußtseins zum Ausdruck: *Der Mensch nimmt sein Schicksal, seine eigene Evolution selbst in die Hand.* »In *unseren* Händen ruht die evolutionäre Zukunft«, verkündet *Peter Russell* vollmundig, fast wie ein Goebbels. »Ob wir wollen oder nicht, wir sind jetzt die Sachverwalter des Evolutionsprozesses auf Erden.«[86]
Es ist daher kein Zufall, daß nunmehr ein Denker in den Mittelpunkt des Interesses rückt, der zugleich meistgenannter Autor in Marilyn Fergusons »Sanfter Verschwörung« ist – *Teilhard de Chardin.* In anderem Zusammenhang wird noch auf Teilhard und seine Bedeutung im Rahmen des New Age-Bewußtseins zurückzukommen sein (s. u. Kap. X/5.). Die christlichen Wurzeln seines Denkens sind nämlich im New Age-Bewußtsein völlig verschwunden. Denn zwischen Teilhards Tod (1955) und dem Aufkommen der »New Age«-Strömung liegt die Entfaltung einer Gegenkultur mit einer Hoffnung, die weit über die christliche Sicht des Menschen im Kosmos hinausgeht und sich entweder von säkularen Heilshoffnungen oder von okkulten und östlichen Menschenbildern nährt. Deshalb ist Teilhards Bedeutung nur im Rahmen der Frage nach dem Verhältnis von New Age und christlichem Glauben umfassend zu würdigen. Hier ist zunächst die »gnostische Revolte« des New Age für sich zu verfolgen.

2. Transformation der Gesellschaft

Diese »Revolte gegen die ›condition humaine‹« kommt auf allen Gebieten der Praxis der »sanften Verschwörer« und ihrer geplanten »Vernetzung« des Lebens zum Ausdruck – ob in Wissenschaft, Politik, Pädagogik (näheres s. u. 2. Teil), Medizin oder auf religiösem Gebiet.
In dem oben erwähnten Sammelband »Antwort der Erde. Wegweiser zu einer planetaren Kultur« (1977) der »Lindisfarne Association« definiert *David Spangler* die kommende »planetare Kultur« des New Age als

einen Prozeß, in dem die Menschheit zum »Gehirn des Planeten« werde: Die Menschheit sieht die Erde künftig nicht mehr als totes, materielles Objekt an, sondern als »lebendes Wesen«, und sie wird selbst zu einem »Prozeß, durch den die Erde ein tieferes Bewußtsein ihrer selbst verkörpert«[87]. *Peter Russell* erblickt vor allem in den modernen Kommunikationstechniken die Grundlage für die Herausbildung jener neuen, höheren Bewußtseinsebene, von der die New Age-Anhänger das Heil der Gesellschaft durch Überwindung der kreatürlichen Beschränkungen erwarten. »Wir werden uns nicht mehr als isolierte Einzelwesen sehen, sondern wissen, daß wir... die Nervenzellen eines sich aktivierenden Globalhirns sind.«[88] Die Stufe des kommenden »Bewußtseinszeitalters« ist nach seinem Buch »Die erwachende Erde« (englisch: »The Global Brain«) jedoch eingebettet in einen noch größeren Evolutionszyklus, auf den bereits hingewiesen wurde (s. o. S. 50).
Auch *Capra* hat mit seiner »Wendezeit« nicht nur die Ablösung vom christlich-jüdischen Gottesglauben zugunsten östlicher Philosophie und Religiosität, sondern auch den Abschied von westlichem Wissenschaftsverständnis und neuzeitlichem Geschichtsverständnis vollzogen. Selbst der Begriff »Wendezeit« entstammt nicht westlichem Geschichtsverständnis, sondern dem altchinesisch-taoistischen »Buch der Wandlungen – I Ging«, einer Anleitung zur Wahrsagerei. Daß Capra gerade beim Taoismus anknüpft, ist auch in gesellschaftlicher und politischer Hinsicht im Blick auf die von diesem hervorgebrachten Herrschaftsstrukturen nicht besonders vertrauenerweckend, denn gerade »im chinesischen Kulturkreis... legitimierte sich politische Autorität aus einer universal gedachten *kosmischen Rationalität* heraus«, die »die Harmonie des *Kosmos* mit der Harmonie der *Gesellschaft* verband«[89].
Obwohl sich Capra somit als typischer Vertreter des »neuen Bewußtseins« erweist, distanziert er sich neuerdings von der als irrational und unpolitisch bezeichneten New Age-Bewegung und versucht, ihre Ansätze weiterzuentwickeln zu einer »kohärenten Weltanschauung«, die zunehmend den »realen Umgang mit Macht auf demokratischem Wege« praktiziert.[90] Dazu zählt er vor allem die Ausbildung eines »ökologischen Bewußtseins« in Wirtschaft und Politik (mit der Erziehung hat er sich, im Unterschied zu M. Ferguson, weniger beschäftigt). Zusammen mit S. Grof und anderen hat er 1983 in Berkeley ein Öko-Institut, das »Elmwood-Institute«, gegründet, wo bereits Seminare auch mit Vertretern der deutschen »Grünen« stattfanden.

Immer wieder betont er, sein »neues Paradigma« beruhe auf drei Pfeilern, die das »neue Paradigma« der Wissenschaft vollständig beschreiben: Es sei, im Unterschied zu dem »mechanistischen« Weltbild der alten Naturwissenschaft, *holistisch, ökologisch* und *feministisch.*[91]
Während T. Kuhn unter »Paradigmenwechsel« den Wandel von Erklärungsansätzen in den *einzelnen* Wissenschaften versteht, bezieht Capra diesen Begriff auf die Wissenschaft als *Ganzes.* Eine Unterscheidung dieser drei Pfeiler ist jedoch nur relativ, denn im wesentlichen ist Ökologie im Sinne Capras nur eine Implikation der Spiritualität des holistischen »kosmischen Bewußtseins«, wie er im Gespräch mit S. Grof feststellt: »Genaugenommen könnte man Spiritualität oder den menschlichen Geist als die Form des Bewußtseins definieren, in der wir uns mit dem Kosmos als Ganzem verbunden fühlen.«[92] Damit aber bekommt das praktisch-ökologische Handeln bei Capra einen ausgesprochen weltanschaulichen, ja religiösen Charakter, denkt man an die Erlösungsbedeutung, die das »kosmische Bewußtsein« hat (s. o. Kap. III). Capra gibt auch ganz offen zu, daß *Ökologie* in diesem Sinn letztlich eine *neue Religion* ist: »Ich sehe den Kern der religiösen Erfahrung in der Verbundenheit zwischen dem einzelnen und dem Kosmos, das ist für mich auch der Kern der ökologischen Erfahrung. Daher treffen sich Ökologie und Spiritualität in dieser letzten Erfahrung, und deshalb ist für mich die *tiefe Ökologie* eine Basis für eine neue Art von Spiritualität und letztlich *Religion.*«[93] Die Bezeichnung dieser neuen Religion Capras als »Tiefenökologie« bezweckt natürlich eine Abgrenzung von anderen möglichen Auffassungen ökologischer Praxis (etwa auch im Sinne des christlichen Schöpfungsglaubens), die den Menschen aus der Natur herausnehmen und ihn neben oder über sie stellen. Der Mensch ist tiefenökologisch gesehen jedoch nur »eine besondere Faser des ganzen lebenden Gewebes« oder »Netzwerks« der Natur![94]
Aber auch *»Feminismus«* bedeutet für Capra unter dem Einfluß der Radikalfeministin *Adrienne Rich* in erster Linie »Bewußtseinserweiterung« in Richtung Tiefenökologie, denn nach A. Rich gilt: »Die Frau wirklich befreien bedeutet, *das Denken selbst zu verändern*«[95], nämlich die intellektuellen Systeme, wie sie vor allem von Männern geschaffen wurden, durch das »neue Bewußtsein« zu überwinden.
»Ich begann die Rolle des Feminismus als eine der großen Kräfte der kulturellen Transformation und die Frauenbewegung als Katalysator für das Zusammenwirken verschiedener sozialer Bewegungen zu erken-

nen«, schreibt Capra. Damit ist er auf dem Weg zum sogenannten »*Öko-Feminismus*«, der beide Bewegungen, die ökologische und die feministische, zu vereinigen versucht. Denn »die Spiritualität der Frau... ist zutiefst ökologisch«. Sie »gründet in dem intuitiven Gewahrsein des *Einsseins allen Lebens*«[96], also im »kosmischen Bewußtsein«! Denn da »ökologisch« für Capra gleich »spirituell« ist, kommt dem Feminismus ebenfalls eine im obigen Sinne geradezu religiöse Erlöserrolle zu. Es ist daher kein Wunder, daß sich der Feminismus mehr und mehr den Göttinnen der antiken Religionen zuwendet »und deren Implikationen für die heutige feministische Bewegung«[97].

Diese enge, unauflösliche Zusammengehörigkeit der holistischen, ökologischen und feministischen Perspektive aufgrund der ihnen gemeinsamen Erfahrung der Verbindung mit dem kosmischen Ganzen, des »kosmischen Bewußtseins«, wird auch oft in einen für die gesellschaftlich-praktischen Vorstellungen des New Age zentralen Begriff gefaßt: die »*Vernetzung*« oder das »*Netzwerk*«. Und Capra erblickt in der Manifestation dieser universalen »Vernetztheit« aller Phänomene das Kennzeichen der kommenden »aufsteigenden Kultur« eines neuen Zeitalters: »In der wissenschaftlichen Grundlagenforschung hat sich in den letzten zwei Jahrzehnten ein neues... ökologisches Wirklichkeitsverständnis entwickelt, das zur gleichen Zeit auch in verschiedenen sozialen Bewegungen Ausdruck fand – in der Ökologiebewegung, der Frauenbewegung, der Friedensbewegung – wie auch in einer großen Zahl von Bürgerinitiativen... Bis vor kurzer Zeit arbeiteten diese Bewegungen voneinander getrennt, aber in den letzten Jahren bildeten sich wichtige Koalitionen und Bündnisse. Es steht zu erwarten, daß die verschiedenen Bewegungen in der zweiten Hälfte dieser Dekade... schließlich gemeinsam eine mächtige soziale Kraft bilden. Ich habe diese Kraft, in Anlehnung an Arnold Toynbee, die ›aufsteigende Kultur‹ genannt. Je weiter der Paradigmenwechsel voranschreitet, desto selbstbewußter behaupten sich die verschiedenen Netzwerke und Bündnisse in der politischen Arena. Sie schließen sich zu neuen Parteien zusammen, die ihrer... ökologischen Weltsicht politischen Ausdruck geben.« Als »eindrucksvollste Manifestation dieser aufsteigenden Kultur« bezeichnet Capra die Partei der »Grünen« in der Bundesrepublik Deutschland. »Der Ausgangspunkt grüner Politik ist eine ökologische Bewußtheit von der grundlegenden Vernetzung und wechselseitigen Abhängigkeit aller Phänomene.«[98]

In den USA waren es zunächst einmal aber nicht die »Grünen«, sondern die »Wassermann-Verschwörer« des New Age, bei denen sich die Idee einer universalen Vernetzung manifestierte und bei denen die Idee der »*Netzwerke*« als grundlegende soziologische Kategorie des New Age-Bewußtseins begegnete. Unter dem ökologischen Gesichtspunkt der fundamentalen Zusammengehörigkeit und Ganzheitlichkeit allen Lebens schließen sich die New Age-Anhänger auf der ganzen Welt zu solchen »Netzwerken« zusammen. Von alternativ orientierten Kommunen, wie dem 2000-Einwohner-Hippie-Dorf »The Farm« in Tennessee, der Klostergemeinschaft »Lama Foundation« in New Mexico oder der »Stadt des Zukunftsmenschen« Auroville in Südindien über Workshops, Psychogruppen, New Age-Zentren und spirituelle Bewegungen oder teure New Age-Kongresse mit berühmten Wissenschaftlern bis hin in höchste UNO-Kreise wird so versucht, ein umfassendes Netzwerk zu bilden. Angestrebt wird die »universale Vernetzung« des Planeten, wovon der erwähnte *Robert Muller* auf der Amsterdamer »Spirit-of-Peace«-Konferenz schwärmte: »Wir haben hier ein Phänomen, das einer Zellentwicklung gleicht, und in 10–15 Jahren... wird es eine völlige Revolution in den Werten und dem Verständnis des Lebens auf diesem Planeten geben. Es ist die Renaissance der Ganzheit.«[99] Unter dieser universalen »Vernetzung« versteht *M. Ferguson* das auf dem Gedanken der Kooperation und der »Solidarität« (E. Fromm) beruhende weltweite Geflecht aller Einzelinitiativen der »sanften Verschwörer«, ein »Werkzeug für den nächsten Schritt der menschlichen Entwicklung«. Nach *Theodore Roszak* löst es gewissermaßen die alten revolutionären Massenbewegungen als Motor der Geschichte ab. »Netzwerke bilden die Strategie, mit der kleine Gruppen eine *ganze Gesellschaft transformieren* können.«[100]

Offenbar hat Capra aber erkannt, daß die »New Age-Bewegung« eine viel zu diffuse und schillernde Erscheinung ist, als daß mit ihr die Gesellschaft »transformiert«, also praktische Gesellschaftspolitik gemacht werden könnte. Von daher sind seine Versuche zu verstehen, die »Grünen« und den Feminismus als Ausdruck der Manifestation weltweiter »Vernetzung« zu interpretieren und zugleich als Vehikel für die Ausbreitung seiner Heilsbotschaft zum Zweck dieser »Vernetzung« zu benutzen, was um so realistischer erscheint, als diese Bewegungen innerhalb der westlichen Demokratien bereits einen beachtlichen politischen Faktor darstellen.

Dies erscheint auch deshalb erfolgversprechender, weil innerhalb dieser Bewegungen bereits ähnliche Vorstellungen lebendig sind wie z. B. die gesellschaftliche Grundidee des New Age selbst: die Vorstellung des »Netzwerks« oder der »universalen Vernetzung«, mit deren Hilfe die »mechanistische Betrachtungsweise der Lebensvorgänge in Natur und Gesellschaft« durch eine »ökologische« abgelöst und in ökologisch orientierte Politik umgesetzt werden soll:

»Ökologie« ist ja »die Lehre vom Haushalt des Lebendigen« und den Wechselwirkungen allen Lebens. In ihrer »Philosophie der Grünen« (1982) bezeichnete *Manon Maren-Grisebach* (jetzt: Andreas-Grisebach) diese Zusammengehörigkeit aller Vorgänge im Kosmos als »die große Vernetzung«. Dazu gehört vor allem auch, daß man den Ur-Gegensatz des modernen mechanistischen Denkens – die Unterscheidung von *Geist und Materie* – in diesen übergreifenden Zusammenhang der »großen Vernetzung« einfügte und damit überwand. Dies erfolgte bei dem amerikanischen Anthropologen *Gregory Bateson* (1904–1980), dem Ehepartner der Anthropologin Margaret Mead, der unter New Age-Anhängern bereits als eine Art Klassiker dieses Denkens gilt – vor allem mit seinen Büchern »Ökologie des Geistes« (1981) und »Geist und Natur« (1982). Auf ihn beruft sich auch Maren-Grisebach »als Denker der grünen Bewegung in Amerika«.[101]

Auch *Capra* ist mit seiner Auffassung vom »Geist als einem sich selbst organisierenden Systemphänomen« völlig von Bateson abhängig, dem er sich seit ihrer ersten Begegnung 1976 auch persönlich eng verbunden fühlte. Bateson ist vielleicht der wichtigste Vordenker des New Age, der schon vor Capra die Welt nicht als mechanistisches System von toten Bausteinen, sondern als »Netzwerk von Beziehungen« sah. Capras Trauerrede auf Bateson bei der Zeremonie in der Esalen-Gemeinschaft, einer Art »Bestattungsfeier auf New Age«, zeigt eindrücklich, wie »Geist« hier als ein umfassendes »Muster» verstanden wird, in dem alle »vernetzt« sind, was anthropologisch in der Konsequenz zu einer Art »Menschenvergötterung« führt: »Ein Teil seines Geistes ist sicherlich mit seinem Körper verschwunden«, sagte Capra vor dem Altar mit Batesons Asche hoch über dem Pazifik, in den sie zerstreut werden sollte. »Ein großer Teil aber ist noch bei uns und wird es noch lange bleiben. Es ist der Teil, der an unseren Beziehungen untereinander und zur Umwelt beteiligt ist, an Beziehungen, die von Gregorys Persönlichkeit tiefgehend beeinflußt sind. Wie ihr alle wißt, war eine Lieblingsfor-

mulierung von ihm ›das verbindende Muster‹. Ich glaube, Gregory selbst ist zu einem solchen Muster geworden. *Er wird uns auch künftig miteinander und mit dem Kosmos verbinden.* Ich meine, wenn einer von uns in der kommenden Woche in das Haus eines der hier Anwesenden ginge, dann würde man sich nicht als Fremde begegnen. Es würde ein Muster da sein, das verbindet – Gregory Bateson.«[102]
Capra glaubt, daß die »Systemtheorie« – sein »Allheilmittel« in Physik, Medizin und Therapie – auch »die ideale Sprache für die wissenschaftliche Formulierung des *ökologischen* Paradigmas wäre«[103]. Zu diesem Ergebnis kommt er vor allem unter dem Einfluß der amerikanischen Wirtschaftswissenschaftlerin *Hazel Henderson,* einer Schülerin von E. F. Schumacher, die die systembildenden, vernetzenden Vorgänge in Ökosystemen für vorbildlich auch bei wirtschaftlichen Systemen hält, die Capra in die »große Vernetzung« einbeziehen möchte. Ihre darauf gegründeten Einsichten enthalten allerdings für jeden Wirtschafts-Manager eine sehr »tröstliche« Botschaft, die in ihren eigenen Worten so lautet: »Wenn ich nach Washington reise und zu den Herren spreche, die die großen Konzerne leiten, dann spüre ich, daß sie alle große Angst haben. Alle sind sich dessen bewußt, daß schwere Zeiten auf uns zukommen. Ich sage ihnen dann: Für einige mag es wohl abwärtsgehen, aber es ist doch eine uralte Erfahrung, daß, wo immer etwas abwärts geht, etwas anderes heranwächst. Es gibt stets eine zyklische Bewegung, und Sie brauchen nur aufzupassen, von welcher Welle Sie sich nach oben tragen lassen wollen.«[104]
Auf weitere Beispiele dieser »tiefgründigen Weisheit«, wie Capra dies nennt, kann hier verzichtet werden. Er findet sie jedenfalls unwiderstehlich optimistisch.
Offiziell gehen die »Grünen« zwar auf Distanz zu den Vertretern des New Age und zum Thema »Spiritualität in der Politik«, das sich zu einer hochexplosiven Kraft entwickeln könnte. Nur selten hört man Äußerungen wie die von Lukas Beckmann in einer »Panorama«-Sendung: »Die Grünen sind eine spirituelle Bewegung.« Nach einem ersten Kontakt zwischen »Grünen« und New Age-Vertretern 1986 auf Burg Stettenfels bei Heilbronn haben sich new age-orientierte Grüne inzwischen aber in einer eigenen »Bundesarbeitsgemeinschaft ›Spiritualität und Politik‹« zusammengeschlossen.[105] Erinnert man sich der Bedeutung, die »spirituell« und »Spiritualität« etwa bei Capra im Blick auf den Erlösungsanspruch des »kosmischen Bewußtseins« haben, so kann

damit deutlich werden, wie undicht die Grenzen zwischen Politik und Religion im »vernetzten Denken« geworden sind. So bleibt abzuwarten, wer dazu bereit ist und wer davor zurückschreckt, mit Capra die Grenzen von der Ökologie zur Religion zu überschreiten. Nötig wären vielleicht fromme Politiker, aber keine religiöse Politik.

2. Teil

MODERNE MYSTERIEN

Kapitel V

Der heimliche Lehrplan des New Age

Im Anschluß an Gerhard Wehr kann man zwei Wesensmerkmale des Esoterischen unterscheiden: »Bewußtseinserweiterung« und den »Faktor des Initiatischen«, der eine Wesenswandlung zum Ziel hat.[1] In diesem Sinne ist auch das New Age-Bewußtsein nicht nur, wovon der 1. Teil dieser Darstellung handelte, das heute am stärksten in die Gesellschaft einwirkende Beispiel esoterischer Weltanschauung, sondern auch Ausdruck okkulter Praxis.

Wie weit das New Age-Bewußtsein bereits in die Gesellschaft vorgedrungen ist und was die praktischen Folgen dieser »Transformation« sind, das zeigt sich in den verschiedensten Lebensgebieten, nicht nur auf dem ökologischen, sondern vor allem auch im erzieherischen, bildungspolitischen Sektor. Darunter ist hier nicht der schulische Bereich im engeren Sinn zu verstehen, denn die herkömmliche »Schule« wollen die meisten New Age-Anhänger ja gerade im Rahmen ihres Gesamtkonzepts überwinden, sondern die okkulten und therapeutischen Methoden und Praktiken im weitesten Sinn, mit deren Hilfe die New Age-Anhänger durch »Bildungsangebote« verschiedenster Art versuchen, ihre Weltanschauung anzubieten, dem Menschen das neue religiös-»tiefenökologische« Bewußtsein zu vermitteln, ihn auf die »Reise in die Innenwelt« zu schicken und ihn durch Erlangen des »kosmischen Bewußtseins« zu erlösen.

Nach einem Überblick über einige typische »Reisezentren« und »Schulen« sollen die Hintergründe ihrer Praktiken in gnostischer Weltanschauung und gnostischem Lebensgefühl analysiert werden.

1. Transpersonale Erziehung

»Fliegen und Erkennen: Neue Wege des Lernens« lautet die Überschrift eines Kapitels in Marilyn Fergusons Bestseller »Die sanfte Verschwörung«. Die »Verschwörer« sind sich darin einig, daß die neue Gesellschaft nur verwirklicht werden kann, wenn man die Erziehung ändert. Die meisten der von Ferguson vor Abfassung ihres Buches befragten New Age-Vertreter waren auch im Erziehungswesen tätig: als Lehrer, Schulräte, Kulturpolitiker und Erziehungspsychologen.

Das neue Konzept einer für die Wassermannverschwörer charakteristischen Erziehungsphilosophie wird von M. Ferguson als »*transpersonale Erziehung*« bezeichnet[2]: »Der Name leitet sich von dem Zweig der Psychologie ab, der sich den transzendenten Fähigkeiten der Menschen widmet.« Da der »Transpersonalismus« aus der »Humanistischen Psychologie«, als sogenannte vierte Kraft (neben Psychoanalyse, experimenteller und humanistischer Psychologie), hervorgegangen ist, spielen im »neuen Lehrplan« des New Age auch all die aus der »Humanistischen Psychologie« bekannten Psychotechniken und Verhaltensmuster eine wichtige Rolle. Die »Humanistische Psychologie« von Rogers, Maslow, Frankl, Perls und anderen war dadurch gekennzeichnet, daß sie den »Sinnhorizont« als ein entscheidendes Kriterium des menschlichen Seelenlebens hervorhob, die »Transpersonale Psychologie« betont, daß zur Sinnfrage wesentlich auch die transpersonalen und transzendenten Bezüge des Menschseins hinzugehören. Damit meint sie aber in erster Linie eben jene durch »Bewußtseinserweiterung« erreichbaren Zustände des »kosmischen Bewußtseins«, wie sie bei New Age-Anhängern verbreitet sind, aber nichts mit der »Transzendenz« Gottes im Sinne des christlichen Glaubens zu tun haben. »Lernen« wird zu einer »Reise in die Innenwelt«. »Lernen als *Entwicklung*« und »Lernen als *Reise*« sind in M. Fergusons Leitsätzen des neuen Paradigmas der Erziehung austauschbare Begriffe, und die wichtigsten »Reiseführer« sind die »transpersonalen Psychologen« und »Reinkarnationstherapeuten«.

Was die praktischen Methoden betrifft, so übernimmt die »Transpersonale Psychologie« die bereits in der »Humanistischen Psychologie« hoch angesehenen, vor allem auf W. Reich und A. Lowen zurückgehenden »Körpertherapien«, aber auch »Körpertechniken« wie »T'ai Chi-chuan«, das chinesische Schattenboxen, und andere: »Veränderte Bewußtseinszustände werden ernst genommen: ›Zentrierungs‹-Übungen, Meditationen, Entspannungstechniken und Phantasie werden angewandt, um Wege der Intuition und des ganzheitlichen Lernens offenzuhalten. Schüler werden ermutigt, ... jene besondere Empfindung von Gipfelerlebnissen zu identifizieren. Techniken zur Entwicklung des Körperbewußtseins werden angeboten: Atem- und Entspannungsübungen, Yoga, körperliche Lockerungen und Biofeedback.«[3]

Zu diesen hier von M. Ferguson als Gegengewicht gegen eine übermäßige »Verkopfung« des Unterrichts genannten Methoden gehört auch die Beschäftigung mit dem Thema »*Geburt und Tod*«, dem in der »Transpersonalen Psychologie« eine Schlüsselrolle zukommt – vor allem bei dem Psychiater *Stanislav Grof*, der ursprünglich bei sterbenden Patienten mit LSD experimentiert hatte, um sie durch Vermittlung des Gefühls des »kosmischen Bewußtseins« auf den Tod vorzubereiten, später aber auf die Idee kam, daß man diese Erfahrungen auch bei anderen Klienten nutzen kann, um sie auf pädagogische Weise durch eine Art »Initiation« auf neue Lebensphasen vorzubereiten. Im einzelnen wird noch auf diese Variante der »inneren Reisen« zurückzukommen sein (s. u. Kap. VII).

In diesen Zusammenhang gehört auch die private John F. Kennedy-Universität in Orinda bei San Francisco[4], die Studienprogramme im Geist der Vertreter der Transpersonalen Psychologie durchführt, insbesondere ein »Study of Consciousness« (Bewußtseins-Studium), das eine »Synthese unserer westlichen Erkenntnisse mit den Erfahrungen der Mystiker und Medien aus allen Jahrhunderten und allen Völkern anstrebt« (Gruber). Man kann sich dort auch in »transpersonaler Beratung« ausbilden lassen, um in spirituellen Fragen und Krisen helfend wirken zu können. Man kann sich aber auch auf Richtungen wie »holistisches Heilen« oder »Parapsychologie« spezialisieren.

Transpersonale Bewußtseinsmodelle werden auch bei uns von New Age-Vertretern als Grundlage künftiger Lernprozesse der Menschheit propagiert: Den traditionellen westlichen philosophischen Traditionen wird ja von New Age-Seite ein extrem individualistisches Weltbild vorgeworfen, das »Bewußtsein« nur als *persönliches*, in einem Individuum zentriertes und darauf beschränktes Bewußtsein versteht. Die *überpersönlichen* oder trans-personalen, kollektiven Bewußtseinsdimensionen blieben dabei unberücksichtigt. Nicht zuletzt diese individualistische Orientierung wird für die heutigen globalen Menschheitsprobleme verantwortlich gemacht. So überraschte die New Age-Zeitschrift »*Trendwende*« im Herbst 1986 ihre Leser mit einem solchen transpersonalen Lernmodell und stellte es als eine Art »heimlichen Lehrplan« des Wassermann-Zeitalters vor[5]: Für das eigentlich notwendige Umdenken *jedes einzelnen* Individuums, also der vielen hundert Millionen Einzelmenschen dieser Erde, sei es bereits zu spät, um der globalen Bedrohungen (Artentod, Luftverschmutzung usw.) noch Herr werden zu können. Denn solche Lernschritte benötigten Jahrhunderte, wenn nicht gar Jahrtausende. »Diese Zeit ist abgelaufen.« Als Ausweg propagierte die »Trendwende« eine Art *kollektiven Lernsprung* der ganzen Menschheit, wie er in östlichen Meditationstechniken schon immer bekannt gewesen sei. Als Beispiel verwies die »Trendwende« auf ein bei Neu Delhi entstehendes Projekt eines riesigen »geodätischen Domes« (nach Buckminster Fuller), der nach Fertigstellung Zehntausenden Platz zur Meditation für den »Weltfrieden« bieten soll. Initiator des Projekts ist der einst als Meditationslehrer der Beatles bekanntgewordene Inder *Maharishi Mahesh Yogi*, der Vater der sogenannten Transzendentalen Meditation (TM), der dieses »Weltfriedensprojekt« auf der Annahme des Vorhandenseins eines *kollektiven Bewußtseinsfeldes* der ganzen Menschheit errichtet, auf das er dadurch Einfluß zu nehmen versucht. Der Verdacht liegt nahe, daß viele New Age-Vertreter ihren Lehrplan für das »Neue Zeitalter« mehr oder weniger direkt bei den Vertretern der alten »Jugendreligionen« beziehen.

2. Neue Mysterienschulen

Der »heimliche Lehrplan« des New Age knüpft jedoch nicht nur an östliche Weltanschauungen und ihre mystischen Praktiken an. Er signalisiert auch eine Wiederkunft von Gnosis und Mysterienreligiosität, von Esoterik, Magie und Okkultismus. So forderte das New Age-»Magazin 2000« Ende 1986: »Was wir jetzt brauchen, sind neue Mysterienschulen.« Das »holistische Bewußtsein« sei bereits etabliert, jetzt komme es auf seine Ausbreitung durch Errichtung solcher »Schulen« an: »So sollen die Mysterienschulen der Gegenwart Keimzellen der neuen Gesellschaft, des neuen Zeitalters werden. Erst dann, wenn es in kleinen Gruppen bereits vorgelebt wird, kann sich das Neue Bewußtsein durchsetzen. Aus diesen Keimzellen heraus muß dann der politische Protest erwachsen. Die Gesellschaft muß durch die Mysterienschulen verändert werden, denn Mystik ist Kulturrevolution.«[6]

Als beispielhaft in diesem Sinne gilt vor allem auch die *Findhorn-Gemeinschaft*, in der es seit September 1985 auch eine nach den Prinzipien der Waldorfpädagogik arbeitende Schule gibt. Man hat die dortigen Experimente in ihrer Bedeutung für das Neue Zeitalter geradezu mit der Bedeutung der Akademie von Florenz für die Renaissance-Kultur verglichen – eine Epoche, in der es zu einem vergleichbaren Umschwung von Esoterik und Magie in Öffentlichkeit wie heute kam.[8]

Zahlreiche weitere »Mysterienschulen« haben sich neben Findhorn und Esalen inzwischen auf der ganzen Welt ausgebreitet. Weniger bekannt sind z. B. der von Findhorn geprägte *»Lebensgarten Steyerberg«* westlich von Hannover oder das Zentrum *»ETORA«* auf Lanzarote. Sowohl im Zentrum »ETORA« als auch in der *»Internationalen Akademie für Ganzheitliches Lernen«* auf Schloß Berlepsch bei Witzenhausen im Werratal wird nach der in New Age-Kreisen beim Sprachenlernen beliebten Methode der *»Suggestopädie«* nach Lozanov unterrichtet. Eine weitere auf Schloß Berlepsch angewandte Methode ist die von der dort tätigen Psychologie-Professorin *Elizabeth Philipov* mit Studenten erprobte *»Eos-Methode«*[9], eine Form der von *Roberto Assagioli* entwickelten *»Psychosynthese«*, die mit der »Transpersonalen Psychologie« verwandt ist. »Auf Schloß Berlepsch geschieht im Grunde das gleiche wie in den Tempeln von Eleusis«, heißt es dazu in dem Buch »Das verheimlichte Wissen«: »Moderne Mysterien und Neue Gnosis gründen sich auf die Erkenntnis, daß die heutige Menschheit... imstande und reif genug ist, ihre eigenen Werte – und die Wege zu ihrer Verwirklichung – zu kennen und zwischen Gut und Böse zu wählen. Mußte der Mysterienschüler vor dreitausend Jahren seinen gefahrvollen Weg durch Gruben mit Schlangengewürm bahnen, so muß er heute in der Lage sein, sämtliche ihm anerzogenen Wert- und Bezugssysteme abzulegen, um sein Ego zu überwinden.«[10]

Im Zentrum derartiger »moderner Mysterienschulen« steht meist die Vermittlung der Erfahrung der *»Wiedergeburt«*. Ein besonders typisches Beispiel für das »neue Lernen« in diesem Sinn ist der durch die ZDF-Sendung »Viele Male auf Erden?« vom Januar 1986 bekanntgewordene Schweizer Architekt *Stefan von Jankovich*, Autor des Buches »Ich war klinisch tot. Der Tod – mein schönstes Erlebnis«, in dem er über seine »Out-of-the-Body-Erfahrungen« nach einem schweren Autounfall im Jahr 1964 berichtet, die nicht nur mit einer »Rückschau« auf sein jetziges Leben, sondern auch mit »Rückerinnerungen« an *frühere Existenzen* verbunden waren. Auch von Jankovich will bereits einen »Lehrplan« für eine moderne Mysterienschule ausgearbeitet haben, in deren Zentrum die Erfahrung der Wiedergeburt stehen soll.[11] Als der Papst im Jahr 1984 die Schweiz besuchte, hatte von Jankovich Gelegenheit, ihm in Luzern sein Buch und einen Brief zu überreichen. In diesem Brief schreibt er unter anderem, sein Erlebnis im klinisch toten Zustand habe ihm »den ursprünglichen Sinn des Lebens und dessen Ziel« deutlich gemacht: »*die geistige Entwicklung*«. »Merkwürdigerweise«, so schreibt er dem Papst, »ist mir auch der Sinn meiner früheren Inkarnationen klargeworden, die als *Lehrgang*, also *Teilstrecke zu Gott* gewertet wurden... Ich kann meine Erlebnisse sehr gut in meinen christlichen Glauben integrieren. Für mich bedeuten sie nützliche Ergänzungen, die die Menschen auch von der Kirche erwarten.«[12]

Diese Anschauungen sind sehr eng verwandt mit denen der bekannten »Sterbeforscherin« *Elisabeth Kübler-Ross*, die in der erwähnten ZDF-Sendung über ihre Erlebnisse bei einem Indianer-Stamm berichtete, die für sie so beeindruckend waren, daß sie sich zu erinnern glaubt, in früheren Existenzen selbst einmal diesem Stamm »friedlicher Menschen« angehört zu haben. Der Sterbevorgang ist für Kübler-Ross ja der paradigmatische Lernvorgang überhaupt, den wir ständig in den vielen »kleinen Toden« unseres Lebens wiederholen. *Lernen* aber ist sinn- und ziellos ohne *geistige Entwicklung* – »Sinn« und »Ziel« bekommt das Leben erst, wenn man es als einen Prozeß der Selbst-Veredlung des Menschen auffaßt. Mit diesem *pädagogischen Evolutionismus* nehmen von Jankovich, Kübler-Ross und viele moderne Esoteriker aber, ihnen meist unbewußt, ein altes Motiv der Aufklärung auf: Wir sind hier auf Erden, um »neue Erfahrungen« zu sammeln, uns darin zu bewähren und geistig reifer und vollkommener zu werden. Das ist der »Sinn unseres Lebens«: die »Erziehung des Menschengeschlechts« (Lessing) zu einer besseren, humaneren Menschheit. Die Reinkarnationsvorstellung in dieser bis zum heutigen Tage weit verbreiteten »Religion der Gebildeten« hat ihre Wurzeln weniger in östlicher Religiosität, sondern vielmehr im *Entwicklungsdenken* eines »pädagogischen Evolutionismus«, der sich auch das »Leben nach dem Tode« nur als »Schule« vorstellen kann – ein Relikt rationalistischer Aufklärung in okkultem Gewand.

Strittig unter Esoterikern und Okkultgläubigen ist dabei letztlich nur, ob zur Erziehung *ein* Erdenleben ausreicht und nachher eine »Höherentwicklung« oder »Schulung« des Menschen im »Geisterreich«, in anderen Planetensphären oder auf anderen »geistigen Ebenen« durch schon weiter »fortgeschrittene« Geister erfolgt, oder ob dazu, wie z. B.

Anthroposophen und wohl auch die meisten New Age-Anhänger glauben, *viele* Erdenleben nötig sind, wobei sich die Erde selbst zusammen mit der Menschheit zunehmend »vergeistigt«.
Einigkeit herrscht aber darüber, daß es sich beim »Fortleben nach dem Tode« um ein *Wissen* und nicht »bloß« um *Glauben* handelt, ein Wissen, das nach Kübler-Ross so sicher ist, »wie z. B. ein Hund eine Hundepfeife hört und Sie nicht«: »So ist das ein Leben ›auf einer anderen Wellenlänge‹. Es ist so einfach, das zu erfahren...«[13]

3. Wiederkehr der Urkulturen

Die Indianer-Nostalgie von Kübler-Ross ist kein Zufall. Da man überzeugt ist, daß die transzendenten, magischen Fähigkeiten des Menschen in früheren Kulturen eine viel größere Rolle spielten als im heutigen Materialismus, geht der Transpersonalismus einher mit einer Wiederentdeckung der Urkulturen und ihrer magischen Riten. »Die Reise ins eigene Innere ist... zu einem abenteuerlichen Ausflug zu den prähistorischen Ursprüngen der visionären Wahrnehmung geworden«, schreibt Theodore Roszak.[14] »Die spirituelle Philosophie des Neuen Zeitalters will uns« nach E. Gruber »mit unseren mythischen Wurzeln vereinigen.«[15]
Parallel zur Rezeption traditioneller Heilweisen von Schamanen, Naturvölkern oder fernöstlichen Kulturen im medizinischen Bereich vollzieht sich nach M. Ferguson auch in der Erziehung eine Adaption traditioneller Methoden und Perspektiven. Ob es sich nun um die zu pädagogischen Zwecken eingesetzten *Medizinräder* der nordamerikanischen Indianer, um die *paideia* der athenischen Kultur oder um die *Stammeserziehung* der australischen Ureinwohner handelt – »das Interesse der Pädagogen an alten Mythen und Symbolen, an mündlichen Überlieferungen und primitiven Riten, die aus weniger linearen Kulturen als der unsrigen stammen, nimmt ständig zu«, wie M. Ferguson im Blick auf diese von ihr ausdrücklich genannten Beispiele feststellt.[16] Denn »das Neue Zeitalter ist ein großer Schritt zu uns selbst und... zu unserer archaischen Einheit von Seele und Körper, von Mensch und Natur; zurück zu einer Verbindung, die nur noch in den Mythologien sogenannter Primitiver zu finden ist. Der Wunsch nach einer ›Steinzeit‹«, so E. Gruber, »in der die Errungenschaften der Technik in die rechte Balance

zu Naturnähe und Beseeltheit der Materie treten, ist der Wunsch nach dem Neuen Zeitalter.«[17]

Auch der Präsident des europäischen Verbandes der Humanistischen Psychologie, der an der Hochschule für angewandte Kunst in Wien lehrende *Arnold Graf Keyserling* (geb. 1922), meint: »Das Neue kommt meiner Ansicht nach in der Rückkehr zur *Altsteinzeit,* also in der Rückkehr zum wirklichen Innenverständnis, zur wirklichen Innenerfahrung.« Allein in Berlin gebe es heute etwa 1200 Studenten der *Ethnologie,* dies sei sozusagen die heutige »neue Linke«[18]. Die Soziologie scheint im Neuen Zeitalter als Modefach von der Ethnologie abgelöst zu werden. Was allerdings Ethnologen selbst von diesen Ausflügen der New Age-Anhänger in die Prähistorie und von ihrer archaischen Stilisierung halten, brachte *Hans Peter Duerr* in dem erwähnten Interview (s. o. S. 67) so zum Ausdruck: »Der größte Teil dieser New Age-Philosophen hat keine blasse Ahnung von fremden oder archaischen Völkern, und sie haben offenbar auch kein Interesse an ihnen, sonst würden sie sich nicht einen *Rolling Thunder* oder einen *Sun Bear* als ›indianische Schamanen‹ präsentieren lassen. Das ganze Gerede von den ›prä-personalen‹, ›nichtichhaften Strukturen‹, von ›Kollektivbewußtsein‹ und so weiter ist völliger Unsinn. Kennzeichnend für die ursprünglichen Wildbeuter, die Sammlerinnen und Jäger, ist gerade ihr *Individualismus,* ihre Antipathie gegen das Kollektiv... Solche Theorien wie die von Ken Wilber stehen auf dem Niveau jener marxistischen Theorien, die das Ich mit der ›gemünzten Geldform des Wertes‹ (ein Begriff von Alfred Sohn-Rethel) in Kleinasien entstehen lassen.« Also nichts von einer »Ur-Suppe«, in der die Egos aufgelöst herumschwimmen – meint Duerr!

4. Überwindung der Schule

Ferguson liebt Beispiele aus dem militärischen Bereich. So auch für ihre Vision einer »Periode des Lernens ohne Begrenzungen«, des »großen Lernens« (Konfuzius), in der die Mauern zwischen Lernen und Leben, Schule und Gesellschaft überhaupt beseitigt und *Schulen im bisherigen Sinn überwunden* sein werden: Sie meint, »daß wir anstelle verbindlicher Lehrpläne eines Tages ein Äquivalent des bei der amerikanischen Armee gültigen GI Education Bill haben werden – danach wird ein festgelegter Teil des Soldes einbehalten, und der Soldat erhält Gutscheine, die für spezielle oder allgemeine Weiterbildungskurse eingelöst werden können.« Und auch die Industrie bietet sich offenbar als Modell für das Lernen im »Neuen Zeitalter« an: »Unterricht und Lernen werden«, so Ferguson, »mehr und mehr zu einer Art Heimindustrie.«[19] Elterninitiativen, Unterricht in häuslicher Atmosphäre oder Schulen in Selbstverwaltung und dergleichen – das sind zwar für ihre Auffassung von Macht als *Autarkie*, »Regierung durch das Selbst«[20], einleuchtende Beispiele, aber sie haben meist kein Geld. Daß Lockheed Aircraft Corp. oder die Ford- und Rockefellerstiftung Symposien der »sanften Verschwörer« über »holistische Gesundheitspflege« fördern[21], ist ein Hinweis, wer diese Rolle auch im Bildungsbereich übernehmen könnte, wo es ja bekannte Vorbilder gibt, etwa in der Freien Waldorfschule, die ursprünglich eine Werksschule des Fabrikanten Molt in Stuttgart war. Auch die Einführung von Meditations- und Entspannungstechniken in Ausbildungsprogrammen der US-Armee wird von Ferguson als Erfolg der »sanften Verschwörung in der Regierung« gepriesen. Allerdings dürfte sich die Motivation für die Finanzierung von Forschungsprojekten über Meditation, Biofeedback, spiritistische Phänomene und alternative Medizin durch das amerikanische Verteidigungsministerium nicht allzu sehr von dem Interesse der Sowjets an der Parapsychologie im Dienste der Erhaltung der Machtstrukturen des »old age« unterscheiden, und Ferguson stieß mit ihrer diesbezüglich naiven Einstellung zur Machtfrage auch auf heftige Kritik.

In ähnlicher Weise begegnet aber auch bei anderen Vertretern des »neuen Bewußtseins« die Tendenz zur ideologischen Überhöhung relativ allgemeinverbreiteter Unterrichtsmethoden – so zum Beispiel bei Theodore Roszak, wenn er die Einführung von »*Arbeitskreisen*« als Unterrichtsform »gemeinschaftlichen und affektiven Lernens« über »Vorlesung« und »Seminar« hinaus nicht nur als einfache »akademische Weiterführung der Gruppentherapie«, sondern tiefsinnig auch als Anleihe beim »*Upaya*« der östlichen Religionen bewertet. Damit sind aber schlicht den mehr intellektuellen Techniken als Alternative beigeordnete Techniken der Erfahrung gemeint, die die »visionäre Energie« – Upaya – fördern sollen, deren Vervielfältigung ein besonderes Anliegen in vedischen und tantrischen Traditionen sei.[22] Abgesehen von diesem »Überbau« wird wohl kaum ein moderner Pädagoge etwas gegen »Arbeitskreise« einzuwenden haben. Doch gibt Roszak selbst Anlaß zu der Annahme, daß hiermit doch letztlich eine hinduistische Doktrin transportiert werden soll, indem er zwar einerseits »doktrinäre Haarspalterei« als »Spezialität des Christentums« geißelt, doch nicht mit der gleichen Vehemenz die Gefahren des »Neuen Zeitalters«, in dem »die Rolle des *Guru,* des Upaya-Meisters, wieder zur hochgeschätzten erzieherischen Funktion« werde und »importierte Swamis und hausgemachte ›psychische Enthemmer‹ die Szene bevölkern und die Pädagogik der Erfahrung mit dem versorgen, was Stubengelehrte und konventioneller Unterricht[23] nicht bieten können«[24]. Wie eine öffentliche Diskussion in Deutschland zeigte, ist Amerika allerdings im Bezug auf akademische Freiheit und Vielfalt von Unterrichtsmethoden, jedenfalls aus der Sicht einer »emanzipatorischen« Pädagogik, eine Art »Entwicklungsland«, was man den Vertretern des »neuen Bewußtseins« bei dem Versuch einer Orientierung, wie immer man sonst dazu stehen mag, zugute halten muß!

Das Bild, das M. Ferguson – vor dem Hintergrund solcher mit der Pädagogik sich verknüpfender Heilshoffnungen, aber auch offenkundiger Defizite – von der »Staatsschule« zeichnet, ist dementsprechend düster und klischeehaft. Es orientiert sich an Hermann Hesses autobiographischer Erzählung »Unterm Rad« von 1906.[25] Der Hinweis auf den in der Hippie-Kultur verehrten Hesse sowie das Prinzip der »Autarkie« unterstreicht zugleich aber auch das Fortbestehen wesentlicher pädagogischer Ideen aus dem alternativkulturellen Bereich im »Lehrplan des Neuen Zeitalters«.

Diese auf dem Traum von der Emanzipation vom Menschheitsschicksal und der Idee der Selbsterschaffung des neuen Menschen durch »kosmisches Bewußtsein« beruhenden Vorstellungen (s. o. Kap. IV) werden deutlich ausgesprochen in den Ausführungen eines unbekannten australischen New Age-Anhängers. In der Alternativzeitschrift »Middle Earth« schrieb er unter dem Pseudonym »Alain the Astrologer«, in der Pädagogik des »Wassermannzeitalters« würden die bisherigen Vorstellungen von Vater, Mutter und Kind, die bisherige Familien- und Sozialstruktur durch eine »Vitalisierung« der Erziehung überwunden werden: »Auf sanfte Art werden die Kinder dahin geführt werden, *selbst* Entscheidungen zu treffen, ihr Bewußtsein zu erwecken, Kreativität und Freude zu fördern. Unpersönliche Klassen werden durch persönliche Kontakte einzelner Menschen untereinander ersetzt werden... Rudolf Steiner, A. S. Neill und Auroville sind bereits Versuche für eine progressive Erziehung. Da es keinen Einzigen Gott, Guru oder Lehrer mehr geben wird, muß sich auf nichts im besonderen berufen werden, und Schulen und Kinder *werden sich selbst erschaffen*. Wenn wir das Göttliche in uns vervollkommnen, werden *wir alle potentielle Lehrer sein.*«[26]

5. Trittbrettfahrer des New Age

Von solchen Voraussetzungen her ist es kein Wunder, wenn sich heute Vertreter aller möglichen zweifelhaften Randgruppen zu Trittbrettfahrern des New Age umstilisieren, wie z. B. *Michael D. Eschner*, der Führer des inzwischen aufgelösten neosatanistischen Berliner »*Thelema-Ordens*«, der sich laut Berliner Verwaltungsgericht in grundgesetzwidriger Weise die »Umkonditionierung« des menschlichen Verhaltens durch ein sogenanntes »Ekel-Training« und andere gegen die Menschenwürde verstoßende »Erziehungsmaßnahmen« zum Ziel gesetzt hatte. In seiner Schrift »Netzwerk Thelema. Die geheimnisvoll-spektakulären Wege aus der Roboter-Einfalt zur Vielfalt der Erleuchteten« (Clenze 1985) propagiert er als pädagogische »Grundregel« für das »Neue Zeitalter«: »Es gibt keine unwilligen Schüler; es gibt höchstens inkompetente Lehrer«[27] und übernimmt fast wörtlich die Paradigmentabellen M. Fergusons über die Erziehung im New Age.
Wie der Untertitel dieser Schrift ausdrückt, stützt er sich dabei auf die Lehren des berüchtigten englischen Magiers und Satanisten *Aleister Crowley* (1875–1947), als dessen »Wiederverkörperung« sich der 1949 geborene Eschner ausgibt. Crowley hatte nämlich mit seinem 1904 in Kairo geschriebenen »Liber Al vel Legis« ebenfalls den Beginn eines »Neuen Zeitalters« ausgerufen – das »Zeitalter des Horus«, als dessen »Gesetzbuch« diese Schrift gilt.
Eschner versucht nun zu zeigen, daß sich Crowleys Menschenbild nicht allzu sehr von dem der großen Vorbilder der New Age-Anhänger unterscheidet: »Crowley ist der gleichen Auffassung wie z. B. *Gurdjieff* und *Leary*, daß der normale Mensch nichts als ein *programmierter Roboter ohne Entscheidungsfreiheit* ist, daß er aber die Möglichkeit hat, diesem Robotertum zu entkommen... Die Programmierung wird gewöhnlich *Erziehung* genannt.« Der Mensch handle gewöhnlich so, wie es von ihm durch Erziehung und Kultur gefordert werde. Demgegenüber habe Crowley das »Gesetz des neuen Zeitalters« formuliert:

»Tu was du willst, sei das Ganze von dem Gesetz.« Dies sei »die Anweisung an den Menschen, seinen wahren Willen zu suchen, den Punkt, in dem sein Handeln deckungsgleich ist mit seinem Selbst«[28]. Das diesem Gebot korrespondierende »Credo« des »neuen Zeitalters« lautet dementsprechend: *»Es gibt keinen Gott außer dem Menschen.«* Der Mensch, der dieses Gesetz verwirklicht, ist der »enthüllte Gott«. »Er hat den Zustand des Von-der-Welt-Getrenntseins überwunden . . . Alles ist Teil von ihm und er ist Teil von allem. Wie Crowley und die ägyptischen Mysterien es ausdrücken: ›Es ist kein Teil an mir, der nicht von den Göttern ist‹, oder ›*deus est homo*‹, der Mensch ist Gott.«[29]
Christus und dem christlichen Glauben stand Crowley mit besonderem Haß gegenüber. Der Dämon Aiwass, der sich als falkenköpfiger Gott Ra ausgibt, diktiert Crowley in dem »neuen Gesetzbuch«: »Mit einem Falkenkopf pick ich nach Jesu Augen, da er am Kreuze hängt. Errichte mein Bildnis im Osten. Ich bin das Ziel der Verehrung.« Eine blutige Spur von satanischer Ausschweifung folgt seitdem seinem Leben nach. Er tritt dem Okkultorden O. T. O. bei, dessen Führung er übernimmt. In den von ihm entworfenen und zum Teil in der modernen Hexenkultbewegung verwendeten magischen Ritualen geht es um die Freisetzung von kosmischen »Energien« und übersinnlichen Erfahrungen, durch die der »Eingeweihte« Macht über andere Menschen gewinnen und die eigene Göttlichkeit erfahren soll. Der Zusammenhang zwischen Teufelsanbetung und Menschenvergötterung ist hier unmittelbar deutlich.

Auch wenn sich das Wesen der New Age-Bewegung nicht auf Satanismus reduzieren läßt, wie eine gewisse Kritik in grobschlächtiger Weise nahelegen möchte, so könnte allerdings die Gestalt Crowleys und die Mühelosigkeit, mit der sich der »Trittbrettfahrer« Eschner auf einen New Age-Jargon umstilisiert, für viele New Age-Anhänger ein Anlaß zu echter Selbstprüfung werden. Es finden sich in Eschners Darstellung oder bei Crowley selbst jedenfalls noch mehr erschreckende Parallelen zum Welt- und Menschenbild des »neuen Bewußtseins«. Hängen diese »Trittbrettfahrer« also vielleicht in Wirklichkeit an einem Zug, der nicht mehr zu bremsen ist?

Ob hier eine Lawine ins Rollen gekommen ist, wird vor allem von dem beträchtlichen Einfluß *tiefenpsychologischer Betrachtungsweisen* auf die künftige Entwicklung des »neuen Bewußtseins« abhängen, die wie der in New Age-Kreisen beliebte Jung-Schüler *Erich Neumann* den

Versuch der Entwicklung einer »nicht mehr dualistischen Moral« unternehmen, der Aufhebung von Unterscheidungen wie »gut« und »böse«, »Gott« und »Satan« usw.[30]

Daß es sich bei solchen tiefenpsychologisch orientierten Ansätzen häufig nicht einfach um einen Versuch praktischen Helfens, sondern um eine *neue Heilsbotschaft* handelt, zeigt folgendes Beispiel: In seiner Untersuchung des Satanskultes hat *G. Zacharias* aus einer solchen Sichtweise heraus versucht, die »positiv-schöpferischen Aspekte des Satanskults« herauszuarbeiten[31], und ist im Blick auf die Gegenwart zu folgendem Ergebnis gekommen: »Die direkt-satanistischen Züge in jener Subkultur, die sich seit Entstehung der Hippie-Bewegung an der kalifornischen Küste ... verbreitete, lassen sich ... als epigonal durchschauen ... Wichtiger aber ist die Entwicklung seit 1968 ... Die Protestbewegung, die in vielen Ländern aufflammte, vollzog sich zum Teil als sexuelle Revolution, deren Banner vor allem Wilhelm Reich trug. Es kann kein Zweifel bestehen, daß es sich hier um eine Antithese zur traditionell-christlichen Kultur handelt ... Die besagte Entwicklung knüpfte einerseits an romantische Zukunftsvisionen des frühen Sozialismus an ... Ganz erheblich steht sie durch diese imitatorischen Züge – auch der Mißbrauch der Halluzinogene gehört in den Zusammenhang – im Zeichen einer regressiven Phantasie des Erreichens eines paradiesischen Zustandes, in dem es noch keine Trennung von Gut und Böse gibt ... Und dennoch: So, wie in Kleists ›Marionettentheater‹ das erste, naive, noch nicht integrative Stadium die Verheißung des dritten, integrativen Stadiums der Annäherung an das ›unendliche Bewußtsein‹ in sich enthält, so ist das, was mit der Revolte der Jugend 1968 samt der ihr entsprechenden Subkultur, mit dem Feminismus in seinem Versuch der Rehabilitierung des Großen Weiblichen, mit der Alternativkultur (Grüne, Friedensbewegung) ... begonnen hat, vielleicht schon ein Reflex der *Entwicklung nach vorn.* Das läßt besonders für die heutige New Age-Bewegung hoffen.«[32]

Daß die Befürchtungen letztlich doch manche Hoffnungen überwiegen könnten, zeigt nicht nur, daß zum Beispiel ein satanistisch beeinflußter Ritualist wie *»Frater V∴D∴«* (= Ralph Tegtmeier) auf dem erwähnten Hamburger New Age-Festival »Einswerden '87« bedenkenlos dem Begriff »New Age« subsumiert werden kann, sondern, daß ein solcher Auftritt offenbar auch ohne jeglichen Widerspruch bleiben konnte! Denn es ist ja nicht nur der *Begriff* »New Age«, der hier jede

»Trennschärfe« verloren hat, so daß von dem renommierten 89jährigen Pater Enomiya-Lassalle bis zu besagtem Verfasser eines »Handbuchs der Sexualmagie« und anderen »Trittbrettfahrern« alles als »neues Bewußtsein« firmiert werden kann, sondern es sind vor allem *Menschen,* denen bei dem Versuch, jede »dualistische Moral« als vermeintliches Haupthindernis für die Schaffung des Heils zu überwinden, die religiöse und weltanschauliche *Sensibilisierung,* vor allem aber die *Kritikfähigkeit* gegenüber gesellschaftlich und moralisch fragwürdigen und gefährlichen Einstellungen verlorengegangen ist und denen folglich nichts bleibt als ein weltanschaulicher und ethischer Relativismus. Ob die Menschheit sich durch eine *auf solche Weise* erfolgte »Abschaffung des Teufels«, wie man das nennt, auch moralisch bessert, bleibt doch eine sehr vage, unbegründete Heilshoffnung. Glaubt man wirklich, daß man auf solche Weise einen Menschen hervorbringen kann, der sich nicht in Schuld verstricken oder anderen Schaden, Leid oder Böses zufügen kann und der nicht der Vergebung bedürftig ist? Hier scheint sich ein besonderer Schwachpunkt des New Age-Bewußtseins zu offenbaren, und der christliche Glaube, der seine Kriterien für »gut« und »böse« ja nicht aus irgendwelchen weltanschaulichen Dualismen, sondern vielmehr aus dem ganz un-dualistisch orientierten biblischen Wort bezieht (vgl. z. B. Röm. 11,32: »Denn Gott hat *alle* beschlossen unter den Unglauben, auf daß er sich *aller* erbarme«!), wird sich künftig vor allem mit dem tiefenpsychologischen Reduktionismus des Lebens auf die *Verwirklichung und Vollendung des »Selbst«* als »völligstem Ausdruck der Schicksalskombination, die man Individuum nennt« (C. G. Jung; s. u. S. 123 ff.) befassen müssen, der auch das Menschenbild des New Age-Bewußtseins und seiner Praktiken weitgehend bestimmt.
Damit ist man aber bereits mitten in einem Gespräch um das Problem der »Gnosis«, wie die folgenden Ausführungen und Selbstbekenntnisse von Vertretern des New Age zeigen. Denn es besteht kein Zweifel: Der Zug, der hier abgefahren ist, der »Lehrplan«, nach dem hier, mehr oder weniger geheim, unterrichtet wird, steuert als Ziel – ob gewollt oder nicht – eine Wiederbelebung der Gnosis im umfassendsten Sinne an.

Kapitel VI

Gnosis: Heimkehr aus der Fremde

Der weltanschauliche Hintergrund des »heimlichen Lehrplans« des New Age, ebenso wie des »neuen Bewußtseins« überhaupt, ist die Gnosis. Darauf haben verschiedene Vertreter des New Age-Bewußtseins nicht nur aufmerksam gemacht, sondern einige haben sich auch selbst ausdrücklich zur Gnosis bekannt (s. u. 1.).

1. Gnosis und New Age

So schreibt unser Gewährsmann für das »neue Bewußtsein«, *Theodore Roszak:* »Wir suchen die Gnosis - ein Wissen um die Mysterien, das man an der Schwelle zur Ekstase erwirbt.«[33] In dem Abschnitt »Die verborgene Weisheit« legt er eine moderne Darstellung des gnostischen Mythos vor, wie er sie vertritt: »... daß wir das *unvollendete Tier* sind, dessen Aufgabe die Selbst-Vollendung ist«[34], daß in uns Gott oder ein göttlicher Aspekt einen Prozeß der Emanation, des Abstiegs oder der »Devolution« in Zeit und Materie erlebt, wie es etwa in Doris Lessings – als Science-fiction mißverstandenem – Roman »Befehl zur Höllenfahrt« dargestellt wird: Der Roman-Held bemüht sich verzweifelt, die Erinnerung an den »Befehl«, an eine Instruktion aus seiner Vorexistenz wachzuhalten, die ihm der Kommandeur »Merk« (= Hermes/Merkur, die göttliche Intelligenz der gnostischen Tradition) mitgeteilt hatte.[35] Von solchen Voraussetzungen her verwundert es nicht, daß Roszak auch das politische Leben im New Age von daher bestimmt sieht: »Es wird durch einen radikalen Traditionalismus geprägt sein, der die *alte Gnosis* als Wertmaßstab benützt.«[36]

Man kann dies als eine *fundamental-gnostische* Position bezeichnen, und Roszak ist nicht der einzige, der sie vertritt. Im Unterschied zu manchen neugnostischen esoterischen Gemeinschaften, die ihren gnostischen Hintergrund bagatellisieren oder gar in Abrede stellen, um ihre

Christlichkeit zu erweisen, geben dies viele New Age-Anhänger ganz offen zu und knüpfen unverhohlen unmittelbar an die spätantike Gnosis an.

Bei den Vertretern des »neuen Bewußtseins«, die unmittelbar an die alte Gnosis anknüpfen und ihre Weltanschauung, ihr Lebensgefühl und ihre Praktiken in unsere Zeit übertragen, kann man im Grunde nicht einmal von »Neugnosis« sprechen, wie bei einigen Weiterentwicklungen des 19. und 20. Jahrhunderts (Theosophie; Anthroposophie). Diese Versuche gehören eigentlich in eine Reihe mit dem Trend, alte Hexenkulte oder archaische Praktiken wiederzubeleben und alle möglichen alten Überlieferungen einmal auszuprobieren. Auch hier kann man aber unterscheiden zwischen solchen, die diese Anknüpfung nur verschleiert vollziehen, und anderen, die dies ganz offen aussprechen.

Zu ersteren gehört die Autorin der weit verbreiteten »Seth-Materialien«, *Jane Roberts* (1929–1984), die auch im Kursangebot von New Age-Zentren auftauchen. Diese Materialien, am besten greifbar in dem Taschenbuch »Gespräche mit Seth«, sollen der Autorin im Trancezustand von einer »Energiepersönlichkeit« namens »Seth« übermittelt worden sein, die also als der eigentliche »Autor« vorgestellt wird. Den verborgenen gnostischen Hintergrund dieser spiritistischen Produktion deutet die Übersetzerin der deutschen Ausgabe unter Hinweis auf die *sethianische Gnosis* selbst an: »In der Gnosis figuriert Seth als einer der sieben Archonten, der sieben welterschaffenden Mächte, die, der Gattung der Engel zugehörig, die letzte und niedrigste Emanation der Gottheit darstellen. Eine der frühesten Sekten nannte sich *Sethianer*. Da die Gnostiker sich als Empfänger direkter geheimer Offenbarung verstanden, scheint hier vielleicht eine Spur zum Verfasser dieses Buches zu führen.«[37] Die Seth-Materialien enthalten demgemäß auch zahlreiche gnostische Anschauungen. So ist zum Beispiel bemerkenswert, daß »Seth« auch sehr ausführliche »Offenbarungen« über Christus macht, also vergleichbar der Art gnostischer Weiser oder östlicher Gurus die Autorität einer »höherentwickelten« Persönlichkeit ins Feld führt. Das ist genau das, was der Apostel Paulus in den gnostisch infiltrierten Gemeinden verurteilt, bei denen Engel und Weltelemente verehrt, das heißt mit dem Herrn auf eine Ebene gestellt werden: »Wenn ein Engel vom Himmel euch würde Evangelium predigen anders, als wir euch gepredigt haben, der sei verflucht« (Gal. 1,8; vgl. 4,9).

Dessen ungeachtet ist unter dem Einfluß solcher Produkte wie der

»Seth-Materialien« das »*Channeling*«, das heißt »Kanal sein« für höhere Wesenheiten und Geister, in den USA, weit über New Age-Kreise hinaus, zu einer Art Volkssport geworden: In einer Fernsehshow der Filmschauspielerin *Shirley MacLaine* traten mehrere Trancemedien auf. Eine Psychologin der Columbia-Universität behauptete schon früher, ein zweibändiges Werk »*Course in Miracles*« sei ihr von einer Stimme, die sich »Jesus« nannte, diktiert worden. Ein ebenfalls schon etwas älterer Bestseller in spirituellen Buchläden ist »*Die Möwe Jonathan*« von Richard Bach, der ihm in zwei acht Jahre auseinanderliegenden Sitzungen von einer Wesenheit diktiert wurde, die ihm als Möwe erschien. Auch der Findhorn-Entdecker *David Spangler* steht mit einer Wesenheit namens »John« in Verbindung, mit der er »öfter auf höheren Ebenen« arbeitet und die er »als die Fortsetzung eines Energieprozesses oder -stroms, der sich durch grenzenlose Liebe und Wahrheit vor mehreren Jahren verwirklichte«, betrachtet.

Zu denjenigen, die die Beziehung zur Gnosis mehr oder weniger offen aussprechen oder sich dazu bekennen, gehören neben Spangler die bereits erwähnten Th. Roszak, M. Ferguson, T. Leary sowie der Herausgeber des New Age-»Magazin 2000«, M. Hesemann. Theodore Roszak meint im Blick auf die gnostische Tradition, die er »verborgene Weisheit« nennt, sogar, daß »die moderne westliche Welt dieser dunklen Quelle *die Urvorstellung von Evolution* verdankt« – sicher eine überspitzte These, aber doch im Blick auf das »neue Bewußtsein« charakteristisch, denn: »Alles, was die Diskussion über ein *sich entwikkelndes Bewußtsein* erreichen möchte..., findet eine Heimstätte im Bereich der verborgenen Weisheit.«[38] Es besteht kein Zweifel, daß die New Age-Anhänger ihren Glauben an eine »Erlösung« durch Entwicklung des Bewußtseins zum kosmischen Bewußtsein (s. o. 1. Teil) zum Teil direkt in gnostischen Texten wiederfinden, wie einige der folgenden Beispiele deutlich machen.

Ein bemerkenswertes Beispiel, das Aufleben der Gnosis in unserer Zeit aufzuzeigen und gleichzeitig auch selbst zu unterstützen, liefern die Verfasser des 1984 erschienenen Buches »*Das verheimlichte Wissen*«: »Es will uns scheinen, als befänden wir uns heute, in der Abenddämmerung des 20. Jahrhunderts, in einer ähnlichen Lage wie die Alexandriner kurz vor der Zeitenwende, vor dem Ende des klassischen Altertums. Wie die gnostischen Schulen jener Zeit glauben sich auch die ›Gnostiker von Princeton‹, die Jünger des *New Age* im Besitz von erregenden ›neuen‹ –

freilich im Grunde uralten – Wahrheiten. Und ebenso wie die Gnosis sich ... schwächte und zerrieb, sind wir heute in Gefahr, hinter Mode-Gurus und Subkulturen herzulaufen. Aber anders als vor zweitausend Jahren lebt in den Menschen heute das viel stärkere Bewußtsein, daß sie für ihre eigene Entwicklung verantwortlich sind.« Die Mysterien seien heute sozusagen öffentlich und jedem zugänglich, was die Autoren in einer Art gnostischem Glaubensbekenntnis zusammenfassen:

»Das Menschenleben ist nicht zwischen Geburt und Tod eingeschlossen. Tod ist Illusion.

Nur der physische Körper ist vergänglich. Der Mensch *hat* nicht eine Seele, er *ist* eine (Geist-)Seele, und diese ist unvergänglich.

Im Kleid des Astralkörpers kann der Mensch frei vom Leib das Astralreich bereisen und den Wesen entgegentreten, die es bevölkern.

Wie unten so oben. Alles im Kosmos steht miteinander in Verbindung. Mikrokosmos und Makrokosmos entsprechen einander gleichsam spiegelbildlich.

›Gott im Mikrokosmos‹ – versinnbildlicht durch die meditativen Worte ›Ich Bin‹ – ist der dem Christus wesensgleiche Funke in uns.

Alles ist Bewußtsein. Auch Licht ist bewußt und geisterfüllt. Minerale, Pflanzen und Tiere sind auf niederer Schwingungsebene gebundener Geist. Der Mensch hat die Aufgabe, sie erlösen zu helfen.

Der Mensch muß sich durch immerwährendes Streben selbst erlösen, doch hilft dem ehrlich Bemühten die Gnade Gottes. An die Schwelle der Gnade gelangt, wer sein eigenes Werden und seine Urgründe begreifen lernt oder wer ›wie ein Kindlein‹ ist. Nur wer sich selbst kennt, kennt das All.«[39]

Bei *David Spangler* kann man in ähnlicher Weise von einer fundamental gnostischen Sicht sprechen, auch wenn er dies selbst weniger deutlich ausspricht als etwa Roszak. Spanglers Ausgangspunkt in seinem Buch »*Revelation – The Birth of a New Age*«, also »Offenbarung« – was im deutschen Titel durch »New Age« ersetzt wurde! –, ist das evolutionistische Weltbild der *theosophischen Neugnosis* und ihrer Anschauung vom »*Solaren Logos*« als höchster geistiger Ebene in »unserem« Sonnensystem. Dieser ist, als eine Art »erlöster Erlöser«[40], zugleich die »Manifestation« dieses »hochentwickelten Wesens«, das sich, wie im theosophischen Weltbild, über eine Reihe von Abstufungen, »Energien« oder »Meistern« der Evolution über die verschiedenen »Planeten-Logoi«, »Elementargeister« usw. bis hinab zur physischen Materie erstreckt. Nicht grundsätzlich anders als bei Lessing und ähnlich wie bei Kübler-Ross oder von Jankovich ist *»Offenbarung«* nach Spangler zunächst einmal ein *Prozeß der Erziehung* – nur daß dieser Prozeß die unvorstellbaren, »okkulten« Räume und Zeiten mit umfaßt, in die hinein der moderne theosophische Okkultismus das Weltbild der Aufklärer »erweiterte«, die aber auch schon in den kosmischen Spekulationen der alten Gnosis begegnen. Deshalb kann *»Offenbarung«* auch als *»Prozeß der Entfaltung neuer Energien«* oder als *Entwicklung* der Merkmale eines bestimmten Zeitalters bezeichnet werden.[41] Aber Spangler geht noch hinter die moderne Theosophie unmittelbar zur alten Gnosis zurück, und »Offenbarung« bzw. »Erziehung« sind bei ihm geradezu identisch mit dem gnostischen Erlösungsprogramm, so daß man seinen »Lernplan des Bewußtseins«[42] auf die Formel bringen kann:

»Erziehung« (Offenbarung) = Erlösung.

Das ganze Sonnensystem ist nach Spangler eine *»Schule«*, in der die weniger entwickelten Geistwesen von höheren, fortgeschritteneren mit Hilfe der von ihnen gelenkten Energieströme weitergebildet werden. Die oben erwähnten »Mysterienschulen«, »Therapien«, Bewußtseinstechniken und sonstigen »Lehrpläne« der »sanften Verschwörer« bilden aus dieser Perspektive einen winzigen Ausschnitt, sie sind kleine Rädchen in diesem gewaltigen Getriebe, und wenn die sich entwickelnden Geister schließlich einmal diesen unermeßlichen Bereich absolviert haben, werden sie auch über das Sonnensystem hinaus wirken. Denn »das ganze Sonnensystem... ist wie ein Schoß, in dem Keime des Bewußtseins wachsen und sich entfalten können zur vollen Blüte der uneingeschränkten... Schöpferkraft, die als Gott-Leben und *kosmisches Bewußtsein* der ganzen Schöpfung innewohnt. Dann gehen diese vollbewußten Wesen von strahlender, schöpferischer Göttlichkeit als ›Absolventen‹ des Sonnensystems hinaus in das unendliche Universum, um ihrerseits *Ausbilder zu werden* für die Lebensströme, die nach ihnen kommen, und Keime einer noch größeren Manifestation des Gott-Lebens.«[43]

Das Schicksal des Menschen in diesem kosmischen »Erziehungsprozeß« veranschaulicht Spangler hierbei unter Anspielung auf das berühmte gnostische *»Perlenlied«*. In diesem Lied aus den »Thomasakten«, einer apokryphen Apostelgeschichte aus dem 3. Jahrhundert nach Christus, das nach Günter Bornkamm »zu den schönsten Dokumenten der Gnosis gehört, die uns erhalten sind«, läuft »unverwirrt durch kosmische

Spekulationen der gnostische Erlösungsmythos ab«. In wenigen Stichworten enthält der Mythos Folgendes: die Aussendung des Königssohnes, des Himmlischen Gesandten; das Ausziehen des Lichtgewandes; den Auftrag, die Perle (= Urseele) zu holen; sodann den Auszug und das Fremdsein des Gesandten, seine Überlistung durch die bösen Mächte und das »Vergessen« seines Auftrags; dann die Aussendung des »Himmelsbriefes«, der als Adler herabfliegt und als »Ruf« die Erlösungsbotschaft bringt, den Schlafenden zur »Erkenntnis« seiner Herkunft und seines jetzigen Elends bringt und an sein Himmelsgewand erinnert; endlich die Überwindung der Mächte, den Raub der »Perle«, die Heimfahrt aus der Fremde, das Zusammentreffen mit dem Lichtgewand, in dem der Königssohn sein himmlisches Bild erkennt, das Einswerden mit dem Abbild und zum Schluß die Heimkehr aus der Fremde in den väterlichen Palast.

»Daß beide, Erlöser und Seele, *eines* Ursprungs, Schicksals und Wesens sind, gehört zu den Grundgedanken gnostischer Lehre.«[44] Es handelt sich also, wie in Spanglers »Pflanzstätte der Geister«, in direktem Sinn um die »*Selbst*-Erschaffung« und »*Selbst*-Erlösung« des sich erlösenden Erlösers!

So vergleicht auch Spangler die Menschheit mit einem »Taucher, der in die Tiefe hinabgestiegen ist auf der Suche nach einem Schatz... Aber durch die Schatzsuche war er zu tief nach unten geraten... Ebenso stellte sich der Mensch die Aufgabe, den Schatz der Erfahrung zu heben, und darüber vergaß er seine wahre Heimat auf den höheren Ebenen und stieg zu tief hinab in die Materie und dichte Stofflichkeit.« Denn »dies war der *Sündenfall* des Menschen, daß seine spirituellen Energien sich ursprünglich mit den Kräften der Materialisation verbündeten, um in den Bereich der *körperlichen Erfahrungen* eingehen zu können«. Der »kosmische Christus« aber, der »*Erzieher* des Sonnensystems und des ganzen Universums«, »ruft« (!) das sich entwickelnde Leben zu sich zurück, »indem er spirituelles Leben und Licht, Liebe und Wahrheit verströmt«[45].

Auch die Grundlage von *Elmar Grubers* »Einführung in das New Age« ist – ganz offen ausgesprochen – fundamental gnostisch, und die Grundeinstellung der Gnosis wird unmittelbar mit dem »New Age-Bewußtsein« identifiziert: Das »Grunderlebnis« der Gnosis ist nämlich, so Gruber, »jenem Bewußtseinserlebnis, das uns ein Neues Zeitalter ahnen und verkünden läßt, ähnlich«[46].

Bei der Darstellung seines Grundverständnisses des New Age-Bewußtseins stützt er sich, wie Spangler, ebenfalls auf das gnostische »Perlenlied« sowie auf ein Jesus zugeschriebenes Wort aus dem 1946 in der gnostischen (wahrscheinlich Sethianern gehörenden) Bibliothek von Nag Hamâdi (bei Luxor) aufgefundenen, in Esoteriker-Kreisen äußerst beliebten gnostischen »Thomasevangelium« (nicht zu verwechseln mit den »Thomasakten«!): *»Werde Wanderer«.* Dieses Wort ist geradezu das Grundthema seiner Darstellung des New Age: »Wir haben eine lange Reise getan, um die geistigen Grundlagen, die uns das New Age ahnen lassen, kennenzulernen. In ihr waren *wir selbst Wanderer,* und je mehr wir dieser Wanderschaft gewahr sind, desto *durchscheinender* werden Welt und Dasein für uns.«[47] Denn für Gruber, der sich hier eng an die »Tradition der Philosophia Perennis« bei Ken Wilber anschließt, ist das »Durchscheinen«, die »Transparenz« des Geistigen, Ewigen hinter allem Vergänglichen (»Maya«), hinter der »sinnlich-wahrnehmbaren Welt der Vielheit«, das Wesen des »neuen Bewußtseins«: »Wer in bewußter Aufmerksamkeit die Transparenz des Geistigen erwirkt..., ist ein Mensch der Neuen Zeit. *Darin liegt alles beschlossen, was mit dem Neuen Zeitalter gemeint ist*... Im Gehen kehren wir *heim in uns selber,* in das Selbst, das wir nie verlassen haben.«[48]

Diese »ewige Philosophie«, nach Gruber der »esoterische Kern von Hinduismus, Buddhismus, Taoismus, Sufismus und der christlichen Mystik«, ist nichts anderes als eine fundamental gnostische Sicht der Wirklichkeit und ein in New Age-Kreisen häufig verwendeter Name für die Gnosis: Die materielle, sinnlich wahrnehmbare Welt ist nur Schein, »Produkt ichhafter Bewußtseinsebenen«[49] oder »Projektion«, wie andere sagen – die »wahre« Wirklichkeit ist der Geist, das Alleinheits-Bewußtsein.

Josef Sudbrack hat den gnostischen Hintergrund Grubers auch an dessen Schamanismus-Interpretation aufgezeigt: »Ein Schöpfungsmythos von der *Ursünde des Bewußtwerdens* der Menschen, der Errichtung der Subjekt-Objekt-Schranke, wird – in alter gnostischer Manier aufgefrischt – von Gruber gelehrt«, während verschwiegen wird, daß ausgerechnet die Völker mit verbreiteten schamanistischen Praktiken »allen Geister- und Natur-Glauben im Glauben an den einen und einzigen Schöpfer-Gott gipfeln lassen«.[50]

Auch *M. Hesemann,* der Herausgeber des »Magazin 2000«, beruft sich wie Gruber und dessen Lehrmeister Ken Wilber auf die »ewige Weisheit« (philosophia perennis) als eine angeblich auch vom Christentum ursprünglich vertretene Lehre sowie auf das »Thomasevangelium« als »esoterisches Evangelium im wahrsten Sinn des Wortes«: »Wie ich schon andeutete, ist es kein Zufall, daß das Thomas-Evangelium zu Beginn des Wassermannzeitalters wiederentdeckt wurde«, schreibt er in einer umfangreichen Ausarbeitung über »esoterisches Christentum«. »Während es im Frühchristentum nur von Eingeweihten gelesen wurde und verstanden werden konnte, ist es jetzt an der Zeit, *das neue, esoterische Christentum* auf der Grundlage *dieser* heiligen Schrift aufzubauen.«[51] Diesem »esoterischen Evangelium« aber entnimmt er nicht nur die New Age-Botschaft vom Himmelreich in der eigenen Seele, sondern auch von der Identifikation jedes Menschen mit Christus selbst, wie sie auch bei D. Spangler begegnet[52]: »Die Kernaussage der esoterischen Lehre, wie wir sie aus dem Thomas-Evangelium kennen, ist die: Das Königreich Gottes ist *in uns,* Gotterkenntnis läßt sich durch Selbsterkenntnis erlangen, und jeder kann auf diesem Pfad zum Christus, zum ›Sohn des lebendigen Vaters‹ oder ›wie ich (Christus) werden‹.«

Wie sehr gerade New Age und Esoterik den christlichen Glauben zur Besinnung auf seine elementarsten Grundlagen herausfordern, vor allem auf das *Schriftprinzip,* zeigt nicht nur diese, sondern auch die folgende Bemerkung Hesemanns: »Wenn ich auch überzeugt bin, daß Jesus, der Christus, eine historische Persönlichkeit war, so plädiere ich doch dafür, *sein Leben als eine Allegorese,* als Ausdruck seines *Weges* zu betrachten. Und tatsächlich ist es die Botschaft seines Lebens, die uns ›erlösen‹ kann, und nicht – wie von der Kirche gelehrt – sein ›Tod‹ am Kreuz, der in dieser Form nie stattgefunden hat.«[53]

Daß mit der Infragestellung des Schriftprinzips – nicht nur bei Neugnostikern wie Hesemann, sondern auch bei Vertretern eines »New Age-Christentums« (s. u. Kap. IX/4) – aber schlechthin der Lebensnerv der Kirche getroffen wird, könnte auch ein Blick in die Geschichte zeigen: Nur mit Hilfe des Kanons konnte die Kirche der Gefahr der Verflüchtigung des Glaubens an die in der Geschichte menschgewordene Person des Gottessohnes Jesus Christus in mythische und kosmische Spekulationen durch die gnostische Irrlehre begegnen.

Es sei in diesem Zusammenhang aber auch die bei Esoterikern und New Age-Anhängern wie Hesemann so verbreitete Neigung vermerkt, sich über eindeutige Daten der seriösen wissenschaftlichen Forschung einfach hinwegzusetzen, mit den Quellen wahllos und willkürlich umzu-

springen und sich statt dessen lieber auf tendenziöse Behauptungen von Sektierern zu stützen – so zum Beispiel hinsichtlich der Behauptung, Jesus sei nicht am Kreuz gestorben, sondern nach überlebter Kreuzigung als »Yus Asaf« durch Indien gereist – Behauptungen, wie sie zum Beispiel von einer dubiosen »Untersuchungskommission J« mit fragwürdigen Hypothesen verbreitet werden. Ein wirkliches Ernstnehmen der kirchlichen Tradition – was ja die Mindestvoraussetzung für einen echten Dialog wäre – darf man angesichts solch bedenkenloser Entgleisungen hier leider nicht voraussetzen.
Ein in dieser Hinsicht bezeichnender Vorgang ereignete sich auch während einer Tagung der Münchner Katholischen Akademie: Als *Josef Sudbrack* auf den willkürlichen Umgang der heutigen Esoteriker mit der christlichen Mystik hinwies, erwiderte *Capra*, gerade Hildegard von Bingen habe in den USA derzeit Hochkonjunktur, ihre Kompositionen würden aufgeführt, ihre Natur- und Heilkunde studiert und ihre Malerei verbreitet. Daraufhin stellte Sudbrack fest, daß es – zu seinem Bedauern – überhaupt keine englische Übersetzung Hildegards gibt! Offenbar braucht man in Amerika nicht einmal einen Text, um eine Person zu vermarkten![54]

2. Was ist Gnosis?

In diesen aktuellen Beispielen sind bereits wesentliche Grundmotive gnostischen Weltgefühls genannt. Die Gnosis-Forscher sind sich heute über die Grundeinstellung der Gnosis ziemlich einig. Für die Auseinandersetzung mit dem New Age-Bewußtsein besonders ergiebig ist das auf Einladung der Werner-Reimers-Stiftung durchgeführte Bad Homburger Gnosis-Colloquium von 1982 mit Beiträgen namhafter Forscher wie Odo Marquard, Barbara Aland, Dieter Georgi, Petr Pokorný oder Hans Heinz Holz. Sie liegen vor im 2. Band (»Gnosis und Politik«) des von *Jacob Taubes* (1923–1987) herausgegebenen Sammelwerks »Religionstheorie und Politische Theologie«. Unter den älteren Beiträgen ist im Blick auf New Age vor allem die Darstellung des Gnostizismus im ersten Band der Dogmengeschichte von *Reinhold Seeberg* (S. 267ff.; 356ff.) sehr hilfreich. – So läßt sich die Grundeinstellung und das Wesen der Gnosis nach dem Neutestamentler Professor *Petr Pokorný* von der Prager Comenius-Fakultät in zwei Punkten zusammenfassen:

1. *Vergöttlichung des Menschen durch »Erkenntnis« (gnosis).* Die klassische Stelle aus dem hermetischen Traktat »Poimandres« lautet: »Das ist das gute Ende derer, die Erkenntnis erhalten haben: vergöttlicht zu werden.«[55]

2. *»Erkenntnis« (gnosis) der »wahren« Lage des Menschen ist bereits die Rettung, das Heil, die Erlösung selbst.* Die klassische Stelle aus dem »Evangelium veritatis« lautet: »Wer die wahre Erkenntnis gewinnt, der empfängt Ruhe.«[56]

Die »wahre« Erkenntnis, das Eigentümliche der »Gnosis« aber ist – so der Religionswissenschaftler und Franziskanerpater R. Bergeron – *»die Erkenntnis des in der Welt der Erscheinungen gefangenen transzendentalen und göttlichen Ichs«*[57].

Während sich die Gnosis-Forschung bisher, abgesehen von Ausnahmen wie Hans Jonas und anderen, vor allem mit dem mythologischen und weltanschaulichen System der Gnostiker befaßt hat, ist im Blick auf die Esoterik gerade das *gnostische Lebensgefühl* interessant und aufschlußreich. In diesem Sinn hat *Norbert Brox,* Professor für Alte Kirchengeschichte und Patrologie in Regensburg, die Gnosis als eine eigenständige *»esoterische Religion«* aus den ersten Jahrhunderten der christlichen Zeitrechnung definiert, die den Menschen als Ausweg aus der Trostlosigkeit ihres Lebens einen *»Weg in die Innerlichkeit«* aufzeigte.[58] Als »eigenständige Erlösungsreligion« war sie vor allem durch eine ganz unbiblische Beschreibung von Unheil und Rettung des Menschen gekennzeichnet.

Das *Lebensgefühl des Gnostikers,* das hinter einer verwirrenden und ausufernden Fülle mythologischer Bilder und Spekulationen nicht sogleich erkennbar ist, wird grundsätzlich von der Einstellung bestimmt: *Der Mensch gehört nicht hierher,* er ist nicht zu Hause auf dieser von Unglück und Irrtum befallenen Erde. Dem liegt eine beträchtliche »Frustrationserfahrung« zugrunde, die zu einer Art »sanfter Verweigerung« führte, einer Art »Zeitgeist der Weltablehnung«.

Das »Durchschauen« seiner Lage, eben die »Gnosis«, aber ist bereits die Rettung, der Anfang der Erlösung: »Ich kenne mich und weiß, wo ich bin.« – »Wer Gnosis hat, weiß, von woher er gekommen ist und wohin er geht.« – »Was befreit, ist die Gnosis: wer wir waren, was wir wurden, wohin wir eilen, wovon wir erlöst werden.« Wer dies von sich sagen kann, weiß sich erlöst.

Vieles klingt »christlich«, und schon damals mögen viele Menschen gefragt haben: Was hat die Kirche eigentlich dagegen einzuwenden? Wird hier nicht ein christlicher Weg der Rettung der Menschheit gezeigt? Und schon das Neue Testament (von der späteren Kirchengeschichte ganz zu schweigen) belegt, daß es von Anfang an in den Gemeinden Menschen gegeben hat, die so dachten. Hier soll aber zunächst noch ganz allgemein auf frappierende Parallelen zu heutigen »Reisen in die Innenwelt« hingewiesen werden, bevor die Frage der Christlichkeit solcher Wege behandelt werden kann. Denn warum unternimmt der Mensch solche »inneren Reisen« und wendet sich vornehmlich seiner seelischen Innenwelt zu, ja, beginnt geradezu, wie H. Jonas im Blick auf das weltgeschichtliche Hervortreten der Gnosis gesagt hat, *sein Selbst zu entdecken?*

Das Hauptmotiv wurde bereits genannt: Weil er sich fremd fühlt, und weil er auf dieser Reise Aufschluß über Sinn und Ziel, Herkunft und Zukunft seines Lebens zu erfahren hofft, weil er also glaubt, durch *»Selbst-Erkenntnis«* im konkreten Sinn der Erkenntnis der *»Lage«* seines Selbst in dieser Welt sich selbst zu verstehen, was bereits das Heil wäre: »Der *inwendige Mensch* wird erlöst. Er hat sein Ich und Selbst in sich, wußte das aber nicht, weil er es vergessen hatte. Er findet es durch Gnosis neu und wird dadurch... heil«, stellt N. Brox fest und zitiert dazu eine gnostische Stimme: »Unterlasse es, nach Gott zu suchen und nach der Schöpfung und dergleichen. Suche dich selbst von dir aus und lerne, wer der ist, der einfach alles in dir sich zu eigen macht und sagt: mein Gott, mein Nous, mein Denken, meine Seele, mein Körper, und lerne, woher das Betrübtsein und das Sich-Freuen, das Lieben und das Hassen kommen... Und wenn du das sorgfältig überlegst, wirst du dich selbst in dir finden.« Oder: »Erforsche dich und erkenne, wer du bist und wie du warst oder wie du werden wirst... Du hast schon erkannt, und man wird dich den ›Sich-selbst-Erkenner‹ nennen... Wer sich aber *selbst* erkannt hat, hat schon Erkenntnis über die *Tiefe des Alls* erlangt.«[59]

Diese Sätze könnten heute formuliert worden sein, sie stammen aber aus dem 2. und 3. Jahrhundert! Sinn und Ziel des Lebens ist *der Weg selbst*, die *Selbsterkenntnis*, hört man unentwegt die neuen Gnostiker des New Age sagen[60], und zwar »Selbsterkenntnis« durchaus nicht im sokratischen, sondern im gnostischen Sinn (s. u. S. 145; 219 ff.).

Die Gnosis ist im Grunde Ausdruck einer Aufsässigkeit gegen die Realitäten dieser Welt in Natur und Gesellschaft, aber eben eine *»sanfte*

Verschwörung«, die sich *allein in der Innenwelt*, im Bewußtsein abspielt. Sie verweigert sich dieser Welt und erinnert damit auch an die großen Religionen des Ostens. Und sie verlegt den »neuen Menschen« in eine *»transzendentale Geographie«* eines künftigen, höheren Seinszustands der ganzen Menschheit, eines »kosmischen Bewußtseins« der Vereinigung mit den Tiefen des Alls als der Vollendung der Erlösung.

In verblüffend ähnlicher Gestalt erlebt die Gnosis im New Age-Bewußtsein heute eine Renaissance. Und dies ist psychologisch völlig verständlich nach der Frustration vieler nicht eingelöster oder auch übertriebener Hoffnungen der gesellschaftlichen Aufbruchsbewegungen der 60er Jahre, aber auch angesichts der als Zeichen einer »Endzeit« gedeuteten ökologischen Bedrohungen für ein Überleben der Menschheit.

N. Brox zieht von daher unter anderem folgende Verbindungslinien von alten gnostischen Heilsangeboten zu heutiger Esoterik:

1. »Der einzelne entdeckt, daß er mit einer transzendenten geistigen Substanz als deren Teilchen (oder Lichtfunke) identisch ist; daß er durch neues, in ihm erwecktes Wissen und Bewußtsein in der Lage ist, verschüttete Identität durch ›Wiedergeburt‹ ... wiederzufinden in einer All-Einheit.«
2. »Ob einer ein Gnostiker, Esoteriker, Erleuchteter ist, entscheidet sich schlicht daran, ob er das Wissen hat oder nicht ... Wer es vernimmt und begreift, stellt keine kritischen Fragen mehr.«
3. Wie der Gnostiker den »Seelenaufstieg« in eine pneumatische Welt vollzieht, »so wird heute vom *Übergang aus dem mechanistischen ins spirituelle Weltbild* gesprochen, um die neu gewonnene Übereinstimmung mit sich selbst auszudrücken«.
4. »Als weitere Parallele muß man sich den *unpolitischen* Charakter solcher Entwürfe klarmachen: Diese Arten von *verheißener Selbstverwirklichung*, die den Menschen an einem *kosmischen Bewußtsein* orientieren und partizipieren lassen, geben unter den Bedingungen der realen, sozialen, politischen Welt nur die Orientierung: sie zu ignorieren ... *Sie stellen das Bewußtsein auf den Kopf* und sagen (wieder eine gnostische Formel aus dem 2./3. Jahrhundert): ›Denk nur nicht, daß die Auferstehung eine Illusion sei. Sie ist keine Illusion, sondern sie ist Wahrheit. Dagegen ist es angemessen zu sagen, daß *die Welt eine Illusion sei.*‹ Die Welt ist keine wahr- und ernstzunehmende Realität.«[61]

Wenn heute von gnostisch-esoterischer Seite immer wieder auf den angeblichen »Dogmatismus« der Kirchen hingewiesen wird, so sollte auch dies als aktuell bedeutsame Lehre aus der Untersuchung der Frage »Was ist Gnosis?« gezogen werden: Es waren ausgerechnet die dogmatischen, mythologisch-weltanschaulichen Systeme der Gnostiker, die »mit ihrer Provokation *einer der hauptsächlichen Gründe* dafür waren, daß sich das Christentum schon früh derart stark auf die *Doktrin* fixiert hat (statt wie am Ursprung auf *Praxis* und *Zeugnis*)«![62] Mit Rücksicht auf die damals entstandenen doktrinellen Zusammenfassungen des Glaubens entstand und entsteht noch heute der Eindruck, der kirchlichen Apologetik gehe es primär um Doktrinen, während die »gesunde Lehre« in Wirklichkeit immer in einem ausgewogenen Verhältnis zu einer »gesunden Glaubenspraxis« steht. Denn der religiöse Gegensatz zur Gnosis besteht ja nicht einfach in dogmatisch unterschiedlich stilisierten *Lehr*aussagen, sondern in diesen zugrunde liegenden unterschiedlichen Formen der *Glaubenspraxis*, des *Zeugnisses*, der *Diakonie* und der *Glaubenserfahrung*. Erst *auf dieser Basis* hat es überhaupt Sinn, der gnostischen Weltanschauung gegenüber zu bezeugen und ihr entgegenzusetzen etwa: den Glauben, daß die Welt als Schöpfung Gott nicht fremd ist, vor allem aber den Glauben, daß Gott sich in Jesus Christus mit dieser Welt so *verbunden* hat, daß sie gar nicht mehr voneinander getrennt werden können – eine für »gnostisches Lebensgefühl« überhaupt nicht nachvollziehbare und von der Gnosis von Anfang an bestrittene Tatsache, die freilich vom Christentum oft selbst so sehr vergessen wurde, daß heute der paradoxe Zustand eingetreten ist, daß ausgerechnet von gnostischer Seite immer wieder der Vorwurf laut wird, das Christentum habe mit seinem Schöpfungsglauben eine abstrakte Trennung von Gott und Welt eingeführt und sei daher im wesentlichen schuld an der Umweltkrise und am Verlust der »Ganzheitlichkeit«. In Wirklichkeit gibt es keine andere Religion, abgesehen vom Judentum, in der das Kreatürliche und Leibliche in solchem Maße bejaht und geheiligt wird, wie im christlichen Schöpfungs- und Erlösungsglauben. An anderer Stelle wird noch darauf einzugehen sein, wie das heute gegenüber gnostischer Bestreitung in Verkündigung, Apologetik und Praxis des Christentums wieder deutlicher werden könnte (s. u. Kap. X). Hier soll vorerst nur festgehalten werden, was man einmal im Blick auf die verbreitete Zustimmung zu der die Grenzen zwischen christlichem Glauben und neuer Gnosis verwischenden Schrift des Einzelgängers

Eberhard Kohler: »Einsichten eines Geliebten« (Steinweiden ^{2}1981) zu Recht hervorgehoben hat: »Die dringend notwendige Auseinandersetzung der Theologie mit dem neugnostischen Gedankengut kann die Überzeugungskraft des *praktischen Lebensvollzugs* gar nicht hoch genug in Anschlag bringen, wenn sie bedenkt, daß es gerade dieser Punkt ist, der... immer mehr Christen aus der Kirche zu neugnostischen Weltanschauungen abwandern läßt.«[62]

Demgegenüber ist für die Doktrin der Gnosis wesentlich vor allem die Annahme einer *innewohnenden Göttlichkeit*, auf deren Basis sich der Mensch selbst erschafft bzw. erlöst: die Voraussetzung eines »göttlich-geistigen Lichtfunkens« oder »göttlichen Wesenskerns«.

Die neugnostische Weltanschauung der New Age-Vertreter besteht nun vielfach darin, daß diese Grundannahme lediglich durch andere Begriffe ausgedrückt wird, und zwar meist durch Begriffe, die der jeweils modernen Wissenschaft entnommen sind – in der Neuzeit demgemäß vor allem das Zauberwort *»Energie«*. So wird der »göttlich-geistige Lichtfunke« einfach durch Begriffe wie »geistige Energie« oder »kosmische Energie« ersetzt, und da zwischen Geist und Materie keine Dualität, sondern nur Abstufungen bestehen, kann man statt von »Energie« auch einfach von »kosmischem Bewußtsein«, »höherem Bewußtsein« oder »höherem Selbst« sprechen. Dies ist aber ein altes Verfahren, wie es in Okkultismus, Spiritismus und Esoterik schon immer begegnet.

Vor allem aber bestehen darin nicht nur enge Beziehungen zwischen New Age, Gnosis und westlicher Esoterik, sondern diese Weltsicht hat auch unmittelbare Beziehungen zur Weltanschauung östlicher Religionen. In der Tat hat einer der besten Kenner des Buddhismus, *Edward Conze*, nicht weniger als acht Übereinstimmungen zwischen Gnosis und Mahāyāna-Buddhismus festgestellt, darunter die Anschauungen, daß »Erlösung« allein durch *»Gnosis« bzw. »jñāna«* erfolgt, daß es verschiedene *Stufen oder »Klassen«* spiritueller Entwicklung gibt, die Indifferenz gegenüber der *Geschichte*, die Unterscheidung eines *Demiurgen vom wahren Gott*, der *esoterische* Charakter ihrer Schriften sowie eine *monistische* Metaphysik der Wiedervereinigung mit dem Einen.[64]

In der früher vom »Dialogue Center« in Aarhus herausgegebenen Zeitschrift »New Religious Movements Update« wurde dieser innere Zusammenhang der Gnosis mit östlichen religiösen Traditionen einerseits und Okkultismus und Esoterik andererseits daher mit Recht so verstanden, daß die Bezeichnungen »gnostisch« (gnostic) und »neugno-

stisch« (neognostic) überhaupt zur Beschreibung eines Gedankensystems verwendet werden können, das »als *kleinster gemeinsamer Nenner* von Hinduismus, Buddhismus, Okkultismus und anderen esoterischen Traditionen dient«[65]. Die Gnosis ist nicht so sehr ein intellektuelles, als vielmehr »ein intuitives und existentielles Begreifen der tieferen Wahrheiten der Gottheit und der Kosmischen Ordnung«, durch das die Einheit mit dem göttlichen Kosmos in der Erfahrung, das »kosmische Bewußtsein«, erlangt wird. Der einzige echte Gegner dieses Denkens sei das jüdisch-christliche Denken. Die hellenistische Gnosis in frühchristlicher Zeit erscheint in dieser Perspektive als der erste Versuch eines Synkretismus dieser Elemente mit dem jüdisch-christlichen Denken, dem bis zum heutigen Tage immer neue derartige Versuche gefolgt sind und der in dem gegenwärtigen religiösen Pluralismus einen neuen Aufschwung erlebt. Die Gnosis habe heute mit neuer Kraft die Hauptströmung unseres westlichen Lebens erreicht.
Eine etwas andere Sicht von »Gnosis« vertritt der Religionswissenschaftler Professor *Carl-A. Keller* aus Lausanne. Danach bestehen zwischen Gnosis und einigen buddhistischen religiösen Vorstellungen zwar auch gewisse Übereinstimmungen. Aber »Gnosis« ist nicht eine selbständige »Religion«, sondern gewissermaßen so etwas wie der Versuch eines »neuen Bewußtseins« im Kontext bestimmter Religionen wie Christentum und Buddhismus. So seien etwa die hinter den Texten von Nag Hamâdi stehenden Kreise »Christen«, die lediglich versucht hätten, »den Weg der *radikalen christlichen Innerlichkeit* bis zu Ende zu gehen«[66]. Dieses Verständnis von »Gnosis« scheint zwar einen Dialog mit dem New Age-Bewußtsein viel leichter zu ermöglichen, andererseits fragt es sich aber – ganz gleich, ob Gnosis »Religion« oder »neues Bewußtsein« ist –, ob es nicht bereits Ausdruck einer falschen Trennung von Glauben und Leben, Rechtfertigung und Heiligung und damit eines Mißverständnisses des christlichen Glaubens selbst ist, wenn man daneben oder darüber hinaus auch noch eine »christliche Gnosis«, ein »neues Bewußtsein« oder dergleichen fordert; das heißt, es fragt sich, ob solche Forderungen nicht damit zusammenhängen, daß man mit der eigenen Taufe nichts mehr anfangen kann und einem die Esoterik »ein schlechtes Gewissen ob der ausbleibenden Umkehr erspart«[67].
Bevor auf diese Frage im Rahmen des Problems von Glaube und Erfahrung eingegangen wird (s. u. Kap. X), soll zunächst noch die gnostische Praxis selbst genauer ins Auge gefaßt werden.

Kapitel VII

Initiation – der Weg nach innen

Den weltanschaulichen Hintergrund des New Age-Bewußtseins bilden Gnosis und Esoterik. Die Gnosis aber ist nicht nur eine Weltanschauung, sondern vor allem auch eine *Praxis:* ein Selbst-Erlösungsweg durch Erkenntnis der »wahren Lage« des Selbst in der Welt und der »Heimkehr aus der Fremde« zum wahren Selbst (= Gott) mit Hilfe bewußtseinserweiternder Mittel und Praktiken.

Es gibt *drei Formen* okkulter Praxis: *Erkenntnis – Initiation – Magie,* auf griechisch: Gnosis – Mysterion – Mageia. Seit jeher bedient sich die Gnosis initiatischer und magischer Mittel und Methoden. Diese tauchen in modernen Psychotechniken und Therapien (eine davon nennt sich sogar ausdrücklich »Initiatische Therapie«) wieder auf, wie sich noch näher zeigen wird, oft unter veränderten, modernen Bezeichnungen, manchmal aber auch unmittelbar mit den alten Bezeichnungen – ebenso wie der gnostische Selbsterlösungsweg überhaupt. Wer heute die »Reise nach innen« antritt, in der Hoffnung, nach der Krise und dem häufigen Scheitern äußerst mühevoller äußerer Reformen eine »Veränderung von innen« zu beginnen, muß wissen, auf welches Konzept er sich damit unter Umständen einläßt.

1. Therapie als Einweihung

Die Bereitschaft, sich esoterischen und okkulten Innenwegen auszusetzen, die »Reise nach innen« anzutreten, ist im Wachsen, wie nicht zuletzt die Verbreitung des New Age-Bewußtseins zeigt. Den Einstieg in diese »Reise nach innen« bezeichnet man auch als *Initiation.* Dies ist eigentlich ein Begriff aus der Völkerkunde und bedeutet soviel wie »Einweihung«. Bekannt wurde er vor allem durch den Religionswissenschaftler und Ethnologen *Mircea Eliade* (1907–1986). Bereits Eliade selbst verwendet ihn aber nicht nur im Blick auf fremde Naturvölker,

sondern auch im Blick auf bestimmte aktuelle Entwicklungen im Zusammenhang mit dem »neuen Bewußtsein«:
In seinem Buch »Das Okkulte und die moderne Welt« bezeichnet Eliade als die Hauptursache der heutigen »okkulten Explosion« das Bedürfnis des einzelnen nach *»persönlicher Initiation«*. Damit meint er: Ursache des Esoterik-Booms ist die Entdeckung seelischer Defizite, die der einer materialistischen Kultur Überdrüssige auszugleichen versucht. Der vom Materialismus unbefriedigte oder enttäuschte Mensch sucht verstärkt nach einem *Innenweg* der »Einweihung« oder der »Initiation« in ein Wissen oder eine Bewußtseinsform, die ihn aus dem Chaos und der Sinnlosigkeit des modernen Lebens herausführen kann. Da das Christentum, so Eliade, diesen Weg der geheimen Initiation verdrängt habe und das christliche Mysterium öffentlich oder exoterisch sei, fänden heute verstärkt spirituelle oder religiöse Anschauungen und Praktiken Beachtung, wie sie für andere Kulturen noch im Mittelpunkt standen, weil mit ihrer Hilfe Heilung und Erlösung für die Seele erlangt wurden.[68] Man hat dies einmal treffend als die vier großen »M« bezeichnet: Mystik, Magie, Mythos, Märchen, die eine besondere initiatische Bedeutung für die »Reise nach innen« haben.
Solche Wege mehr oder weniger geheimer Initiationen, die einen geistigen *Verwandlungsprozeß* einleiten, standen besonders in der antiken Gnosis und in den Mysterienkulten noch im Zentrum des religiösen Lebens. Bei der Gnosis handelt es sich, wie bereits gesehen, nach *Hans Jonas* um eine geistesgeschichtlich hoch bedeutsame Erscheinung, nämlich um die »Entdeckung des *Selbst«* des Menschen, seines »Geworfenseins« in diese Welt, die ihm als ein Gefängnis erscheint. Dem setzt der Gnostiker die *innere* Erfahrung der Göttlichkeit seiner Seele entgegen, deren Befreiung aus dem Gefängnis dieser Welt durch einen seelischen *Einweihungs- und Verwandlungsprozeß* erfolgt. Von allen gnostischen Mythen wird immer wieder hervorgehoben, »daß der Mensch... sich der Göttlichkeit seines Selbst bewußt wird« und daß mit dieser Erkenntnis (Gnosis) die »Erlösung« beginnt, der Weg, der den einzelnen von dem Chaos und der Sinnlosigkeit des Lebens distanziert und ihn aus dieser Welt herausführt.[69] Die antike Gnosis ist damit der Vorläufer zahlreicher moderner therapeutischer und esoterischer »Selbsterfahrungs-« und »Einweihungswege«, die man auch als »Neognosis« charakterisiert hat, und sie hat wesentliche Einsichten der modernen Tiefenpsychologie antizipiert.[70]

Erlösung durch Selbsterfahrung aber wurde damals erlebt in der *Mysterien-Einweihung*, deren zentraler Inhalt das *Todeserlebnis* und die *Wiedergeburt* waren. Immer wurde in den Mysterien auf verschiedene Art das Todeserlebnis dargestellt. Tod – Grablegung – Auferstehung – Verkehr mit den göttlichen Wesenheiten – das sind die wesentlichen Phasen dieser geheimen Initiation. Die Praktik einer solchen »Einweihung« kann man am phrygischen Mysterium des *Tauroboliums* studieren:

»Der sich der Kulthandlung unterziehende Myste steigt in ein ausgehobenes Grab. Über ihm wird ein Stier oder Widder geschlachtet, dessen Blut durch eine Reihe von Röhren in das Grab geleitet wird und ihn überrieselt. Der Myste füllt mit diesem Blute seine Sinnesorgane Mund, Augen, Nase und Ohren. Durch diesen heidnischen Taufakt vollzieht sich die Wiedergeburt des Toten zu einem Lebendigen, dem nun alle Sinne für den Gottesgeist geöffnet sind.«[71] Die symbolische Deutung ist diese: »Der Stier verströmt sein Blut, seinen Samen, sein Leben in die Erde, die Grube, das Grab, die Mutter. Dort wird der Neuzugebärende davon berührt, überschwemmt und ersteht aus dem Schoß der Erde, vom männlichen und weiblichen Prinzip gemeinsam neu erzeugt.«[72]

Dieser mysterienreligiöse Weg war jahrhundertelang, abgesehen von einigen »Geheimgesellschaften« und Esoterikern, vergessen und in der abendländischen Kultur höchstens Angelegenheit einiger Außenseiter – man denke etwa an den Initiationskult des Mysterienbundes der Freimaurer[73] – oder überlebte, in säkularisierter Gestalt, in Literatur oder Musik. Jedem Opernfan ist zum Beispiel die Einweihungsszene in die Isis-Mysterien aus Mozarts »Zauberflöte« bekannt. Auch das weltliche Drama der Griechen sollte durch das Miterleben der dargestellten Leidenschaften und Triebe beim Zuschauer einen seelischen *Läuterungs- und Verwandlungsprozeß* bewirken.[74] Die großen Initiationsromane der Weltliteratur verfolgten ähnliche Ziele. Opern wie die »Zauberflöte« oder Dramen wie Goethes »Faust« werden im Wissen um diese Zusammenhänge daher von anthroposophischen Ensembles auch heute noch als »Einweihungswege« zur »Selbsterkenntnis« des Menschen inszeniert, und Rudolf Steiner hat selbst eigene »Mysteriendramen« verfaßt, zu deren Aufführung das »Goetheanum« als Zentrum der anthroposophischen Bewegung errichtet wurde. In der herrschenden Religion und Weltanschauung in Europa spielten diese Dinge jedoch keine wesentliche Rolle.

Wenn man in der modernen Literatur der letzten zwanzig Jahre von einem »Durchbruch der literarischen Initiationstheorie« sprechen kann[75], der sich etwa in der Verwendung des Schemas der Initiation als Modell menschlichen Reifens des Romanhelden oder in verschlüsselter Symbolik (heftiger Regenschauer ersetzt den Taufritus) äußert, so ist dies offensichtlich ein Reflex der von M. Eliade ausgehenden »Initiationsforschung«, vor allem aber von Einflüssen der Tiefenpsychologie, denn: *»Der einzige noch lebendige und praktisch verwendete ›Initiationsprozeß‹ in der abendländischen Kultursphäre ist die von Ärzten verwendete ›Analyse des Unbewußten‹«*, wie C. G. Jung in seinem Kommentar zum »Tibetanischen Totenbuch« feststellte.[76]
Dieser Feststellung kommt nun allerdings eine ganz zentrale Bedeutung zu, wenn man den heutigen, in weiten Kreisen festzustellenden Trend zur Esoterik und zum Okkulten, insbesondere auch zu deren Praktiken, verstehen möchte. Denn die moderne Psychologie hat selbst nicht nur zahlreiche psychotherapeutische »Selbsterfahrungs-« und Heilungswege hervorgebracht, die an die entsprechenden seelischen Verwandlungsprozesse und Entwicklungsphasen, wie sie die Initianden in den Mysterienkulten erlebten, nicht nur erinnern, sondern zum Teil bewußt an sie anknüpfen. Sie hat zweifellos den heutigen Trend und die Wiederbelebung des Interesses an der Esoterik und deren Praktiken vorbereitet. Und man kann der These von Josef Sudbrack zustimmen, daß die maßgeblichen Grundlagen für die Entstehung des »New Age-Bewußtseins« in der modernen Psychologie zu entdecken sind, daß sie neben dem ökologischen Ansatz für den heutigen Menschen zumindest den plausibelsten Zugang zu dieser »neuen Religiosität« biete.[77]
Die *Stadien* des Initiationsprozesses esoterisch-gnostischer Mysterien sind ja mit *seelisch-geistigen Entwicklungsphasen* des Menschen identisch, und umgekehrt sind diese Entwicklungsphasen auch Stadien eines psychischen *Reifungsprozesses:* der Erfahrung von Befreiung durch eine zunehmende Entfaltung und Verwirklichung des »Selbst« des Menschen. Das Charakteristische für die gegenwärtige Situation ist aber nun, daß diese beiden Typen eines stärker *psychotherapeutisch* und eines stärker *okkult* geprägten Weges vielfach ineinander übergehen und gar nicht immer auseinanderzuhalten sind. Roszak zeigt diesen Prozeß in seinem Buch »Das unvollendete Tier« an Hand von drei Portraits von Mme. Blavatsky, Rudolf Steiner und Gurdjieff, der die »Human-Potential-Bewegung« stark beeinflußte, auf. Diese Entwick-

lung »von der exotischen Theorie (sc. der Esoterik) zur therapeutischen Praxis« erfährt gegenwärtig eine Umkehrung zurück zu den »exotischen«, okkulten und esoterischen Traditionen, nachdem sich die Gnosis, wie Roszak schreibt, der westlichen Welt zunächst *»als Therapie«* zu erkennen gegeben hatte.[78]

Das New Age-»Magazin 2000« meinte Ende 1986, nachdem nunmehr das Ziel der New Age-Bewegung – die Vermittlung eines »holistischen Weltbilds« – bekannt sei, gehe es von nun an vorrangig um die praktische Verwirklichung der »Transformation« des Menschen, also darum, »das Individuum wie ganze Gruppen zu Trägern des Geistes zu machen, der das Neue Zeitalter bestimmt. So ist es ganz folgerichtig, wenn der Prozentsatz der esoterischen Literatur eher wächst, während sich reine ›New Age‹-Erscheinungen auf ein Minimum von Titeln beschränkt haben. Was wir jetzt brauchen, sind *›Mysterienschulen‹*, und dahin geht der Trend. Es ist schon bezeichnend, daß der Begriff Mysterienschule erst nach Tschernobyl so richtig in Umlauf kam. Sinn und Ziel einer Mysterienschule ist die Erforschung und Erfahrung von Geburt und Tod, den Toren zwischen Diesseits und Jenseits. Der Eingeweihte ist über die Schwellen des gewöhnlichen Daseins gegangen und wieder zurückgekehrt. Geistige Grundlage der Mysterienschulen ist die ›philosophia perennis‹, die ›Ewige Weisheit‹, die Lehre vom ewigen Kreislauf, der Einheit allen Seins und der Allgegenwart des Geistes. Diese ›Ewige Weisheit‹ haben die Veden und Upanishaden, haben Buddha und Pythagoras, Zoroaster und Jesus, die jüdischen Essener und die ägyptischen Hierophanten gelehrt. Sie ist geheimes Wissen aller Mysterienbünde bis hin zu den Bestrebungen der Theosophen und anderer Gruppierungen, die zu den Vorläufern der ›New Age‹-Bewegung zu rechnen sind.«

Einige »moderne Mysterienschulen«, an denen solche gnostischen Mysterien eine Renaissance erleben, wurden oben vorgestellt. Bereits das Mekka der New Age-Bewegung, das *Esalen*-Institut in Kalifornien, das auf einem alten Kultplatz der Indianer liegt und seinen Namen von einem in der Nähe ansässigen Indianerstamm hat, verband seine Therapien mit ausgesprochen okkulten Vorstellungen. Zahllose »kleine Esalens« folgen ihm darin. Man braucht dazu nur einmal den Annonceteil von Zeitschriften wie *»Psychologie heute«* oder *»Esotera«* aufzuschlagen, um zu erkennen, daß es sich bei der Gnosis, wie eine akademische Betrachtungsweise manchmal übersehen läßt, ja nicht nur um theoretische »Weltanschauungssysteme« handelt, sondern in erster Linie um – mit dem kirchlichen Christentum vielfach konkurrierende – *praktizierte Heilswege*, die den Menschen Erlösung oder Befreiung versprechen, wenn sie diese Einweihungswege in verborgene Geheimnisse beschreiten. Und es wird hierbei ebenfalls oft übersehen, wie sehr schon die spätantike Gnosis mit okkulten Vorstellungen durchsetzt war.

Lutz Müller hat in der Zeitschrift »Psychologie heute« eine ganze Reihe von *»magischen Techniken«* aufgezählt, die von modernen Psychotherapeuten entwickelt wurden, seitdem durch C. G. Jung der »Anschluß an die alte magische Tradition des Abendlandes wieder hergestellt worden war«: das »autogene Training« von J. H. Schultz als »selbsthypnotisches Entspannungsverfahren« und »formelhafte Selbstprogrammierung«; das »Psychodrama« von Moreno; die »Gestalttherapie« von Fritz Perls; das »Willenstraining« von Roberto Assagioli.[79] Viele Vertreter der »Humanistischen Psychologie« arbeiten mit Meditations- und Ekstasetechniken zur Entfaltung des »menschlichen Potentials« – daher auch »Human-Potential-Bewegung« genannt. Die Bioenergetik beruht, wie Reichs Orgontherapie, im Grunde auf magischen Vorstellungen vom Strömen einer kosmischen »Urenergie«, wie sie dem magischen Weltbild zugrundeliegt.

Auch die Vorliebe für die *Reinkarnationsvorstellung* ist ein Ausdruck dieser Tendenzen. Beschränkt sich die Psychologie bei ihrer Betrachtung des seelischen Reifungsprozesses auf dieses Leben zwischen Geburt und Tod, so umfaßt er für die Esoterik auch unsichtbare, ferne Zeiten und Räume, in die hinein die Seelenentwicklung ausgeweitet wird. Von dem Rückgang auf frühkindliche Erlebnisse in der Psychoanalyse ist es jedenfalls nicht sehr weit zu den heutigen *»Reinkarnationstherapien«*, die auch traumatische Erlebnisse der Seele in früheren Erdenleben in die Analyse mit einbeziehen. Und befindet man sich erst einmal auf dieser Reise in okkulte Welten, so scheint es nur folgerichtig zu sein, wenn man zuletzt auch bei einer *»Evolutionstherapie«* anlangt, die die Ursachen psychischer Störungen nicht nur in früheren Erdenleben, sondern auch in früheren Evolutionsformen des Menschen als Pflanze oder als Mineral sucht und diese »Evolutionserfahrungen« bewußtzumachen versucht. (Therapeut: »Wie fühlst du dich als Flechte?« Klient: »Ja, ganz trocken; ich weiß nicht, was ich sagen soll... es ist schon etwas Bewegliches an mir im Vergleich zum Stein.«[80])

Man hat das »neue Bewußtsein« in dieser Hinsicht auch als »Die Mutation des Bewußtseins« bezeichnet, wie ein Buchtitel lautet.[81] Darunter ist nichts anderes zu verstehen als die totale Auflösung von Religion und Glaube in psychische Erfahrung. Später wird zu der immer mehr zur Überlebensfrage für das Christentum werdenden Bestimmung des Verhältnisses von christlichem Glauben und Erfahrung noch einiges Grundsätzliche zu sagen sein. Hier sei zunächst nur auf den Tatbestand dieser Psychologisierung der Religion auf ein *inneres Seelenerlebnis* als solches hingewiesen und damit wohl auf den weitestreichenden, aber auch problematischsten Aspekt des gegenwärtigen »Durchbruchs zur Innenwelt«. »Nicht mehr als Bezogensein des Menschen auf ein personales, metaphysisches Wesen wird Religiosität nun aufgefaßt«, so beschreibt Josef Sudbrack diese »Mutation«, »sondern *als Bezogensein des Ich auf das Selbst:* auf den ›inneren Meister‹.«[82]
In diesem engen, psychologischen Bezugsrahmen von »Ich« und »Selbst«, in diesem »Zauberkreis der Psychologie« spielt sich nun alles ab, was im »neuen Bewußtsein« noch »Religion« oder »christlicher Glaube« heißt, und der Schöpfer dieser neuen Kategorien ist der vielleicht größte und bedeutendste Gnostiker, der seit der Antike gelebt hat.
Man hat *Carl Gustav Jung* (1875–1961) als »psychologisierenden Hobbyisten in Sachen Gnosis« bezeichnet[83], aber das ist gewiß eine Untertreibung. *»Die wichtigste Gnosis unseres Jahrhunderts«*, urteilt sein Schüler G. Quispel, *»ist die Komplexe Psychologie C. G. Jungs.«*[84] Jung hat nicht nur einen Beitrag zur Gnosis-Forschung geleistet, sondern sein Denken ist *selber gnostisch*[85], und er hat sich auch selbst als Gnostiker gesehen, wie bereits sein Kommentar zum »Tibetanischen Totenbuch« andeutet. Daß Jung nicht nur die »Initiationsprozesse« und Methoden östlicher und westlicher Mysterien als Vorläufer der modernen »Analyse des Unbewußten« ansah, wie er in diesem Kommentar zum Ausdruck brachte (s. o.), sondern selbst auch in weltanschaulicher Hinsicht eine Brücke vom antiken Gnostizismus zur Gegenwart, von der Gnosis zur eigenen Tiefenpsychologie feststellte, geht auch aus folgender Äußerung hervor: »Die Tradition zwischen Gnosis und Gegenwart schien mir wie abgerissen, und lange Zeit war es mir nicht möglich, die Brücke vom *Gnostizismus* – oder Neuplatonismus – zur *Gegenwart* zu finden. Erst als ich anfing, die *Alchemie* zu verstehen, erkannte ich, daß sich durch sie die historische Verbindung zum Gnostizismus ergibt...

Als eine Naturphilosophie des Mittelalters schlug sie eine Brücke sowohl in die Vergangenheit, nämlich zum *Gnostizismus*, als auch in die Zukunft, zur *modernen Psychologie des Unbewußten.*«[86]
Unter Jungs Einfluß hat der Gnosisforscher G. *Quispel* »Gnosis« definiert als *»mythischen Ausdruck der Selbsterfahrung«*[87], in Jungscher Terminologie: als Ausdruck der *»Individuation«*, und Jung selbst sagte einmal, daß *»viele Gnostiker nichts anderes als Psychologen waren«*, deren Erkenntnisse »Ergebnisse intensiver *introspektiver Beobachtung*« darstellen.[88] Wenn C. G. Jung sagt, daß *Gnosis Psychologie* sei, dann ist damit nach H. J. Herwig nicht nur gemeint, daß sie irgendwelche psychologischen Wahrheiten erkannt hat, sondern »die Wahrheit der Seele schlechthin. Der Grund ist folgender: Die Gnosis lehrt die Erlösung der Seele vornehmlich *in der Symbolik des ›teleios anthropos‹, der Selbstfindung oder Menschwerdung des Menschen*... In dieser Konzeption fand Jung die, wenngleich projektive, so doch ansonsten *absolute Entsprechung seiner eigenen Lehre von der Individuation*, die er nicht nur als klinische Therapie entwickelte, sondern als *Lebenskonzept* schlechthin.«[89] Der Vorgang der *»Selbstwerdung«* oder *»Individuation«* besteht in der Integration bewußter und unbewußter Teile der Psyche in einer größeren Ganzheit – dem *»Selbst«*. »Individuation bedeutet..., zum eigenen Selbst werden. Man könnte Individuation darum auch... als ›Selbstverwirklichung‹ übersetzen.«[90] Jung sieht also im *»Selbst«* eine dem bewußten *»Ich«* übergeordnete Ganzheit, »den Mittelpunkt wie auch den Umfang, der Bewußtsein und Unbewußtes einschließt und somit ›Zentrum dieser Totalität‹ ist«[91]. »Das Selbst«, so Jung, »ist auch das *Ziel des Lebens*, denn es ist der völligste Ausdruck der Schicksalskombination, die man Individuum nennt.«[92] Doch damit nicht genug: »C. G. Jungs Individuation... greift... auf die mystische, gnostisch-alchemistische Bildrede zurück«, um den in der Seele sich abzeichnenden »Schicksalsprozeß« zu beschreiben.[93] Dies gilt besonders für das Ganzheitssymbol selbst, das in der psychologischen Sprache Jungs eben *»Selbst«* heißt, in der Gnosis aber *»anthropos«*, der alle »Lichtfunken« umfassende ganzheitliche »kosmische Mensch«: »Diese, im Gegensatz zur Subjektivität der Ichpsyche, objektive Ganzheit habe ich als das *Selbst* bezeichnet, welches damit«, so Jung, »also eine *genaue Entsprechung* zur Idee des *anthropos* darstellt.«[94]
Indem Jung aber nun innerhalb seines Konzepts vom »ganzheitlichen Selbst, das als geheiltes Selbst am Ende des Individuationsprozesses

steht«, als »Ziel des Lebens«, dieses mit dem »*Bild Gottes*« in eins setzte[95], war der Weg geöffnet für jene ungeheure Psychologisierung alles Religiösen, die gegenwärtig in einer wahren Flut sowohl die Buchproduktion zahlreicher Verlage als auch die »Beratungsarbeit« von Kirchen und anderen Institutionen überschwemmt.

Jung spricht zwar im Blick auf das »Selbst« nur von »Gottes*symbolen*«: »Wir erfahren ›Symbole des Selbst‹, die sich von ›Gottessymbolen‹ nicht unterscheiden lassen. Ich kann nicht beweisen, daß *Selbst* und *Gott* identisch sind, obschon sie praktisch als identisch erscheinen.«[96] Aber bereits bei *Jolande Jacobi* ist es *»der Gott in uns«*[97], ist der Individuationsprozeß ein *universelles Lebensgesetz*[98] und die Jungsche Psychotherapie als Ganzes ein *»Heilsweg«*, der nicht nur auf Heilung im medizinisch-psychotherapeutischen Sinn hinzielt, sondern ein universales Lebenskonzept darstellt.[99]

Genau von dieser religiös-lebenspraktischen Überhöhung des Individuationskonzepts wird dann auch im Umfeld des New Age reichlich Gebrauch gemacht: Ähnlich wie Jolande Jacobi stellte auch der Stuttgarter Therapeut *Hans Schmid* in seinem Vortrag »Bewußtseinswandel. Tiefenpsychologische Aspekte der ›Zeitwende‹« auf einer New Age-Tagung der Ev. Akademie Bad Boll fest, das »*Selbst*« unterscheide sich nach der »Analytischen Psychologie« »nur begrifflich, *nicht aber praktisch* von dem, was man seit jeher *GOTT* genannt habe«[100]. Und ein amerikanischer Therapeut brachte das Heilsziel des New Age in Jungscher Terminologie auf die Formel: »Wir sind im *Zeitalter des Aquarius.* Das ist die Zeit, *wo Du Dein Selbst* sein kannst.«[101]

Im Blick auf die Gnosis kommt es hierbei nicht so sehr auf das Problem an, inwieweit unter diesen Voraussetzungen »Gott« überhaupt noch als außerpsychische Realität im echten Gegenüber zum Menschen als jemand, der gerade nicht »man selbst« ist, eine Rolle spielt – ein Problem, das ja auch für die Mystik charakteristisch ist! Das Erstaunliche ist vielmehr *die Parallele zum Heilsweg der Individuation,* der »wahren Menschwerdung« oder der »Selbstverwirklichung«, der Verwirklichung des »wahren Menschseins«: »Die Gnosis lehrt«, so faßt H. J. Herwig zusammen, »wie man zur Erlösung kommt... Voraussetzung der Erlösung ist eben ›Gnosis‹, d. h. ›Wissen‹ um den ›*Weg*‹ der Erlösung, ein Wissen, welches sich vor allem als Erinnerung an den göttlich-spirituellen und damit intakten Ursprung der menschlichen ›Seele‹ selber manifestiert... In diesem Sinne lehrt die Gnosis quasi *die*

Erweckung der Seele zu einem wahren Bewußtsein ihrer selbst, das, insoweit man den göttlichen Ursprung der Seele erkannt zu haben glaubt, mit der ›Erkenntnis‹ des guten, spirituellen Gottes zusammenfällt und dadurch *den Weg der Seele als einen der restitutiven Vergöttlichung ihrer selbst initiiert.* Ein Beispiel aus Gilles Quispels ›Gnosis als Weltreligion‹: Im sogenannten ›titellosen Werke‹ sagt eine Hypostase, eine Kraft aus dem Urmenschen, zu den Gnostikern: ›Ihr werdet sein wie Gott, *wenn ihr euch bewußt werdet,* daß ihr aus Gott stammt, und ihr werdet sehen, daß *Gott in eurem Selbst* ist.‹«[102] Es läßt sich nach H. J. Herwig eine Art Grundschema, ein »Grundgedanke gnostischer Existenzauslegung« herausschälen: »Für den Gnostiker gilt, daß es tatsächlich möglich ist, einen letzten göttlichen Bestimmungsgrund unserer Existenz zu ›erkennen‹, und zwar mit Hilfe der Wendung auf etwas in uns ›selbst‹, *eine Art ›wahres Selbst‹, das selber göttlich* bzw. jenseits aller weltlichen Verstrickungen *intakt oder ›heil‹* ist und deshalb auch *›Heils-Grund‹,* Basis von Erlösung sein kann. So gesehen kann man ›Gnosis‹ unabhängig von ihren variierenden historischen Erscheinungsformen als *prototypische Denkfiguration* begreifen, die sich auch in bestimmten zeitgenössischen Phänomenen wiederfinden läßt.«[103]

Es besteht kein Zweifel, daß das höhere oder wahre »Selbst« als »Ganzheitssymbol« im Jungschen Individuationsprozeß eine solche Rolle spielt – ganz unabhängig von der Frage, ob es »nur« »Bild Gottes« ist oder mehr! Die Verwirklichung des »Selbst« ist zwar erst Ziel eines Reifungsprozesses, die »Gestalt« ist erst zu schließen – aber es wird vorausgesetzt, daß eben darin die Verwirklichung des Heils für den Menschen besteht – eine deutliche Verkürzung der christlichen Vorstellung vom Heil in seiner Universalität. Anders gesagt: Das Individuationskonzept unterliegt der gnostischen Denkfiguration, »daß die Wendung auf ein ... *Selbst in uns* selbst Wahrnehmungen über ontologische *Sinngründe* resp. teleologische Bestimmungsgründe unseres Daseins garantiert, die als ›Erkenntnis‹ gelten können.«[104]

G. Quispel hat die Gnosis geradezu als eine Flucht in die Innenwelt beurteilt: »Die Gnosis ist ein Moment in der *Verinnerlichung* und Vertiefung in die unbekannten Bezirke der Seele, wie sie die ersten Jahrhunderte unserer Ära zeigen. Dieser Zug durchquert die ganze Spätantike. Staunend und gebannt steht der Mensch vor der *Tiefe in sich.* Seine Einordnung in das Universum ging ihm abhanden: der Kosmos wurde mehr und mehr entgöttlicht ... Die Großstädte machten den Menschen unsagbar einsam. Da blieb nur die Flucht in die Erotik und die *Flucht in sich selbst.*«[105]

In dieser gnostischen Verinnerlichung sieht er aber eine »Grundstruktur« möglicher »religiöser Apperzeption«, die »zu bestimmten Zeiten immer wieder auftaucht, und deren Vertreter in der Neuzeit wohl jeder aus seiner unmittelbaren Bekanntschaft kennt«.[106]

Jung wird also nicht nur von Freudianern oder von eigenen Schülern wie Quispel als Gnostiker in Anspruch genommen, er hat sich nicht nur auch selbst wohl so gesehen, sondern er wird auch von Neugnostikern und New Age-Anhängern so interpretiert – wie immer man dazu stehen mag. Ein typisches Beispiel ist wiederum das erwähnte Buch *»Das verheimlichte Wissen«*, wo es am Schluß heißt: »Wir brauchen keine Tempelweihen mehr. Was man früher Adepten zuflüsterte, liegt heute in unserem Unbewußten abrufbereit... Wie kommt man zu dieser Selbsterkenntnis? Eine psychoanalytische Individuation Jungscher Schule erfordert Zeit und Geld... Es bleibt der Rat des Dalai Lama: Jeder fange bei sich selber an. In der Tat ist es so, daß jeder... das eigene Leben zur Mysterienschule machen kann.«

Während die Gnosis über den Weg der Seele einen Mythos »erzählt«, wie die Seele ihr »wahres Selbst« findet, kleidet Jung diese »innere Seelenreise« der »Individuation« oder »Selbst-Werdung« in moderne »wissenschaftliche« Begrifflichkeit, aber bereits bei seinen Schülern macht sich nicht zufällig eine Vorliebe für das Erzählen als das wohl angemessenere Verfahren bemerkbar, was sich insbesondere in der Vorliebe einer »tiefenpsychologischen Märcheninterpretation« zeigt, die die Märchen als »Individuationsprozesse« erklärt. *Märchen,* vor allem aber auch *Träume* gewinnen hier oft eine theologisch nicht mehr zu rechtfertigende *eigene Offenbarungsqualität,* etwa als »Gottes vergessene Sprache«, wie eine Tagung der Ev. Akademie Hofgeismar überschrieben wurde[107], und werden vielfach gleichrangig mit dem Wort Gottes selbst behandelt. Wie schon in der verwirrenden, kaum gebändigten Bilderwelt der alten Gnosis geht auch in der schier uferlosen Literatur der Mythen-, Märchen-, Traum- und Symbol-Deutungen allmählich jedes theologische Gespür dafür verloren, daß – wie Karl Barth in seiner Schöpfungslehre einmal sagte – »die Engel und der Osterhase wirklich zweierlei sind«[108]!

2. Transpersonale Psychologie – Heilung durch »kosmisches Bewußtsein«

Eine unter New Age-Anhängern besonders geschätzte Methode der »Initiation« oder »Reise nach innen« ist die aus der »Humanistischen Psychologie« entwickelte »Transpersonale Psychologie«. Ihr zur Zeit bekanntester Vertreter ist der 1931 in Prag geborene amerikanische Psychiater *Stanislav Grof*, von 1978 bis 1982 auch Präsident der 1972 in Esalen ins Leben gerufenen »Internationalen Transpersonalen Gesellschaft«. Grofs Bekanntheit resultiert vor allem daraus, daß er bestimmte Methoden entwickelt hat, um sogenannte »transpersonale Bewußtseinszustände« zu erreichen, und daß er diese auch therapeutisch verwertet. Worum handelt es sich dabei?

Der Hauptstrom der traditionellen Psychoanalyse ist – so Grof – »biographisch« und »personalistisch« orientiert, das heißt, die psychologische Geschichte des Menschen beginnt für sie erst *nach* der Geburt, und psychische Probleme sollen vollständig aus der Biographie des Klienten erklärt werden, der nicht nur als ein »unbeschriebenes Blatt« auf diese Welt komme, sondern vor allem durch die frühkindlichen seelischen Erlebnisse schicksalhaft »programmiert« und »geprägt« werde. Demgegenüber möchte Grof *»Geburt, Tod und Transzendenz«* – so der Titel eines seiner Bücher – in die Analyse und Therapie mit einbeziehen, weil viele psychische Erfahrungen *»transbiographische«* Ursprünge haben und damit ein Modell der menschlichen Psyche vorauszusetzen sei, das eher den Erfahrungen der alten spirituellen, mystischen und esoterischen Traditionen entspreche.[109]

Vor allem der ganze *Geburtsvorgang* erhält so bei Grof den Charakter einer Initiation – vom seligen Urzustand durch die Dunkelheit zum Licht. Grof nennt es die *»perinatalen Erfahrungen«*, auf die auch die psychosomatischen Störungen im späteren Leben zurückgehen sollen, und er unterteilt den ganzen Geburtsvorgang in vier Phasen: Diese erstrecken sich »vom gewichtslosen Schwebeerlebnis im ›fetalen Ozean‹ – eine Art ›Astronautik‹ im Mutterleib –, wobei ›außen‹ und ›innen‹ als Einheit erlebt wird mit einer Verknüpfung aller Lebewesen, über Folterqualen während der Gebärmutterkontraktion, Todesängste beim Durchgang durch den Geburtskanal, Opfererlebnisse und titanische Kämpfe und zuletzt die Erlösung nach dem Austritt aus dem Mutterleib, aus der Dunkelheit zum Licht«[110].

»Während der Tagung ›Geburt und Tod – Tore des Bewußtseins‹ in Todtmoos im Schwarzwald verwandelte sich die Wehratalhalle in einen ›Kreißsaal‹: *Erwachsene Menschen erlebten ihre Geburt* und vollzogen mit strampelnden Bewegungen, oft auch mit Weinen und Schreien verbunden, das Ende eines paradiesischen Zustandes (im Mutterleib) und den Neubeginn nach der Geburt« – berichtete das »Magazin 2000«[111] über eine solche moderne Mysterien-Einweihung nach Grofscher Therapie-Methode, bei der durch das Wiedererleben des Geburtsvorgangs die das spätere Leben angeblich prägenden Momente dieses Vorgangs erinnert werden: Denn was der Mensch bei der Geburt erlebt hat – so die Anschauung Grofs –, ist auch das, was ihn heute krank macht. Wenn der Mensch weiß, wie es damals war, könne er heute sein Verhalten ändern oder ein gewünschtes Verhalten herbeiführen.
Heilung durch Erinnerung der zeitlos-gültigen und ewig-gleichen Ursprünge und deren Vergegenwärtigung – das ist nun aber in der Tat jener alte gnostisch-mysterienreligiöse Einweihungsweg in das Geschehen von Tod und Wiedergeburt! Diese Initiation beruht auf einem Mythos, den man unschwer auch als Grundlage der Grofschen Therapie entdecken kann: Die Annahme einer bestimmten, nicht mehr weiter ableitbaren Prägung beim Menschen – sei es wie bei Freud durch traumatische frühkindliche Erlebnisse, sei es wie bei Grof durch den Geburtsvorgang – enthält ja ein zeit- und geschichtsloses Moment, mit anderen Worten einen Mythos, eine letzte, nicht mehr hinterfragte Prämisse über das So-Sein des Wesens eines Menschen, das dann ganz aus diesen Ursprüngen gedeutet wird.
Dieser Mythos besteht in der modernen Psychologie in derselben Annahme wie in der Gnosis: dem Mythos der »Selbst-Erkenntnis«: Der Mensch hat *in seinem Innern* verborgen prägende Kräfte, die ihm »Frieden« und »Heil« geben können, und er kann »Veränderungen von innen« bewirken, also letztlich *sich selbst heilen* bzw. erlösen, wenn er diese Kräfte – sich selbst in seinem *ursprünglichen* Wesen – erkennt.
Dieses Denken reicht nahe an antiken Schicksalsglauben und Gestirnsreligionen heran: Der Mensch, der weiß, was ihn zeitlos prägt, kann sich durch diese neue Selbsterkenntnis auch selbst heilen bzw. erlösen, indem er sich selbst in seinem ursprünglichen Wesen erkennt – anders gesagt: Wir können uns – so der Kösel-Verlag über Grofs 1985 erschienenes Buch »Geburt, Tod und Transzendenz« – »aus unserem Verstricktsein in destruktive perinatale Problematik lösen, uns individu-

ell kreativ entfalten und fähig werden, zur friedlichen Weiterentwicklung der Menschheit beizutragen«.

Dazu soll aber nicht nur der »perinatale«, sondern in erster Linie der sogenannte *»transpersonale« Bereich* beitragen, in dem das Bewußtsein die Grenzen des Ich überschreitet und durch das »kosmische Bewußtsein« mit dem Kosmos verschmilzt.[112] Denn in diesen modernen gnostischen Einweihungsweg werden von Grof nun noch weitere Elemente mit einbezogen: Außer den »perinatalen« gibt es nach Grof auch noch die sogenannten *»transpersonalen Bewußtseinszustände«*, bei denen sich das Bewußtsein über die Grenzen des Körper-Ich sowie von Raum und Zeit ausdehnt und schließlich die Unterscheidung von »Ich« und Welt in einem höheren Bewußtseinszustand der Verschmelzung mit dem Kosmos aufgehoben ist.[113]

Grof unterscheidet drei Kategorien solcher »transpersonaler« Bewußtseinszustände: Der Mensch, der die Grenzen seines »in der Haut eingekapselten Egos« überschreitet und im »trans-personalen« Bereich lebt, erfährt dort sowohl die *Einheit mit dem Kosmos*, mit Menschen, Tieren und Pflanzen, als auch das *Einssein mit Vergangenheit und Zukunft*, mit den Erfahrungen früherer Leben und anderer Kulturen, und schließlich, als dritter Kategorie transpersonaler Erfahrungen, begegnet er dort auch *Dämonen und Gottheiten* verschiedener Kulturen.

Wie bei Capra, mit dem er eng zusammenarbeitet, ist also die Erlangung des »kosmischen Bewußtseins« höchstes Ziel, das Heil und Erlösung vermitteln soll. Verhalf zunächst, bei Grofs Experimenten mit Sterbenden, LSD zur Erfahrung des »kosmischen Bewußtseins«, so gelang dies schließlich auch durch eine von Grof entwickelte neue Methode: die sogenannte *»holonomic integration«*, auch »holotrope Therapie« genannt. In einer Zeitschriftenannonce wird diese Initiations-Praktik in »transpersonale Bewußtseinszustände« folgendermaßen beschrieben: »Holonomic integration ist eine von Stanislav Grof entwickelte Methode, bei der intensives Atmen, Musik, gezielte Körperarbeit, Tarot und Mandala-Zeichen miteinander verbunden werden. Es vermittelt Zugang zu außergewöhnlichen Bewußtseinszuständen und dem gesamten Spektrum transpersonaler Erfahrungen!«[114]

Grof kam nämlich auf die Idee, daß durch eine stoßweise Beschleunigung des Atems, während der Kohlensäuregehalt des Blutes stark abnimmt, oder auch durch Inhalieren von Sauerstoff dieselben »transpersonalen Zustände« erreicht werden können wie durch LSD. Die Sauerstoffanreicherung wird begleitet von in getragenem Ton vorgetragenen Texten, die die Teilnehmer in Trance versetzen.

Angesichts dieser überaus fragwürdigen Methoden muß man sich ferner vergegenwärtigen, daß Grof nicht nur in diesen mystischen Initiations- und Ekstasetechniken einen Weg zu »transpersonalen Erfahrungen« sieht, sondern überhaupt alle »außergewöhnlichen Bewußtseinszustände« des Menschen bis hin zu ganz gewöhnlichen psychotischen Erscheinungen als eine Art »Selbsthilfe der Psyche« gegenüber Traumata und Blockaden betrachtet, um den Menschen zur psychischen Reintegration zu verhelfen. Reinhart Hummel hat diesen Ansatz daher auch auf die einfache, aber treffende Formel gebracht: *»Psychose als Therapie«*[115].

Und zum Auffangen der »Therapie-Opfer«, die durch diese Methode aus der Bahn geworfen werden können, haben Grof und seine zweite Frau Christina, eine aus Honolulu stammende Yogalehrerin, inzwischen ein sogenanntes *»Spiritual Emergency Network«* (SEN) ins Leben gerufen und Begleitpersonen gespeichert, die in psychischen Krisen den Opfern dieser »Therapie« Beistand leisten können!

Wie dieser »Beistand« aussehen wird, kann man sich nach dem Gesagten ungefähr vorstellen: Zwar identifiziert Grof selbst seine LSD- und transpersonalen Erfahrungen mit den kosmischen Einheitserfahrungen der Mystiker und der östlichen Religionen. Und als Vorläufer der heutigen »humanistischen Selbsterfahrungstherapien« werden von Grof ausdrücklich genannt: Prozeduren von Schamanen, spirituelle Heilungszeremonien, Tempelmysterien, Treffen ekstatischer religiöser Gruppen und – »als wichtigste Beispiele«: »die Zeugnisse Platons und Aristoteles' über die gewaltige Heilkraft der *griechischen Mysterien*«[116].

Daß man aber damit letztlich bei einem unpersönlichen östlichen Menschenbild anlangt, wird von manchen Vertretern dieser Therapien selbst zugegeben: »Transpersonale Psychotherapie und östliche Weisheit streben zum selben Ziel: der Erkenntnis, daß unsere vermeintlich getrennten Ichs *nicht wirklich existieren*, sondern vielmehr *Erscheinungsformen eines absoluten und allgegenwärtigen Bewußtseins* sind.«[117]

Die »Transpersonale Psychologie« ist allerdings nur ein kleiner, wenn auch bedeutsamer Ausschnitt eines ungeheuren »Psychomarktes«, dessen bedenkliche Erscheinungsformen selbst bei Vertretern der »Humanistischen Psychologie« schon seit geraumer Zeit auf Kritik gestoßen sind. So schrieb bereits vor einigen Jahren *George Bach*, selbst Gründer eines gruppentherapeutischen Instituts in Los Angeles:

»Wir registrieren heute einen ungeheuren Andrang zu Veranstaltungen, die im weitesten Sinne mit Psychologie, Psychotherapie und *Selbsterfahrung* zu tun haben. Wir sehen darin grundlegende neue Bedürfnisse. Um diese Bedürfnisse herum hat sich in den USA – in Deutschland bahnt sich eine ähnliche Entwicklung an – ein riesiger Markt gebildet, der einem Warenhaus gleicht, in dem man verschiedene Erfahrungen und Erlebnisse einkaufen kann: Psychoanalyse, Selbstanalyse, Psychodrama, Urschreitherapie, Gestalttherapie, transaktionale Analyse, Hypnose, Selbsthypnose, Bioenergetic, Rolfing, Konzentrationstraining, Autogenes Training, Encountergruppen, Marathongruppen, sinnliche Erweiterung, Aggressionstraining, Realitätstherapie, rational-emotive Therapie (RET), Yoga, T'ai Chi Ch'uan, Astrologie, Scientology, Bewußtseinserweiterung, transzendentale Meditation, Zenbuddhismus, Tantra usw.

Die humanistische Psychologie hat auf einer breiten Basis Wurzeln gefaßt. Kirchen, Universitäten, Gemeinden bieten... einem weitgestreuten Publikum Möglichkeiten, ›Esalen‹ in die eigenen vier Wände zu holen. Auch in Deutschland gewinnen die humanistische Psychologie und ihre Verfahrensweisen neben den Growthzentren über Volkshochschulen, Kirchen und Verbände der freien Wohlfahrt Einfluß und Ausbreitungsmöglichkeiten. Besonders die Kirchen sehen darin offenbar eine Chance, in Jugendarbeit, Ehe- und Familienberatung und -Therapie verlorenen Boden wieder zurückzugewinnen.«[118]

Bach warnt aber vor den »zunehmenden Tendenzen zu neuen dogmatischen Lebensanschauungen«, die sich in dieser Entwicklung verbergen und die von ihren Anhängern »mit sektiererischem Ernst« verfochten werden:

»Der Verlust alter Ritualisierung wird ersetzt durch *neue Rituale*... Dabei nimmt die Psychologie und Psychotherapie mit all ihren Verästelungen und Vermischungen mit Philosophie, Religion und Weltanschauung immer mehr die Stelle der herkömmlichen Seelsorge ein. Wer heute Probleme hat, die er nicht mehr allein bewältigen kann, geht nicht mehr zum Pfarrer, sondern zum Psychologen oder in eine der vielen Formen von Selbsterfahrungsgruppen. Gegenwärtig tritt sogar eine neue Dimension verstärkt in den Vordergrund: Yoga, Zen-Meditation,

Pfingst- und charismatische Bewegung, Okkultismus, Spiritismus, Übersinnliches, Astrologie und Seelenwanderung.«[119]
Dieser Entwicklung entspricht auch ein seit einigen Jahren auftauchender, von dieser Szene hervorgebrachter neuer Menschentypus, den Bach als den »therapeutischen Swinger« oder als »Therapiesüchtigen« bezeichnet, dessen Welt eine »Therapie-Welt« ist und der alle therapeutischen Methoden ausprobiert hat: der in Gruppen »feeling« und Anfassen seriell probiert hat, der »urgeschrien« und immer wieder aus sich herausgebrüllt hat und dessen ganzes Leben sich immer mehr »in therapeutische Einstellungen aufgelöst« hat.
Selbst für solche Klienten wurde ein spezielles Mittel erfunden: der »Therapieablösungsbehälter«, die sogenannte *»Primal Box«*. In dem Erfahrungsbericht eines Klienten aus Arthur Janovs »Primär-Institut« in Los Angeles heißt es unter anderem: »Eine Primal-Box ist eine Riesenbox, fast wie ein kleines Zimmer, also eine große Kiste; sie ist völlig solide aus Holz, an allen Seiten mit sehr dickem Schaumgummi gepolstert, überzogen mit wasserdichtem Material, etwa zwei Lautsprecher drin, eine Klimaanlage und ein kleines düsteres Lämpchen; mit anderen Worten: wenn du dich unsicher fühlst, einen Riesenprimal (Urschreierlebnis) in einer Wohnung zu haben, z. B. wo dich Nachbarn hören können – es ist mitten in der Nacht, du willst deine Nachbarn nicht wecken –, gehst du in die Box, hast deinen Wutanfall oder deinen Schluchzanfall oder hörst Musik, bis du ganz sanft in einen ›Primal‹ gewiegt wirst. Es ist etwas Großartiges. Es ist ein bißchen wie ein Entwöhnungsstück vom Institut. Am Anfang kannst du nirgends fühlen. Ich war ganz verkrampft und mußte ein Taxi zum Institut nehmen, mitten aus einem Film heraus, damit ich mein Gefühl haben konnte. Und nach einer Weile weiß ich: ich kann nach Hause gehen, ich habe meine Box. Und der nächste Schritt ist natürlich, schöne Gefühle zu haben, wo immer man ist, wer immer auch zuschaut, wenn das noch so furchtbar peinlich ist, einfach loszulassen. Ich glaube, das ist für mich das Ende von Therapie im Sinne von aktiver Therapie. Ich brauche keine Therapeuten mehr... Ich bin meinen Gefühlen nahe genug, mitten in einem Film oder mitten auf einer Party zu brüllen, loszufluchen, loszu- ich weiß nicht was. Nach der Therapie sind die Leute ja noch lange nicht geheilt; jeder glaubt, nach seinen 6000 Dollar, die er Janov bezahlt hat, ist er o.k., und das stimmt natürlich nicht. Das Buch sagt, zwischen sechs und acht Monaten ist man völlig befreit und glücklich, und für 6000

kann man sein *Urego* ausformen – das stimmt nicht. Ich habe in der Zwischenzeit mindestens 1000 oder 1500 Dollar bar bezahlt, nachdem ich keine festen Gruppenstunden mehr hatte.«[120]

Ein anderes Instrument, mit dem man in die Innenwelt einsteigen kann, ist der bei uns für 3777,77 DM angebotene »*Samadhi-Tank*« oder »Isolationstank nach John Lilly«[121]. »Samadhi« ist im Yoga die höchste Stufe der Erleuchtung durch die *Verschmelzung des individuellen Selbst mit dem höheren kosmischen Selbst.* Auch dieses Gerät ist wohl auf jenen Typus des »antitechnologischen Technokraten« zugeschnitten, der sich die Mühen einer längeren geistigen Entwicklung ersparen möchte und sich »Erleuchtungserlebnisse« kaufen kann wie die Brötchen beim Bäcker. So soll dieser »Isolationstank«, der von Esoterikern für ihre Flüge durch die Raum- und Zeitlosigkeit der Innenwelt zum Samadhi-Erlebnis benutzt wird, auch von der NASA für Versuche zum Verhalten bei Schwerelosigkeit verwendet worden sein.

Es ließen sich hier noch eine Fülle von weiteren Praktiken aus dem psychotherapeutischen Bereich anführen, mit deren Hilfe heute in therapeutischer Absicht Reisen in die Innenwelt vollzogen werden. In der explosionsartigen Ausweitung des »Psychobooms« sieht George Bach »starke Tendenzen, das isolierte, sich selbst entfremdete Selbst in einem ungeheuren therapeutischen Enthusiasmus zum Gott zu erheben. Der verzweifelten, fast ausweglosen Situation unterdrückter Klassen steht eine arrogante Einstellung gutsituierter Bürger gegenüber, deren Weltsicht sich ganz auf ihre kleinen Wehwehchen konzentriert.«[122] Das sind bedenkliche Entwicklungen der neuen Suche nach Heil auf dem Wege der Verinnerlichung, auf die unter gesellschaftlichem Aspekt nochmals zurückzukommen ist.

Angesichts der von Grof ausdrücklich hervorgehobenen Berührungspunkte moderner humanistischer Therapien mit alten mystischen Einweihungswegen scheint es dann auch nicht mehr sehr verwunderlich, daß der heutige Trend von den psychotherapeutischen schließlich wieder zurück zu den alten esoterischen und sogar archaischen Praktiken selbst führt. Die schon seit Jahren gut besuchten »Castaneda-Kurse« der Volkshochschulen sind ein Beispiel dafür, denn hier geht es um die Beschäftigung mit den alten – wenn auch in diesem Fall in ihrer Echtheit umstrittenen – schamanistischen Ekstasetechniken. Inzwischen sind eine Reihe weiterer Dinge immer stärker hervorgetreten, vor allem *Astrologie* und *Tarot.*

3. Astrologie – im Dienst selbstprüfender Innenschau

Astrologie und Tarot scheinen für manchen heute die frühere Rolle der Psychoanalyse einzunehmen, wie man ja auch umgekehrt, wie C. G. Jung einmal feststellte, »Astrologie als Vorläuferin und Wegbereiterin der wissenschaftlichen und modernen Psychologie« betrachten kann[123]. Heute geht man wieder stärker den Weg zurück zu den alten esoterischen und okkulten Praktiken der »Selbstfindung« und »Selbsterfahrung«, darunter z. B. das chinesische »I Ging«-Orakel, Runen-Orakel oder magische Praktiken.

Häufig – und das ist das Charakteristische – gehen solche esoterischen und psychotherapeutischen Innenwege auch ineinander über, magische und astrologische Praktiken werden bei der psychotherapeutischen Lebensberatung eingesetzt, und es wird die geistige Verwandtschaft der verschiedenen »Einweihungswege« erkannt. Schon das »Taufgewand« der Initianden im antiken Mithraskult trug Stickereien des astronomisch-astrologischen Tierkreises und deutete damit auf die Gestirnsmächte und Himmelsgötter hin, die in dieser Kulthandlung gegenwärtig und wirksam waren[124], und überhaupt war es schon damals üblich, sich in mehrere Mysterien gleichzeitig einweihen zu lassen – eine Art »esoterisches Swingertum«!

Die Zeitschrift »Psychologie heute« wußte zu diesem neuen Trend folgendes zu berichten: »Astrologie ist ›in‹, gerade auch in der sogenannten ›Psycho-Szene‹. Diplom-Psychologen werben in Stadtzeitungen für ihre Kunst, Geburtshoroskope zu deuten. Im Berliner Pfad-Zentrum, einer Einrichtung für Körpertherapie, hängen Werbezettel für Astrologie-Kurse. Die Therapie-Zentren der Bhagwan-Anhänger bieten neben Meditation, Massage, Encounter und Bioenergetik auch Handlesen und Neo-Astrologie an. Wie Horst Ziemer, der Inhaber des Astrologischen Computer-Zentrums Berlin, sagte, zählen gerade die therapiebeflissenen Anhänger Bhagwans zu seinen Stammkunden. Immer mehr Menschen erklären ihre persönlichen Eigenarten unter Hinweis auf ihr Sternzeichen.«[125]

Diese Entwicklung war möglich, weil viele Astrologen selbst längst nicht mehr von einer strengen *Schicksalsdetermination* durch die Sterne ausgehen – getreu der wiederentdeckten alten Regel: »Die Sterne zwingen nicht, sie machen nur geneigt.« Seit etwa 1960 sind psychoanalytische Betrachtungsweisen bei der Interpretation des Horoskops in die

Astrologie eingeführt.[126] Man geht außerdem weithin davon aus, daß es sich bei der Tierkreiszeichensymbolik um die Projektion unbewußter Seeleninhalte handelt. Was der Mensch in den Sternenhimmel projiziert, sind nach C. G. Jung »symbolische Ausdrücke für das *innere, unbewußte Drama der Seele*«. »Die Stärke der Astrologie liegt nicht in ihrer Vorstellung vom realen Universum. Ihre Stärke liegt vielmehr in der besonderen Fähigkeit, den einzelnen Menschen zu *selbstprüfender Innenschau* anzuleiten«, schreibt dazu der Theologe *Siegfried Böhringer* in einer Studie der EZW.[127] Ein Kritiker des »Psychobooms« hat sogar festgestellt: »Im vielgestaltigen Dschungel der Psychotherapien gedeihen eine ganze Reihe von Methoden und Theorien, die... die *Astrologie an Seriosität nicht einmal erreichen*, geschweige denn übertreffen.«[128]

Eines der ersten Beispiele dieser neuen »therapeutischen Astrologie« schuf der durch seine »Grundformen der Angst« bekannt gewordene, 1979 verstorbene Münchener Tiefenpsychologe *Fritz Riemann*, der bereits in seinem 1976 erschienenen Buch »Lebenshilfe Astrologie« eine eigene astrologische Typenlehre entwickelte. Mit ihren zwölf Typen ist die astrologische Charakter-Typologie den vier herkömmlichen Temperamenten an Vielfalt und Differenzierungsmöglichkeit überlegen. Auch in der sogenannten »revidierten Astrologie« von *Thomas Ring* wird Astrologie in diesem Sinn zur »Charakterkunde«. Auf einem Astrologenkongreß in Berlin wurde es daher auch abgelehnt, Astrologie mit »Determinismus« und »Fatalismus« gleichzusetzen. Es gehe vielmehr darum, sich »mit den Sternen zu bewegen, statt sich ihnen zu beugen«. »Mit dieser ›Öffnung‹ zur Psychologie wird die Astrologie salonfähig selbst für solche Menschen, die noch vor kurzem glaubten, sie seien immun gegen Aberglauben«, meinte die Zeitschrift »Psychologie heute« zu dieser Entwicklung. Und arbeitslose Diplom-Psychologen oder Lehrer könnten sich so mit preiswerten Horoskopanalysen nicht nur die Arbeitslosenhilfe aufbessern, sondern auch ihrem Hobby frönen.[129]

4. Tarot – Schlüssel zu verborgenen Innenwelten

Auf derselben Linie einer Verbindung alter esoterischer mit neuen psychotherapeutischen Praktiken liegt der *Tarot*, der unter Kennern überhaupt als *die* »Einführung in die Esoterik« gilt und auch in Grofs

»holotroper Therapie« Verwendung findet. Ein aktueller Prospekt enthält nicht weniger als 40 verschiedene Bücher zur Einführung in den Tarot und 78 verschiedene Tarot-Karten-Spiele, die zur Zeit im Handel sind!

Der Tarot ist in Europa seit dem Auftreten der Zigeuner bekannt und wird heute von Esoterikern als der »Einstieg« in die Esoterik schlechthin betrachtet, als *der* esoterische Einweihungsweg für den Westen – vergleichbar der Bedeutung des östlichen Yoga-Pfades.[130] Die Rundreise durch die initiatischen Praktiken und modernen Mysterien der heutigen Esoterik- und New Age-Szene kann daher nicht ohne eine kurze Betrachtung dieses »Yoga des Westens« abgeschlossen werden, wobei natürlich eine Vielzahl von Methoden hier ebenfalls eine Darstellung verdient hätten, wie z. B. die sogenannte »initiatische Therapie« des Grafen Dürckheim[131].

Nach einer völlig ungesicherten Interpretation soll das Wort Tarot »der königliche Weg« bedeuten und aus dem Ägyptischen »Das Buch des Thot« abgeleitet sein. »Tarotkarten sind die *Schlüssel zu verborgenen Innenwelten* und weisen den Weg zur Selbsterkenntnis. Es sind Urbilder der menschlichen Entwicklung und seelisch-geistigen Reifung«, heißt es im Begleittext eines der zahlreichen Tarot-Decks (Ansata-Tarot, Interlaken 1985). Durch bestimmte Legemethoden »werden Schicksalsfragen beantwortet und Lebenssituationen geklärt«. Ein Beispiel für eine einfache Legemöglichkeit: »Dem Fragenden werden alle 22 Karten offen hingelegt. Er wird aufgefordert, eine Karte auszusuchen, die ihm am unsympathischsten ist. Danach soll er die ihm sympathischste wählen. Beide Karten werden nun in einem gewissen Abstand gegenübergelegt. Eine Frau wählt z. B. zuerst die Karte 10, das Fortune, als unsympathischste und als sympathischste die Karte 11, die Kraft. Nun wird sie aufgefordert, eine Karte zu wählen, mit der sie den Gegensatz zwischen sympathisch und unsympathisch am besten überbrücken zu können meint. Als Brücke wählt sie nach langem Zögern die Karte 12, der Gehängte. Die zuerst gezogenen Karten sagen aus, daß die Frau in eine lustvoll beherrschende Position gelangen wollte, was sie auch zugab. Da dies nicht möglich war, blieb der Frau gar nichts anderes übrig, als ihre Grundeinstellung *völlig auf den Kopf zu stellen* und sich von einer ganz neuen Seite zu zeigen.« Man muß nämlich wissen, daß die Karte »Der Gehängte« das Bild eines mit dem Kopf nach unten an einem Baum hängenden Menschen zeigt.

Die heute verbreitete Form als ein Kartenspiel wird aber bereits als eine »degenerative« Erscheinungsform des Tarot betrachtet, und die Bildsymbolik der Karten ist auch viel älter als das Kartenspiel. Die 22 sogenannten »Großen Arcana« sollen schon als Wandbilder im Tempel von Memphis vorhanden gewesen sein und bei der Mysterien-Einweihung eine Rolle gespielt haben.[132]

Bereits Buchtitel wie »Die Psychologie des Tarot. Tarot als *Weg zur Selbsterkenntnis* nach der Archetypenlehre C. G. Jungs« zeigen, in welcher Richtung der Tarot heute weithin rezipiert wird. Unter dem kaum noch zu überblickenden Angebot fällt ein Titel besonders auf: *»Die Großen Arcana des Tarot«*, herausgegeben im Herder Verlag von dem Philosophen *Robert Spaemann* und dem Kölner Staatsrechtler und Richter am Verfassungsgerichtshof des Landes Nordrhein-Westfalen Professor *Martin Kriele.* Kein Geringerer als der katholische Theologe *Hans Urs von Balthasar* verfaßte eine Einführung zu diesem vierbändigen Werk. Der anonyme Autor dieser Meditationen über die Symbolik des Tarot war *Valentin Tomberg* (1900–1976), ein aus der Anthroposophischen Gesellschaft hinausgedrängter Katholik baltischer Herkunft. In der ersten Meditation über die Karte Nr. 1 – der Gaukler oder Magier – entwickelt er den Grundgedanken der Esoterik: Das Prinzip der Esoterik, so schreibt er, ist der Zustand der »Konzentration ohne Anstrengung«, der Umwandlung der »Arbeit« in »Spiel« – symbolisch ausgedrückt durch den »Gaukler« oder »Magier«. »Wenn man irgendeine Form echter Esoterik praktizieren will, sei es Mystik, Gnosis oder Magie, muß man ›Gaukler‹ sein: konzentriert ohne Anstrengung, mit einer Leichtigkeit wirkend, als ob man spiele, und handelnd mit vollkommener Ruhe.«[133]

Die Betrachtung der Tarot-Karten geht deshalb von dieser Karte Nr. 1 aus und führt wieder zu dem darauf dargestellten Grundprinzip der Esoterik zurück.

Man kann aber auch mit der Karte »Null« beginnen: *Sergius Golowin* berichtet in seinem Buch »Die weisen Frauen« von einer Einführung in den Tarot, die er bei einer Wahrsagerin in der Provence erhalten hat. Danach bilden die 22 »großen Trümpfe« oder »Arcana« einen *Kreis:* »Am Anfang und am Ende dieses ›Rings der ewigen Wiederholungen‹ sehen wir die Gestalt des *Fahrenden,* des ›Wanderers durch die Abenteuer des Lebens‹.« Dieses mit der Ziffer Null versehene Bild des *Fahrenden* bezeichnet den Menschen oder Stamm auf dem Weg durch die Irrgärten des Schicksals und liegt der Zigeuner-Wahrsagerin als Grundlage der Meditation natürlich besonders nahe. Am Ende der von hinten nach vorn zu betrachtenden Karten kommt aber auch bei ihr schließlich die Karte Nr. 1 – der *Magier:* Man hat nun alles gelernt, was es auf Erden zu lernen gibt, und kann jetzt *spielend,* auf magische Weise, jegliche Schwierigkeit meistern.[134] Auch hier ist das Ergebnis der »Einweihung durch den Tarot« die spielend beherrschte Meditation, ohne die nichts erreicht werden kann in der Esoterik.

3. Teil

NEW AGE – DIE SANFTE AUFLÖSUNG DES CHRISTENTUMS

Ein Blick auf die gegenwärtige New Age-Szene könnte leicht Verwirrung auslösen, so vielfältig und oft gegensätzlich sind ihre Erscheinungsformen. Im Grunde kann sich auch jeder dazu rechnen, der es möchte, und sich das Etikett »New Age« aufkleben. Aus einem bestimmten Blickwinkel könnte man meinen, es solle der Eindruck erweckt werden, »Veränderungen von innen« bewirken, ein »neuer Mensch« oder gar erlöst werden könnte in erster Linie derjenige, der entweder viel *Geld* hat (s. u. Kap. VIII) oder aber spirituell besonders hoch entwickelt ist, sozusagen über viel *Geist* verfügt, kurz vor dem Absprung in eine »höhere« Menschheitsentwicklung steht (s. u. Kap. IX). Gewiß meinen es viele redliche New Age-Anhänger nicht so. Der kritische Betrachter allerdings fragt sich: Was bleibt denn noch vom »neuen Bewußtsein« an echter Herausforderung und wirklich Nachahmenswertem übrig, sieht man vom Bedenklichen, von den Auswüchsen ab? Gibt es vielleicht sogar echte Denkanstöße und Hilfen für eine neue christliche Spiritualität (s. u. Kap. X)?

Kapitel VIII

»No money, no new age«?

»Es ist wieder schick, eine weiche Birne zu haben«, schrieb letzthin ein rationalistischer Kritiker – der Freiburger Diplom-Psychologe *Fritz Erik Hoevels* – angesichts des verwirrenden Okkult- und Esoterik-Booms, und seinen Gesinnungsgenossen, den Tübinger Religionssoziologen *Günther Kehrer*, erfaßte Panik angesichts des Wiederauflebens der »Sinnfrage«: »So schleicht sich die Religion wieder ein in die Gehirne aufgeklärter Menschen. So fressen die Ziegen (einer dieser Gottsucher im naturwissenschaftlichen Gewande heißt wirklich ›Capra‹!) die grünen Zweige atheistischer Hoffnung.«[1]

Es bedarf nicht der Klagen und Belehrungen dieser Vertreter eines unverbesserlichen rationalistischen Dogmatismus, um festzustellen: Vieles von dem, was moderne Esoteriker und New Age-Anhänger heute propagieren, erinnert an alten »Aberglauben«. Zum Aberglauben gehört jedoch schon immer auch die Spekulation mancher auf die Bereitschaft ihrer Mitmenschen, sich die Erfüllung ihrer Wünsche oder die Beseitigung ihrer Ängste in Grenzsituationen des Lebens durch magische Beeinflussung, vor allem aber auch gegen gute Bezahlung realisieren zu lassen, wie man es täglich in der Zeitung in Annoncen wie der folgenden lesen kann: »Weltbekannter Magier/Hellseher aus dem Orient/Bagdad – Berater vieler Scheichs, Prinzen und Königsfamilien – sieht Vergangenheit, Gegenwart, Zukunft. Problemlösung – Partnerzusammenführung, deutet Ihnen Ihr gesamtes Leben, Vergangenheit, Gegenwart, Zukunft und was das Schicksal für Sie verborgen hält. Ebenso Ihre persönlichen Lottozahlen. Außerdem bekommen Sie einen Talisman, der Glück in der Liebe, Geld und Gesundheit bringt. Senden Sie Ihren Namen, Geburtsdatum, ein Foto und DM 100 an: ...«

Die Zahl der Annoncen mit derartigen Hilfsangeboten in einer verbreiteten esoterischen Zeitschrift stieg zwischen 1984 und 1986 um 37,5%! Ein Pforzheimer Schmuckfabrikant mit Gespür für diese Konjunktur hat eine zahlungskräftige Kundschaft für esoterischen Schmuck entdeckt

und lud zur Hannover-Messe ein, wo man den »Yin Yang-Talisman« besichtigen konnte, der die »Partnerschaft fördert« und – Sehnsucht aller Wassermann-Verschwörer – auf die »Aufhebung von Gegensätzen abgestimmt ist«. Zwar darf man die geistige Potenz einer Bewegung nicht an den Scharlatanen oder Geschäftemachern messen. Wenn es aber noch eines Beweises bedürfte, daß das »neue Bewußtsein« über Randgruppen hinaus längst zu einem zivilisatorischen Faktor geworden ist, so wäre dies die Tatsache, daß es inzwischen zu einem Millionengeschäft geworden ist. Es fällt auf, daß sich das »neue Bewußtsein« offenbar trefflich »vermarkten« läßt und es unter den »Reisen ins Innere« auch viele »Kaffeefahrten« gibt, bei denen hinterher (oder meist schon im voraus) kräftig abkassiert wird.
Unter diesen Umständen verwundert es kaum noch, daß der »Durchbruch zur Innenwelt« auch in den Chefetagen der Industrie stattfindet und laut »FAZ« vom 17. Februar 1987 inzwischen sogar »Börsenseminare auf esoterischer Grundlage«, das heißt astrologische Beratung bei Investitionsvorhaben, angeboten werden.[2]
Der Frankfurter Unternehmensberater *Gerd Ammelburg,* der in 25 Jahren Zehntausende von Führungskräften schulte, plädiert in seinem Buch »Die Unternehmens-Zukunft« für ein »weiches« Management im Sinne der New Age-Bewegung.[3] Bereits 10% der amerikanischen Wirtschaft werden, so meint jedenfalls der Unternehmensberater *Gerd Gerken,* nach »New Age-Prinzipien« geführt, und »Business und Management«, so Gerken, »ergrünen schneller, als es sich die Grünen je hätten träumen lassen«. Damit meint er zum Beispiel, daß sich Unternehmer nicht nur um das äußere Wachstum des Betriebs, sondern auch um das »persönliche Wachstum« der Mitarbeiter kümmern. Unternehmen werden als »Energiefelder« betrachtet, und der Manager kümmert sich darum, daß der »Energiefluß« nicht blockiert wird.[4]
Im kunterbunten New Age-Rummel fällt besonders das sogenannte *»bep«* (= »Bewußtseins-Erweiterungs-Programm«) der »United Human Organisation« (UHN) des gebürtigen Österreichers *H. J. Ament* auf, das 800 DM teure Schulungskurse für potente Kunden mit typischen New Age-Themen anbietet, wie »außersinnliche Wahrnehmung«, »Wiederverkörperung«, »positives Denken«, »Astralwandern«, »Hypnose«, »Körpersprache« usw.
Zur Charakterisierung genügt folgender Auszug aus einer Annonce, mit der nebenberufliche Versandbuchhändler geködert werden sollen, denen

gegen eine Lizenzgebühr eigene Bezirke mit etwa 100000 Einwohnern zugeteilt werden: Dem »Therapieleiter« winken hohe Vergünstigungen. Wer 50 »bep«-Teilnehmer im Monat »initiiert«, erhält eine goldene Uhr, bei 100 Teilnehmern ein Jahr lang kostenlos Autotelefon, und wer als Versandbuchhändler 1000 »bep«-Teilnehmer erreicht, erhält 14 Tage Jamaica-Urlaub.[5]

Pfarrer *Hans Übler* weiß über dieses Unternehmen, das »neues Bewußtsein« nach dem Franchise-System à la »GEM-Kollektion« oder »Amway« verkauft und seinen Inhaber dadurch zum vielfachen »esoterischen Millionär« gemacht hat, noch folgendes zu berichten: »Als Fernziel sieht Ament die offizielle Anerkennung einer Weltbürgerschaft durch die Vereinten Nationen. Der Planet Erde (›TERRA‹) soll als Einheit verstanden werden, und es soll jeder für sich eine ›gewaltfreie Zone ausrufen‹, damit eine ›vereinigte Menschheit in Frieden und Freiheit lebt‹. Das Programm dieser Organisation liest sich wie der Science-Fiction-Roman eines antichristlichen Weltreichs. Mitgliedsbeiträge werden für die Weltbürgerschaft oder den Bau einer Stadt ›Terrania-City‹ in den Ausmaßen der Cheops-Pyramide gebraucht. Aktionäre können ihr Kapital zwecks Vermehrung auf Aments Konto einzahlen. Sogenannte ›New Age Zellen‹ sollen sich wie Netzwerke des Friedens über die ganze Welt ziehen.« Pfarrer Übler kommt zu dem Urteil: Ob es den Autoren dieses Programms »überhaupt um die Verbreitung von weltbewegenden Gedanken geht, darf erheblich bezweifelt werden. Man hat eher den Eindruck, daß hier mit besten Marketingmethoden Marktnischen ausgesucht und ausgenutzt werden und gutgläubige Menschen nicht nur Geld, sondern auch inneres Engagement und Zeit verlieren.«[6]

Aus christlicher Sicht können aber durchaus auch solche Anbieter und Unternehmer unter die Scharlatane eingereiht werden, die durch von ihnen nicht einzulösende Versprechungen übertriebene Hoffnungen nähren, z. B. bei kranken Menschen, vor allem, wenn sie dabei in unverantwortlicher Weise auch noch mit religiösen oder christlichen Begriffen operieren. Gerade der Bereich der »alternativen Heilweisen«, die im »neuen Bewußtsein« eine wichtige Rolle spielen, ist ein Tummelplatz solcher schwarzen Schafe, die »Veränderung von innen heraus« nicht nur als Möglichkeit oder Ergänzung, sondern im Widerspruch zu einer realistischen Sicht geradezu als »Allheilmittel« oder als die einzige Rettung über einen begrenzt gültigen Bereich hinaus anbieten, ohne daß der Anspruch auch nur im entferntesten eingelöst werden könnte. Viele tarnen sich daher von vornherein als »religiöse Gemeinschaft«, für die andere staatliche Gesetze gelten! So wird das 1984 in 15. Auflage im esoterischen H. Bauer Verlag erschienene Buch »Die geistige Heilkraft in uns. Wesen, Grundsätze und Erfolge des geistigen Heilens« des Japaners *Masakaru Taniguchi* mit dem Hinweis angepriesen, der Autor sei Begründer einer religiösen Gemeinschaft, deren Ziel es sei, »das Reich Gottes auf Erden zu begründen«, in dem es weder Kranksein noch Leiden gebe. Zahllose Menschen seien angeblich durch bloße Lektüre seiner Bücher natürlich geheilt worden, indem die ihnen innewohnende geistige Heilkraft erweckt wurde. Ja, die unseriöse Werbung versteigt sich sogar zu der Behauptung, der Autor wisse auch »vom Sieg über den Krebs und andere bösartige Geschwülste« zu berichten.

»Ins Gerede gekommen« ist auch »die rund drei Millionen Mal verbreitete Kräuterfibel ›Gesundheit aus der Apotheke Gottes‹ der Österreicherin *Maria Treben*, ein Werk, das mit teilweise *gefährlichen Therapievorschlägen* aufwartet. Die Erfolgsautorin empfiehlt darin Spitzwegerich als Mittel gegen Krebs... Die weitere Empfehlung, Gallenleiden mit hochgiftigem Schöllkraut zu bekämpfen, nahm die Apothekerkammer Österreichs zum Anlaß, dem Treben-Werk eine ›direkte Anleitung zum Selbstmord‹ zu unterstellen.«[7]

Wer die bisherigen Beispiele allerdings für untypisch oder übertrieben hält, der sei an die teuren New Age-Kongresse erinnert, auf denen sich nun schon seit Jahren prominente Vertreter des »neuen Bewußtseins«, vom Dalai Lama über Fritjof Capra, Marilyn Ferguson, David Steindl-Rast oder Robert Muller bis zu Sergius Golowin oder Arnold Keyserling und vielen anderen immer wieder treffen und die allein schon aufgrund der Eintrittspreise bestimmte Gesellschaftsschichten von vornherein vom Besuch ausschließen. So mußte z. B. für die Zürcher »New Age-Tage« 1984 täglich ein Eintrittspreis von sfr 170,– entrichtet werden. Zwar bedauern es viele New Age-Anhänger immer wieder, in welchem Maße sich das »neue Bewußtsein« damit in den »alten Strukturen« etabliert, doch ist zu fragen, ob dies nicht ein ihm grundsätzlich anhaftender Mangel ist. Im übrigen scheint das auch schon für die antiken Vorläufer der modernen »Mysterienschulen« des New Age gegolten zu haben: Nach Apuleius mußte Lucius seine ganze Habe verkaufen, wenn er sich in die Mysterien des Osiris einweihen lassen wollte.[8] No money, no new age!

Kapitel IX

New Age und gesellschaftlicher Wertewandel

An spätantike Zustände fühlte sich auch ein Pfarrer nach dem Besuch eines heutigen »New Age-Zentrums« erinnert. Vor allem, so meinte er, sei es ihm jetzt möglich, sich eine viel lebendigere Vorstellung von den sozialen und religiösen Verhältnissen etwa in den Gemeinden von Korinth und Kolossae zu machen, wie sie durch die Briefe des Apostels Paulus hindurchschimmern. Wer die »Gnosis« in seinem Universitätsstudium nur als »historisches Phänomen« oder bloßen Lernstoff kennengelernt habe, der könne sich von der Wiedergeburt der immerwährenden Gnosis im New Age als einer höchst lebendigen Erscheinung selbst überzeugen.

Die Charakteristika der Gnosis begegnen im New Age-Bewußtsein vor allem in drei Punkten wieder:

1. in einem eigenartigen, zum Beispiel in Findhorn herrschenden *Engelglauben*. Bereits im Neuen Testament begegnet Gnosis in Verbindung mit einem solchen Hervortreten der Welt der Zwischenmächte. Der Apostel Paulus macht deutlich, daß Jesus Christus *nicht* zu diesem Bereich der »Zwischenmächte« gehört, da er kein geschöpfliches Wesen, wie diese, ist, sondern ihnen selbst als der Schöpfer gegenübersteht.
2. im Glauben an die *Seelenwanderung* oder *Reinkarnation*, der den Glauben an das Weltende und das Endgericht ersetzt.
3. in der bereits oben dargestellten *Grundanschauung* der Gnosis über die *Heilsbedeutung der »Erkenntnis«* (Gnosis) als einer Art »Heilswissen«, durch das sich der Mensch auf der Basis der ihm innewohnenden Göttlichkeit selbst erschafft bzw. erlöst. An die Stelle des ihm innewohnenden »göttlich-geistigen Lichtfunkens« treten dabei in der Neugnosis des New Age ebenso wie in älteren Strömungen des Okkultismus meist Vorstellungen von einer »geistigen *Energie*«, z. B. die Vorstellung vom »kosmischen Bewußtsein« oder vom »höheren Selbst«.

In diesem Rahmen kann auf die Reinkarnationslehre und den Engelglauben[9] im einzelnen nicht eingegangen werden. Auf die Herausforderung der Gnosis für die christliche Spiritualität wird speziell im folgenden Abschnitt zurückzukommen sein (s. u. Kap. X). Es gibt aber auch eine neugnostische Herausforderung für die Kirchen im *gesellschaftlichen Bereich,* dem das New Age-Bewußtsein als Erscheinung der »säkularen Religionsgeschichte« ja zuzuordnen ist.

Der »Drogenpapst« Timothy Leary hat diesen gnostischen Hintergrund des »neuen Bewußtseins« in seiner »Politik der Ekstase« in geradezu klassischen Formulierungen zum Ausdruck gebracht (s. o. S. 48 f.). Oft sind es nur terminologische Unterschiede zwischen dem Glauben an Erlösung durch »kosmische Energie« oder »kosmisches Bewußtsein« im New Age oder manchen Anschauungen über die Verwirklichung des »Selbst« in modernen Therapien einerseits und östlichen Welt- und Menschenbildern sowie der Gnosis andererseits. Dem »Uneingeweihten« aber werden solche anderen Nuancierungen dann als die neueste Errungenschaft der menschlichen Bewußtseinsentwicklung, gar als Ausdruck einer »Bewußtseins*wende*« nahegebracht, die vor Unheil schützen könne.

Manchmal kommt es auch zu Verwechslungen und Mißverständnissen, wobei man den Eindruck bekommt, daß diese bewußt in Kauf genommen werden. Ein typisches Beispiel ist das *»Erkenne dich selbst«* vom Apollo-Tempel in Delphi, das heute vielfach wieder als eine Art Motto auch für den »Durchbruch zur Innenwelt« in Anspruch genommen wird, und zwar im Sinne erlösender Selbsterkenntnis: »*Erkenne deine Göttlichkeit* – dein ›wahres Selbst‹!« »Überwinde die vorhandenen menschlichen Schranken und Begrenzungen« durch eine »Veränderung von innen heraus!« So tönt es dem Zeitgenossen aus einer Flut von Büchern und therapeutischen Angeboten entgegen, die ihm »Heil« als Zu-sich-selbst-Kommen, zu seinem »wahren Selbst« oder zum Kern seines eigenen göttlichen Wesens, verheißen. Das ist die Botschaft gnostischer Soteriologie ebenso wie moderner Therapieformen unserer »Psychokultur« – nur jeweils in verschiedener Terminologie. »Selbsterkenntnis« in diesem Sinn führt vor allem zu der Behauptung, die eigene Göttlichkeit durch Erkenntnis seines »wahren Selbst« zu verwirklichen: »Du wirst dein eigener Boss!«, wie es etwas burschikoser, in der Sprache der modernen Psychoszene, das »Erhard Seminary Training« des Werner Erhard (einer Wortbildung aus Werner Heisenberg und Ludwig Erhard!) verheißt. Wenn es in einem Begleittext zu einer ZDF-Sendereihe über die New Age-Bewegung unter Hinweis auf das »Erkenne dich selbst« heißt, das New Age wolle den Menschen zur »Selbstfindung« anleiten[10], so ist dies daher nicht nur verharmlosend, sondern geradezu irreführend (s. u. S. 219 ff.). Vielleicht weiß der Autor auch gar nicht, was darunter im »Zeitalter des Wassermanns« eigentlich alles angeboten wird! Hier zeigt sich eine verbreitete Naivität im Umgang mit fremden Weltanschauungen und Religionen, die in weiten Teilen der Gesellschaft um eines übersteigerten Harmoniebedürfnisses willen sachliche Auseinandersetzung durch gefährliche gefühlsmäßige, von Sympathie oder Antipathie geleitete Urteile ersetzt.

Im Zeichen eines gesellschaftlichen Wertewandels wird diese Problematik aber immer öfter begegnen, da die Erwartungen zu unterschiedlich sind, die Menschen mit der »Reise nach innen« oder der »Selbsterkenntnis« verbinden. Nach jahrzehntelanger Auseinandersetzung an anderen Fronten ist die Gesellschaft völlig unvorbereitet auf die Ankunft der neuen Gnostiker und weithin ratlos.

Eine gesellschaftliche Herausforderung besonderer Art, die allerdings unter demokratisch Orientierten sogleich auffiel, ist ihr *elitärer* Charakter, auf den *Rüdiger Lutz* in seinem Buch »Die sanfte Wende« hinweist: »Die Philosophie des New Age birgt in sich die Gefahr eines dogmatischen autoritären Elitismus.«[11] Schon immer haben sich Esoteriker gerne von den »Durchschnittschristen« und Gemeinden abgesondert, in der Überzeugung, selbst geistig »fortgeschrittener« oder »entwickelter« zu sein. So schauen auch heute viele New Age-Anhänger, wie die gnostischen »Pneumatiker«, nicht nur auf die Kirchen, sondern auch auf gesellschaftliche Institutionen herab und erblicken z. B. in den Kirchen so etwas wie »Kindergärten« oder »Vorschulen« des Neuen Zeitalters der Erleuchteten.[12]

Trotzdem gibt es solche »Vorschulen«, die manchmal bedenkenlos den Neugnostikern dennoch ihre Einrichtungen nicht nur zur kritischen Diskussion, sondern auch zur Selbstdarstellung und propagandistischen Nutzung überlassen. Zum Thema »New Age in der Kirche« ist an anderer Stelle noch etwas zu sagen. Ein besonders sensibler Bereich auf gesellschaftlichem Gebiet sind vor allem die *Volkshochschulen*, die von den Vertretern des »neuen Bewußtseins« regelmäßig vor die Frage gestellt werden, ob sie deren Angebote annehmen, um auf einen gesellschaftlichen Wertewandel positiv zu reagieren, oder ob sie dem neuen Trend nicht vielmehr entgegensteuern müßten. Eine Volkshochschule, die eine Veranstaltungsreihe etwa im Tenor der folgenden

Ankündigung angeht, hat den »Durchbruch ins Wassermannzeitalter« jedenfalls bereits mitvollzogen, ist für kritische Fragen wohl kaum noch sensibilisiert und steht vor der Gefahr der Umwandlung in eine »moderne Mysterienschule«: »Kosmosophie ist die Weisheit vom Kosmos und seinen Gesetzmäßigkeiten; sie ist eine uralte Weisheitslehre, deren kulturhistorische Wurzeln weit über ägyptisch-griechische Kulturepochen hinaus in die atlantischen Vorzeiten der Menschheitsgeschichte zurückreichen. Grundlage der Kosmosophie ist die Hermetische Philosophie, die über Jahrtausende für sogenannte Eingeweihte eine Geheimlehre über Magie, Alchemie und Astrologie gewesen war. Berühmte Eingeweihte und somit Kosmosophen waren im Laufe der Geschichte Pythagoras, Plotin, Paracelsus, Mozart, Goethe, Rudolf Steiner und viele andere. *Im jetzt beginnenden ›Wassermannzeitalter‹* werden diese Geheimlehren mehr und mehr für jedermann zugänglich; sie sollen Gegenstand des Kurses sein: Atlantis und die Frühgeschichte der Menschheit, die universale Bedeutung der Cheops-Pyramide, Stonehenge und der Tyrkreis von Dendera, Grundlagen der Astrologie und Alchemie, Kabbala und Numerologie, Tarot und I Ging, Schicksal und Wiedergeburt, Aufbruch ins 3. Jahrtausend, geistige Evolution.«[13]

Zur kritischen Sensibilisierung könnte bereits die Frage beitragen: *Was sind das für Gesellschaftsschichten,* die sich kurz vor dem Aufbruch ins 3. Jahrtausend für Atlantis oder den Tyrkreis von Dendera, für Rudolf Steiner oder Pythagoras interessieren? Wer liest eigentlich die Esoterik- und New Age-Literatur, die inzwischen in Millionen von Exemplaren die Regale füllt, in den letzten Jahren fast 10% des Gesamtumsatzes im Buchhandel erreichte und seit der Frankfurter Buchmesse 1985 einer der wenigen noch expandierenden Bereiche ist? Wer kann nicht nur locker 6000 DM für eine »initiatische Reise zur persönlichen Transformation« zu den »Inka-Kraftplätzen« im Amazonas-Urwald Perus als »zeitgemäße, transkulturelle Entsprechung zur Reise des Schamanen« (so ein Prospekt) auf den Tisch blättern, sondern dabei auch noch das Gefühl haben, damit wirklich auf dem richtigen Dampfer oder besser: im richtigen Flugzeug der menschlichen »Bewußtseinsevolution« zu sitzen?

Mit dem vorher erwähnten Hinweis auf den »Elitismus« der New Age-Bewegung wird im Grunde die alte These von *Max Weber* über die *Gnosis als »spirituelle Heilsaristokratie«* aufgenommen, die »diese Welt« (»das mechanistische Paradigma der Neuzeit«) als »Äon des

Bösen« oder, von östlichen Denkvoraussetzungen her, als »Maya« betrachten kann. Nach dieser These[14] sind es, wie *Petr Pokorný* feststellt, »vor allem die *sozial privilegierten und gebildeten Schichten*, die die politische Macht verloren haben, die dazu neigen, eine *weltverneinende Religion der Erwählten* zu bilden. Die Spiritualität solcher Art... funktioniert auf der einen Seite als ein *Ventil des Protests* und als *Bestätigung des Bewußtseins der eigenen Überlegenheit* ihrer Träger, aber auf der anderen Seite auch als Anerkennung ihres faktischen Verlusts der Macht in dieser Welt.«[15]

Max Webers Heidelberger Kollege *Ernst Troeltsch* nannte diese Art gnostischer Spiritualität die *»heimliche Religion der Gebildeten«*[16] – ein immanenter, pantheistischer Spiritualismus bis hin zu esoterischer Weltanschauung, dem eine ganze wissenschaftliche Führungsschicht des 19. Jahrhunderts anhing, während gleichzeitig die klassische moderne Naturwissenschaft, oft vertreten durch ein und dieselbe Person, mit dem Instrumentarium des Objektivitätspostulats und der Stringenz des Kausalzusammenhangs ihre größten Triumphe feierte!

Man kann das »mechanistische Paradigma« der Neuzeit leicht als den »Äon des Bösen« verurteilen, während man »Esalen« in seine eigenen vier Wände holen und den Vegetarismus als Haute Cuisine goutieren kann. Auch der Waldorfschul-Boom als »bürgerliche Protestbewegung« (J. Badewien) gehört in diesen Zusammenhang. Man überläßt die »Staatsschulen« eben sich selbst, ihrem eigenen Schicksal, wie der Gnostiker den ohnehin untergehenden Äon verachtet und sich nur noch mit seiner eigenen, inneren Reise durch die Äonen beschäftigt, für die genug Reiseführer bereitstehen. Die Ansicht eines Berliner Hochschullehrers, 80% der heutigen Physiker würden Capra nicht lesen, man könne nicht im derzeitigen Wissenschaftsbetrieb arbeiten und gleichzeitig denken, Capra habe recht[17], kann natürlich auch den »abgehobenen« Charakter des »neuen Bewußtseins« nicht gerade widerlegen!

Auch wenn also die Gnosis von dieser Grundhaltung her sich in der Geschichte nie als starke Bewegung »inkarnieren« konnte und Gnostiker und Esoteriker kein besonders positives Verhältnis zur äußeren *Macht* entwickelt haben, indem sie diese einfach für *nichtig* erklärten, taucht die »gnostische Grundhaltung« immer wieder als geistesgeschichtliche Tendenz auf: »Die gebildeten Bevölkerungsschichten«, so Pokorný, »neigten oft dazu, ihre relative Depravierung durch illusionäre Selbstbestätigung und durch Elitebewußtsein zu kompensieren.«[18]

In diesem Sinne meinte auch die Zeitschrift »*Natur*« (3/1987), die New Age-Bewegung treibe mit der Verheißung von Selbstverwirklichung durch »kosmisches Bewußtsein« ein »gefährliches Bewußtseinsspiel«: »Das taugt für saturierte Angehörige der Ober- bis oberen Mittelschicht. Sie sonnen sich dann auf der Mutter Erde, die ihre Vorfahren den Indianern weggenommen haben, blicken zum Vater Himmel hinauf und spielen ab und zu mit Schwester Pflanze und Bruder Tier.« Der Verfasser täuscht sich allerdings, wenn er fortfährt: »In den Befreiungsbewegungen bedrohter und unterdrückter Völker sind sie ebensowenig vertreten wie in den politischen Auseinandersetzungen um naturzerstörende Projekte wie Wackersdorf.« Gerade hier scheint sogar eine besondere Brisanz des »neuen Bewußtseins« zu liegen, mit der künftig auch in gesellschaftlicher Hinsicht zu rechnen ist. Es fallen einem hierbei keineswegs nur Aktionen von Außenseitern ein, etwa das ökologische Engagement neuheidnischer Gruppen wie z. B. »PAN« (= Pagans Against Nukes) in den USA, die politisch engagierte feministische »Hexe« *Starhawk* (= Miriam Simos) oder die neuheidnische Zeitschrift »Gnostica«, die sich speziell für »okkulte Traditionen der Dritten Welt« und gegen die »kulturelle Arroganz« europäischer Esoteriker einsetzt[19]; man erinnert sich auch an einen Sprecher des »Bundes für Umwelt- und Naturschutz Deutschland« (BUND), der sich 1987 in einer Schulfunksendung als New Age-Sympathisant zu erkennen gab[20], vor allem aber an Capra, dessen Hoffnungen sich gerade mit dem Einfließen des »neuen Bewußtseins« in den mächtigeren Strom der Ökologiebewegung und des Feminismus verbinden. Auch Th. Roszak meint: »Allgemein ist der neue Okkultismus von gesunden Einflüssen durchsetzt, die von der Dritten Welt, Ur-Völkern und vom politischen Befreiungskampf der Frauen ausgehen.«[21]

Eine Umfrage ergab 1987, daß es sich bei Lesern des einschlägigen New Age-»Magazin 2000« um »ein überdurchschnittlich gebildetes Publikum mit überdurchschnittlichem Einkommen und Lebensstandard« handelt. Nur 10% der Leser sehen sich durch die Institutionen Staat, Kirche oder Gewerkschaften vertreten! Jeder Fünfte identifiziert sich dagegen mit Bürgerinitiativen, zwei Drittel sind in »alternativen Projekten« oder »Selbsterfahrungsgruppen« tätig. Den Begriff »Neues Bewußtsein« brachten die meisten mit Vorstellungen in Verbindung wie »Einklang mit Erde und Kosmos«, »Ganzheit«, »Frieden«, »Leben im Hier und Jetzt«, »den Kern der Religionen erkennen«[22]. Trotz der

scheinbaren Nähe zu bestimmten politischen Fragen kann man gleichwohl zweifeln, ob hinter diesem esoterischen »neuen Bewußtsein« tatsächlich ein gesellschaftliches Veränderungspotential steht.
Daß der »Durchbruch zur Innenwelt« unter bestimmten gesellschaftlichen Gegebenheiten nicht unbedingt den Beginn einer »Veränderung von innen« im Sinne einer Verbesserung der äußeren Verhältnisse bedeutet, sondern auch zur exklusiven Beschäftigung mit der eigenen »Reise nach innen« entarten kann, zeigen auch die folgenden Überlegungen aufgrund von Ergebnissen psychologischer Forschung und demoskopischer Erhebungen: Besonders Vertreter der Freudschen Schule haben die »narzißtische« Grundhaltung bei vielen Vertretern des »neuen Bewußtseins« hervorgehoben. Auf *Christopher Laschs* »Zeitalter des Narzißmus« und dessen Kritik der amerikanischen Psycho- und New Age-Szene der 70er Jahre wurde bereits hingewiesen. Im übrigen betonen aber auch Vertreter des New Age selbst, man müsse über »das Abseits einer *narzißtisch-selbstbezogenen* ›New Age‹-Randbewegung« hinausgelangen.[23] Der wachsende Einfluß eines neugnostischen Denkers wie C. G. Jung und seiner Schule auf das »neue Bewußtsein« und weit darüber hinaus bedarf dringend einer kritischen Aufarbeitung, da sie heute, wie *Willem Visser't Hooft* einmal feststellte, als »stärkste Kraft... zur Schaffung einer synkretistischen Grundstimmung beiträgt«, »zur Schaffung eines *religiösen Eklektizismus,* in dem die allerverschiedensten religiösen Konzeptionen ohne irgendein wirklich geistiges Urteilsvermögen gesammelt werden«[24].
Offenbar kommt dieses Denken aber den herrschenden Plausibilitätsstrukturen besonders entgegen: Aus der Sicht der Freudschen Narzißmus-Theorie, so wird in dem Sammelband des Bad Homburger Gnosis-Colloquiums festgestellt, »steht C. G. Jung... dem Typus vulgärgnostischen Durchschnittsdenkens auf narzißtischer Basis nahe, dem wir besonders heutzutage auf Schritt und Tritt begegnen. Wer sich in der ehemals antiautoritären Szene bis zur alternativen Bewegung der unmittelbaren Gegenwart auskennt..., dürfte unschwer erkennen, daß der Zug der Zeit zum symbiotisch-narzißtischen Selbstverständnis tendiert. Trifft man doch, ob unter Studenten oder sogenannten etablierten Leuten, kaum noch einen, der nicht nach der Devise leben möchte: *Ich bin okay, du bist okay.* Die dahinterstehende Berufung auf ein intaktes oder potentes ›Selbst‹ ist zwar verständlich, aber auch gefährlich.« Und zwar weil es unbestreitbar sei, daß die Fundierung

menschlichen Selbstverständnisses in einem narzißtischen Bedürfniskomplex »die ethischen Maßstäbe, an denen die jeweilige Ordnung einer politischen Gemeinschaft kritisch zu messen ist, außerhalb von einer rational-diskursiven Reflexion über ›Gut und Böse‹, d. h. rein subjektivistisch affektbegründet ›setzt‹... In anderen Worten: ›Gerechtigkeit‹ im klassischen Sinne kann im Rahmen eines solchen Selbstkonzepts notwendig nicht einmal mehr ›gedacht‹ werden, setzt sie doch gerade die Differenzierung zwischen dem, was mir, und dem, was anderen gut sein kann, voraus.«[25]

Was die dahinterstehende Gesellschaftsanalyse betrifft, so werden diese Überlegungen auch durch Untersuchungen von *Elisabeth Noelle-Neumann* empirisch gestützt. Nach Umfrageergebnissen von Anfang 1986 zu der Frage, worin die Deutschen den »Sinn des Lebens« sehen, wird in einer Allensbach-Untersuchung unter dem Titel »Eine Philosophie des Lebensgenusses breitet sich aus. Die meisten finden den Lebenssinn nur noch im privaten Glück« ein besorgniserregender *Wertewandel* konstatiert: »Wenn man die Zahlenreihen über die letzten zwölf Jahre hinweg verfolgt, ergibt sich eine ganz eindeutige Tendenz zu einem immer stärkeren *Selbstbezug* der Menschen (um nicht Egoismus zu sagen)... 1974 sagten 48 Prozent der Befragten..., der Sinn ihres Lebens liege darin, ›glücklich zu sein‹, ›viel Freude zu haben‹. In der jüngsten Umfrage von Anfang dieses Jahres (1986) sagten das gleich 62 Prozent... Gestützt wird dieser Trend zur Konzentration auf das jeweils eigene Glück durch eine parallele Entwicklung hin zu einem umstandslosen *Hedonismus*, bei dem Lebenssinn weniger aus dem *Engagement für andere*, sondern vor allem aus der *Befriedigung eigener Bedürfnisse* und Wünsche zu ziehen versucht wird.«[26]

Man kann darüber hinaus sagen, daß genau in diesem *Zurückgeworfensein* des Menschen *auf sich selbst* und seine privaten Sehnsüchte auch eine der Fragwürdigkeiten und Gefahren des esoterisch geprägten »neuen Bewußtseins« besteht, jedenfalls für den, der es in dieser selbst- und konsumorientierten Grundhaltung rezipiert. Denn jeder wirkliche Esoteriker oder auch der von Haus aus in einer östlichen Religion Verwurzelte wird von sich aus darauf hinweisen, daß ohne eine *ethische* Fundierung jede »Bewußtseinserweiterung« mit großen *Gefahren* für den Betroffenen verbunden sein kann. Auch der zurückhaltend formulierende Josef Sudbrack meint, was heute unter »Selbstverwirklichung« laufe, ende sehr oft in reinem *»asozialen Egozentrismus«*[27].

Diese Gefahr resultiert vor allem daraus, daß die neuen Bewußtseinsformen bei uns auf einen Menschen treffen, der sich, wie Allensbach zeigt, in einem Wertewandel befindet, während in den traditionellen esoterischen oder fernöstlichen Weltanschauungen Techniken der »Bewußtseinsveränderung« eingebunden sind in ein normatives System von religiösen Riten und Traditionen.[28] Viele Menschen fallen heute kurzschlüssig der vom »neuen Bewußtsein« aufgerichteten Fassade zum Opfer, die Erfolg oder gar Erlösung durch ein »positives Denken« verheißt. Was kann man eigentlich dagegen haben, so fragt man, daß viele Menschen darin endlich wieder einen Sinn für ihr Leben finden oder sich einer der »Bewußtseinstechniken« anschließen, um etwas für eine positivere Lebenseinstellung zu tun?

Zunächst einmal: Der nach einer Umfrage im Auftrag der Frauenzeitschrift »Brigitte« von 37% der Bundesbürger geteilte Glaube, wenn jeder bei sich selber anfange, könne die Welt zum Positiven verändert werden, muß keineswegs als Ausdruck von »Umkehr« im christlichen Verständnis aufgefaßt werden. Es kann sich hierbei auch um einen Ausdruck von Verzweiflung über die Unfähigkeit von Institutionen (Politik, Kirche, Schule usw.) zur Lösung der heutigen Probleme handeln. Statt sich für ihre Verbesserung einzusetzen, flüchten viele zunehmend ins private Glück oder in die Verheißungen von mehr »Selbstverwirklichung« durch Entfaltung eines »neuen Bewußtseins«. Das »neue Bewußtsein« kann also auch Ausdruck einer regelrechten Flucht in die Innenwelt sein und keineswegs das positiv zu beurteilende Faktum, daß der einzelne heute seine eigene Verantwortung gegenüber dem Mitmenschen mehr spüre und wahrnehmen wolle. Was er zweifellos mehr spürt, ist vielmehr seine eigene Ohnmacht.

Wenn 62% nicht mehr konsum- und karriereorientiert sind, so kann das auch Ausdruck einer tatsächlichen Übersättigung mit materiellen Werten sein und braucht keineswegs die Überwindung des Materialismus zu bedeuten. Die Gefahr dabei ist, daß man glaubt, »geistige Werte« nun genauso konsumieren zu können, ohne Anstrengung, ohne die eine echte geistige Entwicklung und Veränderung nicht möglich ist. Der amerikanische Theologe *Harvey Cox* hat schon 1978 auf das eigenartige religiös-weltanschauliche Konsumdenken des westlichen Menschen hingewiesen, das sich die verschiedensten religiösen Praktiken aneignet, um die »Verwirklichung des unersättlichen westlichen Selbst zu steigern. Auch dies wird zweifellos ›Christentum‹ genannt werden.«[29]

Kapitel X

New Age und christlicher Glaube

Und so gibt es auch bereits Anzeichen für ein »New Age-Christentum«, ja sogar Aufrufe an die Christen, sich der Bewegung der »sanften Verschwörer« anzuschließen, denn »der Geist des Neuen Zeitalters« sei »der Geist Gottes« (G. Schiwy).

Eine nüchterne Betrachtung wird zunächst einmal folgendes festhalten: Nicht alle übersinnlichen Erfahrungen, nicht alle esoterischen Weisheiten von Gnostikern, nicht alle spirituellen Bestrebungen von New Age-Propheten sind einfach pauschal abzulehnen – sei es als gesellschaftliche Fehlentwicklung, sei es als dämonische Verführung. Aber entscheidendes Kriterium für die Beurteilung im Geist des christlichen Glaubens bleibt immer: »*Wem dient der Mensch eigentlich mit seinem besonderen spirituellen Talent?* Gebraucht er es zur Ehre Gottes und zu Nutz und Schutz des Nächsten, oder stiftet er damit Schaden und Unheil, weil sein Herz, von Gott gelöst, in Unordnung und Finsternis geraten ist?« (A. Köberle).

Wie sehr heute an diese Kriterien erinnert werden muß, zeigen nicht zuletzt die am Anfang dieses Teils erwähnten Auswüchse. Doch damit stellt sich auch die Anfrage: Wie wollen die Vertreter des New Age eigentlich selbst diesen Auswüchsen begegnen? Aus reicher Erfahrung heraus stehen der Glaube und die Gebote Gottes für den Christen in jedem Fall höher als die »Gnosis«, die Erkenntnis, das Wissen und das spirituell entwickelte Bewußtsein. Das »neue Bewußtsein« muß sich christlich in jedem Fall nicht nur am Engagement für den Mitmenschen, sondern vor allem am biblischen Gottes- und Menschenbild messen lassen, womit sich deshalb die beiden ersten Abschnitte dieses Kapitels befassen. Daß die Orientierung an diesen Kriterien keineswegs ein »Rückfall in ein dogmatisches Christentum« eines überholten Zeitalters ist, sondern eine heilsame Bedeutung für die Gegenwart hat, könnte jeder selbst ausprobieren, indem er sie als Leuchttürme auf seiner Reise durchs Leben beachtet.

Von diesem Fundament her kann dann auch gefragt werden, wo die Versäumnisse und aufzuarbeitenden Defizite der christlichen Kirchen liegen und wo das »neue Bewußtsein« vielleicht sogar Hilfe bieten und Denkanstöße vermitteln kann für einen echten Wandel angesichts von Fehlentwicklungen. Zweifellos verlangt das »neue Bewußtsein« des New Age über die Auseinandersetzung auf gesellschaftlicher Ebene hinaus viel stärker eine Auseinandersetzung mit den *religiösen Inhalten* des Glaubens. In voller Klarheit über die Tragweite des sich damals herausbildenden »New Age-Syndroms« schrieb *F.-W. Haack* schon 1974: »Genau diese Religiosität dürfte zur ernsthaftesten Gefahr für die christlichen Kirchen werden... Sie hängt sich an der Stelle ein, wo... das Christentum versagt zu haben scheint.«[30] Man muß ganz klar feststellen: Hier ist eine Bewegung im Gange, die nicht nur zur Selbstbesinnung anregt, sondern die dem christlichen Glauben von innen heraus den Lebensatem nimmt, seine Fundamente – für viele unmerklich hinter wohlklingenden Worten – untergräbt und deshalb gefährlicher ist als diejengen, die sich als direkte Gegner des Christentums bekennen. Dies ist aber nur die eine Seite der Wahrheit über das »neue Bewußtsein«. Denn diese die Fundamente des christlichen Glaubens auf sanfte Weise auflösende Entwicklung ist zum Teil nur deshalb möglich, weil, wie *Gerhard Adler* treffend betont, das »neue Bewußtsein« im Grunde ein von den christlichen Kirchen selbst mit herbeigeführtes Vakuum besetzt, da es hier um »die ganz großen Fragen geht, die nicht einfach unbesetzt und leer bleiben können. Angesogen von diesem Vakuum wurde die synkretistische New Age-Bewegung, von der sich wiederum viele Suchende angezogen fühlen, die nirgends sonst eine geistige Heimat gefunden haben. Verübeln kann man es ihnen nicht. Wohin sollen sie gehen?«[31]

Aber das »neue Bewußtsein« besetzt nicht nur ein geistiges Vakuum, nicht nur bestimmte »Sinndefizite« und religiöse Inhalte, sondern auch ein *emotionelles* Vakuum, weshalb nicht nur die »großen Fragen« der Theologie auf die kirchliche Tagesordnung gesetzt werden müssen, sondern auch die »kleinen«, vor allem Psychologie und Seelsorge betreffenden Fragen, die es mit dem im 3. Abschnitt zu behandelnden Problemkreis der rechten Zuordnung von *Glaube und Erfahrung*, den Fragen einer »christlichen Spiritualität« zu tun haben. Denn mit dem Stichwort »Erfahrung« versuchen die Vertreter des »neuen Bewußtseins« rigoros ihre Überlegenheit auf psychologischem Gebiet gegenüber dem »nur« Glaubenden, in ihren Augen dogmatisch Verhärteten auszuspielen.

Es ist schon eine Hilfe, wenn dies richtig erkannt wird, auch wenn die Aufgabe selbst erst in der weiteren Zukunft gelöst werden kann. Weder Anbiederung noch Verteufelung des New Age-Bewußtseins helfen hier weiter, sondern nur die eigenständige Wiederaufnahme jener von einer falsch verstandenen »Entmythologisierung« und Anpassung an den rationalistischen Zeitgeist kurzschlüssig über Bord geworfenen »großen Fragen« des »christlichen Universalismus« (s. u. 5.), der Mystik und der Eschatologie, wie z. B. die Fragen der »Unsterblichkeit der Seele« oder des Weiterlebens nach dem Tod, aber auch Fragen des Wunders, der Gesundheit, der Heilung usw. Jedenfalls haben die Kirchen keinen Grund, etwa den Rationalismus gegenüber dem »neuen Bewußtsein« auch noch zu verteidigen, mit dem sie in der Vergangenheit selbst nicht die besten Erfahrungen gemacht haben. Doch zunächst soll gefragt werden, worin die größten, vielleicht unüberbrückbaren *Hindernisse* für eine Verständigung zwischen New Age-Bewußtsein und christlichem Glauben liegen.

1. Ein nichtchristliches Welt- und Menschenbild

Marilyn Ferguson ist durchaus darin recht zu geben, daß unsere Probleme mit unseren »Ansichten über die menschliche Natur« zusammenhängen.[32] Allerdings unterscheiden sich die christlichen Antworten auf die Frage »Was ist der Mensch?« grundlegend von den durch östliches und gnostisches Denken bestimmten Vorstellungen der meisten New Age-Vertreter.

Transformation des Ich-Modells

Die Zeitschrift »*Trendwende*« brachte das Menschenbild des New Age einmal, stellvertretend für viele andere Stimmen, auf die Formel, daß die Menschheit heute unmittelbar vor der Transformation des bisherigen »Ich-Modells« durch einen »Evolutionssprung« der ganzen Menschheit zu einem *kosmischen Einheitsbewußtsein* stehe. Ähnlich definiert *Elmar Gruber:* »Ganz allgemein bedeutet New Age auf psychischem und sozialem Gebiet Ausrichtung auf etwas, das die Grenzen und künstliche Fixierung des Ich übersteigt. Transparenz für das ›Größere‹ macht den Menschen des Neuen Bewußtseins zu einem, der zunächst sich zu ›erweitern‹, zu übersteigen sucht.«[33] Diesen »neuen Menschen« bzw. »Übermenschen« sieht er in den Entwürfen von Sri Aurobindo, Carl Rogers, Hugo Enomiya-Lassalle, Timothy Leary, vor allem aber bei *Nietzsche* angestrebt.[34]

Nietzsches Begriff des »Übermenschen« bekommt nach Gruber eine Schlüsselstellung für das New Age-Denken: »Nietzsches Verwendung dieses Begriffes stellt gewissermaßen den Endpunkt seiner Säkularisierung dar, aus der er heute wieder im Gedankengut des New Age erlöst wird... *Nietzsches Diktum: ›Der Übermensch ist der Sinn der Erde‹ könnte die Überschrift zu einer New Age-Anthropologie sein.«*[35]

Vorbild dieser »Transformation« des Menschen ist für die Vertreter des New Age aber auch die Weltanschauung der östlichen Religionen – Hinduismus, Buddhismus, Taoismus –, deren »Kardinalpunkt« nach *Capra* »die grundsätzliche Einheit des Universums« ist, in dem alle Dinge und Vorgänge »nur verschiedene Aspekte oder Manifestationen derselben ›letzten Realität‹« sind, was im Blick auf das Menschenbild bedeutet, *»den Begriff des isolierten individuellen Ich zu überwinden* und sich mit der ›letzten Realität‹ zu identifizieren«[36]. Indem die moderne Physik nach Capra Verbindung aufgenommen hat mit diesem Welt- und Menschenbild, gewinnt es, so meint er mit vielen New Age-Vertretern, auch für den westlichen Menschen an Plausibilität, der ja schon immer »wissenschaftsgläubig« Wert legt auf die »wissenschaftliche« Absegnung seines Glaubens und seiner Erfahrungen!

Der Weg des Menschen zu *Individualität* und *Personalität* als humanen Werten (H. Blumenberg), den er nicht zuletzt unter dem Einfluß des Christentums gehen konnte und der ihn aus seiner Verflechtung in die »kosmischen Ordnungen« befreit hat, wird demgegenüber mit radikalem Mißtrauen betrachtet, ja geradezu als »Sündenfall« des modernen Menschen, der verantwortlich sei für die ökologischen und geistigen Katastrophen. Viele andere New Age-Denker äußern sich ähnlich wie die Genannten. Immer geht es um die Entwicklung eines alle Menschen umfassenden *kosmischen Einheitsbewußtseins*, nur die Begriffe sind verschieden – ob es sich nun um den *»integralen Yoga«* Sri Aurobindos oder um das *»integrale Bewußtsein«* Jean Gebsers oder Hugo Enomiya-Lassalles, um die *meditative Weltregierung* des TM-Gurus Maharishi Mahesh Yogi oder um das *»globale Gehirn«* des gleichfalls von der TM beeinflußten Peter Russell sowie um den Entwurf Ken Wilbers handelt, der den Menschen ebenfalls auf dem Weg zu diesem *»kosmischen Bewußtsein«* sieht, das ihn die *»Illusion seines Ich«* überwinden lasse und den *»Tod ungültig«* mache.[37]

Letzteres zeigt zugleich mit aller Deutlichkeit einen zweiten, wesentlichen Aspekt der Anthropologie des New Age: Der Glaube, daß mit dem Prozeß der »Ich-Transformation« gleichzeitig auch die condition humaine überhaupt – die *Endlichkeit* und *Kreatürlichkeit* des Menschen – »transformiert« und überwunden werde. Letztes Ziel des »Durchbruchs zur Innenwelt« im New Age-Verständnis und des darauf aufbauenden »Lehrplans«, darüber sollte man sich keine Illusionen machen, ist die Schaffung des *»Neuen Menschen«*, im Vergleich zu dem der heutige Mensch als »das unvollendete Tier« (Th. Roszak) erscheint; Ziel des Transformationsprozesses ist die eigene *Gottwerdung* des Menschen – nicht »aus Gnade«, sondern durch Selbsterschaffung und Selbsterlösung auf einem geistigen Entwicklungsweg.

Das ist nichts Neues in der Esoterik, denkt man vor allem an die *Theosophie* und ihr Konzept von den »aufgestiegenen Meistern« – vergöttlichten früheren Menschen, die bereits diesen Entwicklungsweg absolviert haben und nun den heute lebenden Menschen bei ihrem eigenen »Aufstieg« durch die Vermittlung göttlich-geistiger »Energien« helfen, derer sich auch zahlreiche New Age-Gruppen bei ihren meditativen Praktiken zu versichern suchen. Dieser Prozeß der »Ich-Transformation« unterscheidet sich auch kaum von den Zielvorstellungen etwa eines *»Bhagwan« Shree Rajneesh*, »Buddhas« zu schaffen, Menschen ganz ohne Ego.[38]

Was bei zahlreichen New Age-Vertretern auffällt, ist eine im Vergleich hierzu ungeheure Popularisierung, ja Banalisierung solcher Vorstellungen – als einer Art »Aufguß« für das breite oder zumindest zahlungskräftige Publikum. Steht bei vielen traditionellen esoterischen Gruppen hinter diesen Zielvorstellungen immerhin ein längerer und auch ethisch oft sehr anspruchsvoller »Pfad« der Selbstentwicklung, so werden diese Voraussetzungen in vielen »modernen Mysterienschulen« immer anspruchsloser und weitgehend käuflich (s. o. Kap. VII). Man spricht, wie die Zeitschrift »Life« im Blick auf eine bereits 1963/64 von Theologiestudenten an der Harvard-Universität unter Anleitung von Timothy Leary durchgeführte Meditation über biblische Themen unter Verwendung von Meskalin-Präparaten formulierte[39], von *»Instant*

Mysticism« oder auch, nach Arthur Koestler, von *»Nes-Zen«*[40] (aus Nescafé und Zen-Meditation).
Vor allem *M. Ferguson* bietet Beispiele, die als eine ziemlich unverhüllte Anpassung an das Konsumverhalten und Leistungsdenken der amerikanischen Gesellschaft erscheinen. »Transformation« – zunächst des »Ich«, dann der ganzen Menschheit – scheint für sie letztlich nichts anderes zu sein als das Streben nach neuen Höchstleistungen. Allen Ernstes versteht sie diese Variante eines Leistungsdenkens auch noch als »lebensnahe Erziehung zur Moral, Erziehung in Richtung Transzendenz«. Denn, so fährt sie fort: *»Wir leben im Zeitalter des Guiness-Buch der Rekorde.«*[41] Das meint sie nicht etwa ironisch, sondern das New Age scheint für sie wirklich ein Zeitalter von Höchstleistungen zu sein – eines »Transzendierens ohne Ziel«. Der »neue Mensch« als »Para-Tarzan«, wie Ernst Benz drastisch formulierte, das scheint ihr Menschenbild zu sein.
Allerdings kommt damit bei ihr auch die Verflachung voll zum Durchbruch, die sich bereits im Menschenbild von *Abraham Maslow,* einem der Begründer der »Humanistischen Psychologie«, abzeichnete: Die menschliche Natur sei, so Maslow mit in unserem Jahrhundert geradezu rührender Naivität, »bei weitem nicht so schlecht, wie man gedacht hat«. Und »eine voll-verwirklichte menschliche Person« ist für ihn schlicht ein Mensch, der *»Gipfel-Erfahrungen«* (peak-experiences) hat, das heißt in bestimmten Lebensaugenblicken über das Gefühl der »Einheit mit dem Kosmos« verfügt.[42]

Geistesgeschichtliche Wurzeln

Gerade dieser typisch westliche anthropologische Optimismus der »Humanistischen Psychologie«, der weder mit dem Menschenbild des Hinduismus noch des Christentums etwas zu tun hat, kann darauf aufmerksam machen, daß es zu undifferenziert, ja regelrecht falsch wäre, wenn man – wie es in christlichen Kreisen häufig geschieht – aus dem Vorliegen zahlreicher Motive aus den östlichen Weltanschauungen den Schluß ziehen würde, es handle sich beim Menschenbild des New Age im wesentlichen um eine Infiltration östlicher Vorstellungen. Bei aller Bedeutung dieser Motive kann man das New Age-Bewußtsein jedoch nicht einfach als einen Ableger östlicher Religiosität betrachten, sondern hat darin in erster Linie eine *auf dem Boden des Säkularismus* entstandene westliche Erscheinung zu sehen, bei der fast alle Probleme wiederaufleben, die das westliche Christentum seit der epochalen »Wende« der Aufklärung des 17./18. Jahrhunderts ständig umgetrieben haben. Dies drückt sich auch darin aus, daß das New Age-Bewußtsein im Grund nur in den westlichen Industrienationen verbreitet ist, die mehr als andere Kulturen immer noch im Bann jener tiefgreifenden »Wende« und ihrer Folgen stehen.

Geistesgeschichtlich steht immer noch jene Strömung im Hintergrund, die ihren »Ausgang beim *Subjekt* und seinem Vermögen zur Transzendenz«[43] nimmt und grundsätzlich vor zwei Möglichkeiten eines »Transzendierens ohne Transzendenz« steht: einem »Weg nach außen«, wie er im Anschluß an Karl Marx z. B. vom Neomarxismus beschritten wurde, und einem »Weg nach innen«, wie er heute von den esoterischen Strömungen des New Age gegangen wird. Das »neue Bewußtsein« hat gerade in der Anthropologie mehr Berührungspunkte mit Descartes und Kant, als seinen Vertretern im Blick auf diese von ihnen zu Negativfiguren des »old age« erklärten Denker lieb sein kann!

Der anthropologische Optimismus als Erbe der Aufklärung hat in Amerika offenbar die Jahrhunderte besonders gut überdauert, wie der dortige Therapiemarkt ebenso zeigt wie der Versuch, selbst einen Nietzsche zu »domestizieren« und aus dem »Übermenschen« geradezu einen Spießer mit »höherem Bewußtsein« oder »peak-experiences« zu machen.

Doch die Verbindung zum Geist der Aufklärung und des Rationalismus geht noch tiefer: Treffend weist Josef Sudbrack darauf hin, daß etwa die christliche Lehre von der *Erbsünde* der ursprünglichen östlichen Erfahrung des *Karma* nähersteht als die Reinkarnationsvorstellungen so mancher neuzeitlicher europäischer Kreise. Das gilt vor allem auch für westliche Esoterik und New Age, wo man diese Vorstellungen oft zu einem flachen aufklärerischen *Moralismus* umdeutet, was weder die Karmalehre noch die Erbsündenlehre ist.

In diesen Zusammenhang gehören insbesondere auch die Reinkarnationsvorstellungen der Vertreter des New Age-Bewußtseins, die im Westen ausgerechnet seit der Zeit der Aufklärung, insbesondere seit Lessings »Erziehung des Menschengeschlechts«, präsent sind, bei dem sie manche Esoteriker gleich direkt, ohne den Umweg über Indien, beziehen! So versteht zum Beispiel der erwähnte Gründer einer »modernen Mysterienschule«, *Stefan von Jankovich*, die Reinkarnation auch ganz im Sinne eines solchen auf die Aufklärung zurückgehenden *»pädagogischen Evolutionismus«* (s. o. S. 92). Erstaunt an seinen Ausführungen schon, *daß* man bestimmte Lebenserfahrungen als »Beweis« für die Reinkarnation heranzieht, so ist es zumindest nicht weniger überraschend, *wie* diese »Reise ins Innere«, im Unterschied zu den östlichen Reinkarnations- und Karmalehren, ganz im *pädagogisch-moralisierenden* Geist der Aufklärung gedeutet wird: als göttliche Erziehungsmaßnahme zur geistigen Vervollkommnung.

Doch auch da, wo man zumindest über den pädagogischen Moralismus hinauskommt, bleibt man schlechthin der Fragestellung der Moderne verhaftet, ohne daß der Anspruch, ein diese Moderne überbietendes »New Age« einzuleiten, auch nur im entferntesten eingelöst würde. Der Idealismus hatte sich in einer Art »philosophischem Durchbruch zur Innenwelt« auf die inneren Bedingungen und Möglichkeiten des Erkennens im Menschen selbst und in seiner Vernunft konzentriert. Man hatte gemeint, es sei das Wunder des Menschen, daß er selber denken kann: »Cogito, ergo sum« – das Wunder des Selbstbewußtseins als das Allergewisseste, das war für drei Jahrhunderte der archimedische Punkt aller geistigen Bemühungen in Europa, die die Welt verändert haben. Trotz des Anspruchs, nunmehr »vom cogito zum sum« vorzudringen, fragt es sich: Bietet das New Age-Bewußtsein hier überhaupt grundsätzlich etwas anderes, Neues? Trotz der von New Age-Seite für alle heutigen Probleme verantwortlich gemachten »Subjekt-Objekt-Spaltung« drängt sich umgekehrt die Frage auf: Inwieweit kommt das New Age-Bewußtsein eigentlich selbst über eine diese Spaltung noch vertiefende totale *Subjektivierung*, über eine Reduzierung aller Aussagen über Gott, Welt und Mensch auf das »fromme Selbstbewußtsein«, wie man im 19. Jahrhundert sagte, hinaus? Handelt es sich nicht vielmehr lediglich um eine *Verfeinerung* der »Wunder des Selbstbewußtseins«, bei der im »neuen Bewußtsein« nicht zufällig der Psychologie eine Schlüsselrolle zufällt? Ist das New Age-Bewußtsein im Grunde vielleicht nur eine *Popularisierung* dieser subjektivistisch-idealistischen »Wende« seit Descartes?

Dafür scheint nicht nur zu sprechen, daß sich manche esoterischen Gruppen schon immer als »Erbe« der Traditionen des Idealismus und seiner »Persönlichkeitskultur« verstanden haben. So meint der amerikanische Philosophie-Professor *James Ogilvy* von der Yale-Universität, im Grunde hole Amerika heute nur den »Paradigmenwechsel« des Deutschen Idealismus nach: »Kant zeigte uns die Idee des Paradigmas an Hand der Formen des Bewußtseins. Hegel zeigte uns, wie Gestalten des Bewußtseins die Zeit durchlaufen. Da haben Sie Kants Idee des Paradigmas – und Hegels Idee vom Paradigmenwechsel. Anglo-amerikanische Naturwissenschaftler haben aber Kant und Hegel nie gelesen. Sie lesen Hume und Locke, Philosophen also, die annahmen, man könne die Welt durch die Glasscheibe betrachten. Deshalb braucht die empirische Tradition Englands und Amerikas einen Paradigmenwechsel vom Empirismus hin zu einer anderen Erkenntnistheorie... Also müssen wir nach Europa gehen, um zu lernen, was Paradigmen sind.«[44] Daß das Denken über sich selbst nachdenkt, über seine eigenen Vorgaben, Annahmen und Grundsätze, ist offenbar eine für Amerika so neue Erfahrung, daß man dies gleich als epochale »Wende« feiert. In Wirklichkeit vollzieht man damit aber erst die »Wende« nach, die außerhalb Englands und Amerikas, in Deutschland und Frankreich bereits vor über 300 Jahren vollzogen wurde!

Damit zeigt die These Ogilvys aber auch zugleich, daß das »neue Bewußtsein«, der »Paradigmenwechsel« ganz und gar *nicht* die Überwindung der Krise des Menschenbilds der Neuzeit sein kann, die durch diese »Wende« heraufgeführt worden ist. Denn das New Age-Bewußtsein leidet ja damit an *denselben* Schwächen und Mängeln der idealistischen Wende, die in der Anthropologie besonders deutlich hervortreten. Darin liegt das Recht der Kritik von Pestalozzi am New Age. Allenfalls kann man sagen, es mache damit alte ungelöste Problemstellungen und Unsicherheiten *wieder aktuell*, die im christlichen Bereich zum Beispiel in den unterschiedlichen Einstellungen zum Idealismus immer wieder hervortraten und in der Theologie etwa durch die beiden großen Antipoden Karl Barth und Friedrich Schleiermacher markiert werden.

Immer wieder kam es im Verlauf dieser Entwicklung auch zu Versuchen, die gefährliche Subjektivierung durch gegensätzliche Elemente aufzuhalten. Im Bereich des New Age-Bewußtseins versucht man heute, diesem Prozeß vor allem durch eklektische Übernahme von Elementen östlicher und gnostischer Weltanschauungen entgegenzuwirken. Es sind dies vor allem: 1. die Hervorhebung der *»Erfahrung«* als Kriterium gegenüber dem »Glauben« (s. u. 3.), 2. ein östlich beeinflußter weltanschaulicher *Monismus* (s. o. F. Capra) und 3. das Streben nach *»Entwicklung«* (Evolution; Transformation).[45] Ein solcher Eklektizismus ist aber meist Ausdruck eines abstrakten, geschichtslosen Verhältnisses zur eigenen Zeit, was besonders von Vertretern der östlichen Weltanschauungen selbst gegenüber New Age-Anhängern hervorgehoben wurde. So sieht der ceylonesische Wissenschaftler S. Goonatilake in Capra einen »Freibeuter«, der nach seiner Ansicht in einem *Konflikt innerhalb des westlichen Denkens* seine Position mit buddhistischen Zitaten zu legitimieren suche, die er ohne Verständnis für die Verwurzelung dieses Denkens in Kultur und Geschichte Asiens verwende.[46] Damit bestätigen also auch genuine Vertreter des Ostens die geistesgeschichtliche Verwurzelung des New Age-Syndroms in einer typisch westlichen Konfliktlage.

Die Krise des christlichen Menschenbilds

Zu Unsicherheiten hinsichtlich der Frage nach einer möglicherweise hilfreichen Bedeutung des »New Age-Bewußtseins« für die Überwindung der neuzeitlichen Krise kann es heute ja auch nur deshalb kommen, weil sich die westliche Welt in einem mehr oder weniger offenen Konflikt über das Menschenbild befindet, der bis in das Christentum selbst hineinreicht. Die weitere Auseinandersetzung mit dem New Age-Syndrom wird somit nicht ohne eine notwendige *Selbst-Klärung* der christlichen Position erfolgen können. Damit werden alte Konflikte wieder aktualisiert, die vor allem durch den Gegensatz zwischen einer »Vermittlungstheologie«, die den »Durchbruch zur Innenwelt« im Grunde schon vollzogen hat, und einer »Theologie der Offenbarung« oder des »Wortes«, die direkt auf das Menschenbild der biblischen Schriften zurückgreift, bestimmt sind. Insbesondere daß sich sogar Christen selbst bereits für das »neue Bewußtsein« öffnen (s. u. 4.), hat mit diesen seit der Aufklärung bestehenden Unsicherheiten zu tun.

Im Grunde ist sich aber erst das 20. Jahrhundert dieses Konflikts voll bewußt geworden, als spätestens seit dem Ersten Weltkrieg die Krise des »christlichen Menschenbilds«, oder was man dafür hielt, offenkundig geworden war. *Wilhelm Lütgert* (1867–1938) hat in seinem epochalen Werk »Die Religion des deutschen Idealismus und ihr Ende« (Gütersloh 1923) bereits die neue Sicht der religiösen Entwicklung Deutschlands markiert, die sich deutlich von der bis dahin vorherrschenden Sicht des »Kulturprotestantismus« abhob:

Bis zum Ersten Weltkrieg sah man den *Deutschen Idealismus* auf einer Linie mit der *Reformation* – gewissermaßen als Ernte der damals ausgesäten Freiheitsidee. Diese Auffassung prägte schlechthin das Selbstverständnis des »protestantischen Deutschen« – gerade auch in Abgrenzung vom Katholizismus. Man zog eine Linie von *Luther* über *Kant,* über den man das heute nur noch mit zwiespältigen Gefühlen zu hörende Wort vom »Philosophen des Protestantismus« prägte, zum sogenannten *»modernen Menschen«.* Selbst Kritiker und Gegner der Kirchen vertraten diese Sicht!

Denn es besteht, wie Lütgert und andere erkannten, ein ganz anderer geistesgeschichtlicher Zusammenhang, der vom *Idealismus* zu dessen unmittelbarem Vorläufer, der *Aufklärung,* zur *Renaissance* und zur deutschen *Mystik* zurückführt.[47] Diese Linie kann aber auch gerade im Blick auf die Auseinandersetzung mit dem für viele heute so unverständlich erscheinenden Wiederaufleben neoromantischer, mystischer, esoterischer und okkulter Tendenzen im Rahmen des »Durchbruchs zur Innenwelt« und der »New Age-Bewegung« vieles erklären helfen. Denn bereits die Aufklärung war viel »okkulter«, als man allgemein weiß, und schon der Okkultismus des 19. Jahrhunderts war viel »rationalistischer«, als viele vermuten, was aber bereits von einem Denker wie Adorno mit bissiger Kritik bedacht worden ist: »Das zetert über Materialismus. Aber den Astralleib wollen sie wiegen!«

Das berühmteste Beispiel dieser geistesgeschichtlichen Zusammenhänge ist wohl *Kant* selbst, der den Übergang zu seiner kritischen Periode in der Auseinandersetzung mit *Emanuel Swedenborg* gewann und dessen Interesse an Swedenborg, mit dem er sich in seiner berühmten Schrift »Träume eines Geistersehers« auseinandersetzt[48], »keineswegs nur kritisch«[49] war. Denn »mit Swedenborg *verband ihn* dessen Lehre von dem Verhältnis der *unsichtbaren zur sichtbaren Welt*«[50]. Aus der Sicht der »Geisterwelt« ist die »materielle Welt« nur »Erscheinung«. Genau dies ist aber der Kerngedanke der idealistischen Weltanschauung: daß das »wahre Wesen« der Dinge hinter der Welt der »Erscheinungen« liege!

Wo damals die Unsterblichkeitshoffnung festgehalten wurde, führte das zu einer »Theorie der Geisterkunde«, wie der Titel eines kürzlich wieder neu herausgegebenen Werkes des von Pietismus und aufklärerischem Denken gleichermaßen beeinflußten berühmten Augenarztes *Heinrich Jung-Stilling* (1740–1817) lautet, der sich zum »Beweis« seiner Geistertheorie ebenfalls auf Kants Lehre von Raum und Zeit als bloßen menschlichen »Vorstellungsformen« berief.[51] Eine völlig analoge

»Beweisfunktion« spielt für heutige Esoteriker und New Age-Anhänger der »Paradigmenwechsel« durch Einsteins »Relativitätstheorie«! Und man fühlt sich darüber hinaus auch an heutige »Überlebensbeweise« von E. Kübler-Ross, Moody, von Jankovich oder K. Ring erinnert: Der christliche Glaube an das ewige Leben war für viele Menschen unsicher geworden, aber das Grauen vor dem Tod war gerade für den rationalistisch denkenden Menschen um so stärker geworden. Deshalb lieferten »Geistererscheinungen« scheinbar einen »Erfahrungsbeweis« für das Überleben. Eine ähnliche Funktion erfüllen heute die »Out-of-the-Body«-Erfahrungen angeblich »klinisch tot« gewesener »Rückkehrer«, wenn nicht gar der unmittelbare spiritistische »Geisterverkehr«.

Eben diese Zusammenhänge erkannte auch schon W. Lütgert, für den sich herausstellte, »wie nahe verwandt die Theorien des Okkultismus aller Zeiten bis in die unmittelbare Gegenwart hinein untereinander sind«[52]. Vor allem in den oberen Gesellschaftsschichten hielten sich die seit der zweiten Hälfte des 18. Jahrhunderts ausgebrochenen okkultistischen Spekulationen sehr lange: »Bismarck erzählt von seiner Mutter: ›Zur Kirche ging sie nicht und hielt viel von Swedenborg, der Seherin von Prevorst und Mesmerschen Theorien, Schubert, Justinus Kerner.‹ Dabei stand sie der Aufklärung nahe«, berichtet Lütgert und schließt mit der Beurteilung: »Daß *die religiöse Unsicherheit der Aufklärung* zu allen Zeiten in *Schwärmerei* umschlägt, daß *Unglaube und Aberglaube* Zwillinge sind, ist eine bekannte Tatsache. Aber im Glauben an das Geisterreich begegneten sich damals *der Idealismus und die Erwekkungsbewegung*. Damit strebten beide der *Mystik* wieder zu, die ihr gemeinsames Quellgebiet war... Je nach der Stellung zur Unsterblichkeitslehre lief der Idealismus nach der einen Seite hin in *Skeptizismus*, nach der anderen in *Mystik* aus... Nach beiden Seiten hin aber schied er die Gebildeten von der Kirche.«[53]

So ist es im Grunde bis in die Gegenwart des »New Age« geblieben, in der wieder einmal religiös-mystische Tendenzen die Oberhand gegenüber rationalistisch-skeptizistischen zu gewinnen scheinen. Welche von beiden problematischer sind, mag dahingestellt sein. Die Kirchen haben jedenfalls aus dieser fortdauernden Krise des Menschenbilds in der Neuzeit längst die Konsequenzen gezogen in Form einer Rückbesinnung auf die echten *biblischen* Wurzeln einer christlichen Anthropologie, und man kann sagen, daß ihnen bei dieser Rückbesinnung neben vielen anderen Denkern wie Feuerbach, Marx oder Freud besonders einer einen »heilsamen« Anstoß versetzt hat, der bei den Vertretern des New Age-Bewußtseins heute eine merkwürdige Auferstehung feiert: *Friedrich Nietzsche*.

Der epochale Einschnitt des Ersten Weltkriegs legte im Grunde nur offen, was sich geistig schon längst zuvor angebahnt hatte: das Ende des Versuchs der Synthese eines christlich-idealistischen Menschenbilds. Auf die kritische theologische Forschung wirkte sich diese Entwicklung äußerst fruchtbringend aus. Wir wissen heute etwa über die Bibel oder über das Werk Luthers unendlich viel mehr, als noch bis dahin bekannt war. Es ist neben vielen anderen berühmten Namen ein besonderes Verdienst des evangelischen Theologen *Hans Joachim Iwand* (1899–1960), unter diesem Gesichtspunkt der Krise des christlich-idealistischen Menschenbilds den Versuch eines Neuansatzes in der Anthropologie unter Anknüpfung an das biblisch-reformatorische Menschenbild gemacht zu haben. Denn Iwand war zutiefst überzeugt vom *»Ende des ›protestantischen‹ Menschen«* durch das Werk von Freud und Nietzsche – jenes idealistisch geprägten »modernen Menschen« der Neuzeit, »der sich *nicht mehr von Christus her«* verstand, »sondern der in seinem *›Gewissen‹* sein neues Sein, sein neues *›Selbstverständnis‹* gefunden«[54] hatte. Dieser »moderne Mensch« war, weil er Christus nur noch in seinem »Gewissen«, *im Innern*, aber nicht mehr im Gegenüber, als lebendige *Person*, glaubt, diesen »Zerstörern des Gewissens« und der christlich-bürgerlichen Moral hilflos ausgeliefert – Nietzsche, der hoffte, »den Menschen wieder zurückzuführen zur *Unschuld der Triebe*, des Instinktes, einen neuen Typus von Mensch zu züchten, der *jenseits von gut und böse* lebt«, und Freud, dessen »Psychoanalyse« nach Iwand »nichts anderes ist als eine medizinische Technik, für die Nietzsche die eigentlichen philosophischen Grundlagen gegeben hat«.[55]

Im Blick auf diese »Kirchenväter des neuen Bewußtseins«, die die »Geistesgeschichte« (!) des Menschen auf ihre Weise »entlarvt« haben, Marx auf die seine, gewinnen die seit dem Ersten Weltkrieg gemachten Versuche einer theologischen Grundlegung der Anthropologie heute wieder eine aktuelle Relevanz. Denn nach dem Ende des Idealismus ist eine *christliche* Anthropologie nur noch, oder besser: wieder möglich durch die unmittelbare Orientierung an der Person Jesu Christi, indem man »stellvertretend für die *sich selbst rechtfertigende Welt* nach dem Zeugnis von der Gerechtmachung des Gottlosen durch die Christusgnade«[56] fragt. Damit aber stellt sich die christliche Anthropologie zweifellos *außerhalb* der geistesgeschichtlichen Entwicklung[57], die heute, im Zeichen des New Age, einen neuen Versuch unternimmt, sich angesichts der »Entlarvung« durch Nietzsche, Freud oder Marx »zu rechtfertigen«.

Dies gilt natürlich nicht nur von der Anthropologie, sondern auch entsprechend von der Gotteserkenntnis selbst, denn »genau genommen hat die Gottes*erkenntnis* in der Geschichte überhaupt keine Geschichte. Geschichtlich wandelbar wären vielmehr nur die der Gotteserkenntnis entgegentretenden Bestreitungen.«[58] Alles, was sich zu Recht christlicher Glaube nennt, muß seinen Grund im Stehen des Menschen vor Gott (coram deo) haben und orientiert sich somit unmittelbar an der dem Glauben aufgrund der Gottesbeziehung zugänglichen *Erkenntnis* der menschlichen Person, nicht aber an irgendwelchen *Erfahrungen*, die so oder anders gedeutet werden können. Was das Gerufensein des Menschen vor Gott (coram deo), seine Gottesbeziehung betrifft, so kann man nämlich nicht von einer »Entwicklung« sprechen. Oder ist der Mensch *vor Gott* heute vielleicht »weniger« böse oder »mehr« gut, Gott näher oder Gott ferner als der Steinzeitmensch oder der Mensch zur Zeit des Neuen Testaments oder zur Zeit der Aufklärung? Eine »Entwicklung« kann es nur in der menschlichen *Beurteilung* geben, und diese ist bekanntlich recht schwankend: Sie orientiert sich besonders heute oft einseitig am »Entwicklungsdenken«, während z. B. das, was für Rousseau »gut« war, keineswegs ein besonders hoch »entwickelter« Mensch war. Andererseits war dies ja gerade der Schock, den Nietzsche und Freud den Idealisten versetzten: Als man allgemein glaubte, der Mensch habe sich auf ein besonders hohes geistiges und materielles Niveau »entwickelt«, wurden der Gesellschaft von diesen Denkern die nur notdürftig verkleideten Abgründe ihres eigenen Wesens mit aller Deutlichkeit aufgezeigt.

Dies sollte für das Gespräch mit den New Age-Vertretern über den »neuen Menschen« zu denken geben und Christen veranlassen, nach dem Grund ihres eigenen Menschenbilds zu fragen, bevor sie sich auf Diskussionen über die im New Age-Bewußtsein wiederauflebenden Spekulationen über die menschliche »Höherentwicklung« einlassen, die übrigens bei vielen New Age-Anhängern von einem Mißverständnis Nietzsches bestimmt sind, wozu bei *E. Gruber* auch noch das geradezu groteske Mißverständnis hinzukommt, eine »New Age-Anthropologie«, also eine Selbst-Rechtfertigung des Menschen auch noch *mit Hilfe*

dieses jeden derartigen Versuch entlarvenden Denkers zu errichten! Denn Nietzsche hat, wie *Ernst Benz* zeigte, keineswegs den »Übermenschen« als »Produkt einer *Entwicklung*« betrachtet[59], so wie die New Age-Vertreter den »neuen Menschen« durch eine Weiterentwicklung aus dem jetzigen hervorgehen sehen, sondern »vielmehr ist der Übermensch ein Produkt der *freien Schöpfung*«, was überhaupt vom »Kampf ums Dasein« im Sinne Nietzsches gilt, der sich hier energisch von Darwin abgrenzt. »*Die Sorglichsten fragen heute: ›Wie bleibt der Mensch erhalten?‹ Zarathustra aber fragt als der Einzige und Erste: ›Wie wird der Mensch überwunden?*‹«[60] Die »Sorglichen« des New Age glauben auch heute wieder, den Menschen durch eine »Entwicklung« auf das Ziel eines »höheren Menschen« hin erhalten und so retten zu können. Demgegenüber steht Nietzsches Prophetie nach E. Benz, sieht man von ihrer antichristlichen Zuspitzung einmal ab, der christlichen Anthropologie in bestimmter Hinsicht viel näher: »Zum erstenmal seit den Tagen der alten Christenheit entwickelt Nietzsche eine... an der Zukunft orientierte progressive Anthropologie... Hinter dem Bild des Übermenschen taucht hier erneut, wenn auch verschleiert, das Bildnis des präexistenten Menschensohnes auf, der am Anfang der Menschheitsgeschichte stand, der die Menschheitsgeschichte begleitete, bis er selbst in sie einging und in ihr Mensch ward, der als der Auferstandene das Leben des ›Neuen Menschen‹, des zweiten Adam eröffnete und die große Transformation des Lebens in das Leben des kommenden Äons einleitete, in die die ganze Menschheit hineingerissen werden und in der auch der Kosmos seine Vollendung finden soll.«[61]
Gerade auch von dieser Nietzsche-Interpretation her ergibt sich, ebenso wie von der Iwands, jedenfalls die Aufgabe, sich von dem Irrweg des idealistischen Selbstvervollkommnungs- und Entwicklungsdenkens und -strebens in der Anthropologie zu lösen, der heute im Zeichen des New Age »fröhliche Urständ« feiert, und sich im Geiste eines echten christlichen Personalismus unmittelbar an der Person Jesu Christi zu orientieren.

Christlicher Personalismus

Die biblische Erkenntnis des Menschen ist dadurch gekennzeichnet, daß es in ihr überhaupt keine Trennung von *Anthropologie und Christologie* gibt, was sogar in gewisser Weise auch bei David Spangler der Fall ist, demzufolge der Mensch heute erkenne, daß er selbst »Christus« sei. Strittig bei der Frage nach dem wahren Menschen ist, *wer* Christus ist. Während Spangler einen theosophisch-gnostischen Christus verkündet, läßt sich biblisch vom Menschen überhaupt nur reden, indem von Jesus Christus als dem Sohn des lebendigen Gottes gesprochen wird, wobei diese »personale Denkweise... dank dem Zusammenhang von Anthropologie und Christologie in nicht geringerem Maße Metaphysik ist, wenn man darunter das Wissen vom Sein des Menschen versteht«[62].

In der Annahme des Menschen durch Gott in Jesus Christus wird christlich *erkannt, wer* der Mensch in Wahrheit ist. Soweit es sich wirklich um eine theologische Anthropologie und nicht um eine philosophische, mit anderswoher bezogenen Prinzipien begründete Anthropologie handelt, kann es in ihr nämlich nur darum gehen, wie Gott den Menschen sieht und beurteilt. Da auch viele moderne Seelsorgekonzepte aber von denselben anthropologischen Voraussetzungen der »humanistischen Psychologie« (Rogers usw.) geprägt sind, die auch das Menschenbild der New Age-Vertreter bestimmen, wurde kritisch darauf hingewiesen, daß demgegenüber das christliche Verständnis menschlicher *»Identität«* grundsätzlich nie ohne *christologischen* Bezug denkbar ist: »Das christliche Verständnis verlagert das Zentrum der Identität weder in das *Individuum* noch in die *Gesellschaft*, sondern in die Beziehung zwischen Personen und dem *einen* Menschen, der das menschliche Dasein in der Geschichte darstellt, und der der Vermittler der Versöhnung inmitten von Entfremdung ist.«[63]

Diese Bestimmung ermöglicht das Transzendieren sowohl individueller als auch sozialer Immanenz und »ist also gegenüber allen psychologischen und gruppendynamischen Angeboten, die Identitätsfindung versprechen, kritisch eingestellt... Das *Zentrum der Identität* liegt weder im menschlichen Selbstbewußtsein noch in der mitmenschlichen Ich-Du-Beziehung und auch nicht in Gruppenprozessen, die Selbsterfahrung vermitteln. Es bedarf einer christologischen Verfremdung des anthropologischen Ansatzes, damit dieses Zentrum *im ›extra nos‹ des Glaubens* erkennbar wird. *Glauben* bedeutet, ›daß wir den Grund unseres Lebens und Sterbens *außer uns*, in Gott haben‹.«[64] Vielleicht hat kein anderer die zum ›extra nos‹ hinführende Intention des Glaubens so leidenschaftlich zur Sprache gebracht wie Hans Joachim Iwand. Er sah in großartiger Klarheit, daß das Vermittelnde zwischen Gott und Mensch, der Glaube, nicht aus einer *Regung des menschlichen Bewußtseins* hervorgeht, sondern daß Glaube aus dem entsteht, was in der Bibel *Offenbarung* und *Wort Gottes* genannt wird. Aber als läge in dieser fremden, über den Menschen hinausweisenden Herkunft des Glaubens zugleich ein Anlaß zu äußerster Befremdung des *in sich verschlossenen Menschen*, so überaus bemüht ist dieser, das Vermögen des Glaubens in sich selbst hineinzuziehen. »Dieser Tendenz zur ›*Verinnerlichung*‹ *des Glaubens* scheint die sich anpassende Seelsorge unserer Tage dadurch entsprechen zu wollen, daß der ›homo incurvatus in se‹, der in sich selbst verkrampfte Mensch, nur noch bestätigt und darin gefördert wird, seine Hilfe dort zu suchen, wohin er selber gelangen kann: *in der Mitte seiner eigenen psychischen Potenz* ... Iwand sieht darin ›das eigentliche Ringen unserer Tage, daß eine breite Bewegung eingesetzt hat, dieses Vermittelnde wieder *in* den Menschen, in seine Geschichte, in sein persönliches oder auch kollektiv-geschichtliches Bewußtsein, zurückzunehmen‹.«[65] Denn Hilfe kann es für den in sich selbst verschlossenen Menschen nur von außen geben, nicht von einem »immanenten Christus«, der mit dem »Selbst« dieses in sich verkrümmten Menschen auch noch identifiziert wird, sondern nur von einer Person, die fähig ist, diesen Panzer aufzubrechen, den der Mensch um sich gelegt hat.

Iwand knüpfte mit seiner Sicht des christlichen Glaubens unmittelbar an die Theologie Martin Luthers an, die er in seinen Studien, vor allem zum Problem des unfreien Willens und zur Glaubensgerechtigkeit, von idealistischen, humanistischen und neuprotestantischen Fehldeutungen und Mißverständnissen befreit hat. Luther brachte im Durchbruch zur biblisch-reformatorischen Grunderkenntnis die biblische Anthropologie auf die berühmte Formel: der Mensch ist *»simul iustus et peccator«*, oder, in der grundlegenden »Disputatio de homine« (These 32) unter Bezug auf den Apostel Paulus (Röm. 3): »Arbitramur *hominem iustificari fide.*« Das bedeutet: Der Mensch ist vor Gott ein Gerechter und Sünder zugleich, und zwar nicht in dem Sinne, daß er sozusagen »gute und schlechte Seiten« habe, die gegeneinander aufgewogen oder gar, durch moralische Selbstentwicklung »verbessert«, die Lage des Menschen vor Gott irgendwie verändern oder verbessern könnten, sondern in dem Sinne, daß dies gemäß dem Neuen Testament ein Urteil *Gottes* über den Menschen ist und ein Urteil Gottes über den *ganzen* Menschen: der ganze Mensch (totus homo) ist vor Gott gerecht (Geist) und zugleich: der ganze Mensch ist Sünder (Fleisch). Der Eindruck einer dualistischen Aufspaltung ergibt sich hierbei nur, wenn man davon ausgeht, daß es sich um eine aposteriorische Beschreibung der Erfahrung handele; hier wird jedoch das Wesen oder die Lage des Menschen nicht aus seiner Selbsterfahrung *abgeleitet*, sondern aus dem Wort der biblischen Offenbarung *bestimmt*, konkret: aus dem heraus, was Jesus Christus für den Menschen getan hat, und damit *verändert:* Der Mensch ist nichts Feststehendes, sondern er wird durch das Urteil Gottes in Jesus Christus als ganzer Mensch angenommen, was in seinem Lebensvollzug Umkehr und Erneuerung bedeutet. Es handelt sich also um einen *schöpferischen Akt*, den Luther in der »Disputatio de homine« auf die Formel brachte: Der Mensch ist *»pura materia Dei ad futurae formae suae vitam«*. Wäre der Mensch nämlich »in der Lage, mit seinem eigenen Tun seine Person zu formen, so wäre er *der Schöpfer seiner eigenen geistigen Persönlichkeit«*.[66]

Eben dies ist ein heute weitverbreiteter Glaube – nicht nur bei New Age-Vertretern, sondern sogar bis in die kirchliche Arbeit hinein. Man macht sich nämlich nicht mehr genügend klar, daß hier die Grundlagen des christlichen Glaubens überhaupt: der Erste Glaubensartikel und das Erste Gebot, in Frage gestellt werden. Luther konnte vor diesen Konsequenzen noch zurückschrecken: »Wer ertrüge diese Blasphemie, daß unsere Taten uns schaffen oder daß wir Geschöpfe unserer Werke seien?! Denn so blasphemisch es wäre zu sagen: Ich bin selbst mein Gott, der mich geschaffen hat, so blasphemisch ist es, in Werken seine Rechtfertigung zu suchen.«[67] Genau diese Blasphemien kann man heute fast wörtlich bei Vertretern des New Age-Denkens als deren innerste Überzeugung finden: »Als göttlicher Geist erschafft der Mensch sich... selbst«, schreiben die Herausgeber der Stuttgarter New Age-Zeitschrift »Selbst-Bewußt-Leben« (Nov./Dez. 1987). »Jeder Mensch ist Schöpfer seiner eigenen Welt, unendlich und vollkommen. Sinn dieses Lebens ist, diese Erkenntnis zu erfahren, zu erleben und zu sein. Und dabei möchte ich jedem Wesen helfen, das bereit ist, das seinige dazu zu tun.«[68]

Weil sich also, wie hier deutlich wird, der Mensch immer wieder mit eigenen Werken zu helfen sucht, sein eigener Schöpfer sein will, braucht er Hilfe, um überhaupt erst Mensch zu werden. Während heute das New Age fragt, wie der Mensch zum göttlichen Wesen weiterentwickelt werden könne, ist es christliches Anliegen und christlicher Auftrag, auf den *einen wahren Menschen* hinzuweisen, auf Jesus Christus. Somit gewinnt gerade im Blick auf das Vergöttlichungsstreben der New Age-

Anhänger die »Theologie des Kreuzes« eine neue Aktualität und Brisanz:

Luther sagte einmal im Blick auf das Kreuz Christi, daß Gott damit aus »unglücklichen und hochmütigen Göttern wahre Menschen, d. h. Elende und Sünder« mache. »Die Gottähnlichkeit, das Götter-spielen-Wollen ist es, *wovon der Mensch erlöst werden* muß. Sie ist seine Unwahrheit, seine Unmenschlichkeit. Der Mensch schreibt sich Dinge zu, die Gott allein zukommen: Leben, Gerechtigkeit, Weisheit, Allmacht. Wahrer Mensch werden hieße, ... daß wir die verlorene Grenze zwischen Gott und Mensch wiederfinden... Jesus Christus allein steht unter uns als *wahrer Mensch*... mitten in einer Welt, deren Menschheit ihre eigene Wahrheit, die Wahrheit ihres Menschseins preisgegeben und sich selbst damit der Erkenntnis Gottes beraubt hat. So steht er als wahrer Mensch mitten unter ›unseligen und stolzen Göttern‹, indem Gott ihn so unter uns stellt, ruft er die Menschheit zurück zur cognitio sui.«[69]

Was die beiden »ganzen Menschen«, den Sünder und den Gerechten, aber zusammenhält, ist das *»Ich«*. Das »Ich« im individuellen Sinn ist nach Iwand aus der Sicht der biblisch-theologischen Anthropologie nichts anderes als »die Voraussetzung dafür, daß die Erlösung des Menschen *in der Zeit* zustande kommt« bzw. es ist »der Weg, auf dem das Heil in die Geschichte eintritt«[70]. Die oben beschriebene »Ich-Transformation« der New Age-Denker ist also mit dem christlichen Heilsglauben nicht vereinbar, sofern damit die *personale Dimension* des christlichen Glaubens empfindlich tangiert wird. Sofern es sich im christlichen Glauben immer darum handelt, *wie Gott* den Menschen sieht und beurteilt, das heißt um ein Stehen des Menschen vor Gott, geht es in ihm grundsätzlich auch immer um das Aufbrechen und um die Bewahrung der *personalen* Dimension in der Religion, hinter die niemand zurück kann, der dem christlichen Glauben nicht den *Grund* seiner Existenz streitig machen will.[71] Und dementsprechend ist auch das christliche Menschenbild grundsätzlich immer personal bestimmt und verankert, und zwar »personal« nicht im Sinne irgendeiner personalistischen Philosophie oder einer bestimmten psychologischen Veranlagung, sondern verstanden als Implikation dieses vorgegebenen biblischen Ansatzes in der Anthropologie, wonach Gott den Menschen im Blick auf diese eine Person Jesus Christus sieht und beurteilt.

Dieser *christliche Personalismus* darf nicht mit Anthropozentrik als

einem bestimmten Moment in der Entwicklungsgeschichte des »abendländischen Menschenbilds« verwechselt werden, wie es häufig bei Kritikern des Christentums geschieht. Und dementsprechend ist der eigentliche Grund für die notwendige Ablehnung des unpersönlichen nichtchristlichen Menschenbilds des New Age auch nicht ein Interesse am Festhalten irgendeines in der abendländischen Geistesgeschichte aufgetauchten idealistischen »Persönlichkeits-« oder »Ich-Begriffs«, den man zum Sündenbock für die heutigen Menschheitskrisen abstempeln möchte. Es geht vielmehr darum, daß der Mensch in Christus *endgültig* und in *unüberbietbarer* Weise vor Gott gestellt ist und demgemäß *Grund* und *Inhalt* des von Christen geglaubten Evangeliums gemäß 1. Kor. 3, 11 nur *personal* festgehalten werden kann: daß Gott den Menschen *in Jesus Christus*, in Hingabe und Annahme in dieser Person erlöst hat und daher auch das Heil des Menschen nur personal, nicht ohne Beziehung auf die Person Jesu Christi ausgesagt werden kann, der von sich sagt: »*Ich* bin der Weg, die Wahrheit und das Leben.«
Da es sich hier um eine mit dem Inhalt des christlichen Glaubens gegebene Erkenntnis handelt, kann man auch nicht behaupten, daß es sich bei dem »persönlichen Gott der Theologen« (!) um das Ergebnis ihrer »egozentrischen Persönlichkeitsstruktur« handelt, wie es in psychologisierender Weise ein katholischer »Japan-Missionar« und Zen-Spezialist (»Christen gehen den Zen-Weg«) in geradezu diffamierender Weise gesagt hat.[72] Doch zeigt dieses Beispiel sehr gut: Wo das Bewußtsein vom *Grund* dieser personalen Dimension des christlichen Gottes- und Menschenbilds verlorengeht, dort sind Christen zunächst einmal herausgefordert, den Grund dieser Dimension überhaupt erst einmal wieder wahrzunehmen, bevor sie sich auf »Dialoge« mit anderen Religionen und Weltanschauungen einlassen. Die heutige Gefahr der Auflösung der personal bestimmten christlichen Anthropologie durch östlich orientierte Menschenbilder im Sinne des New Age-Bewußtseins ist eine Herausforderung auch für den christlichen Glauben selbst, sich wieder stärker auf Grund und eigentlichen Inhalt des Evangeliums zu besinnen: Jesus Christus selbst, und was er für den Menschen getan hat. Denn diese Grundlage des Evangeliums in einer anderen Person bedeutet gleichzeitig im Blick auf den Menschen, daß auch der Mensch *als Person* eigentlich erst voll anerkannt und angenommen wird. *Gottes Hingabe an den Menschen in Jesus Christus*, seine schöpferische Liebe, mit der er sich der Welt seit jeher zugewandt hat, ist als Grund des

christlichen Glaubens der Maßstab, an dem letztlich alles im Christentum gemessen werden muß, besonders auch in der Anthropologie. Und diese Hingabe Gottes ist immer Hingabe und Annahme eines »*Du*«. Die Vergegenwärtigung dieser mit dem Christus-Glauben gegebenen anthropologischen Grundtatsache hat nichts mit der Verteidigung irgendeines idealistischen Menschenbilds fragwürdiger Herkunft zu tun, sondern es ist dabei deutlich, daß die Personalität des Menschen als Gottes »Du« im christlichen Glauben *allein von Christus* her gewonnen und bestimmt wird.

Auf dieser Grundlage allerdings war es sicher kein Zufall, daß es nicht im Osten, sondern eben im westlichen, vom Christentum beeinflußten Denken zur Anerkennung des Personalen, Individuellen und der Unantastbarkeit der Person gekommen ist, auch wenn in der Praxis immer wieder gegen diesen Grundsatz verstoßen wird und sein ursprünglich von Christus her gewonnener Wert heute weithin nicht mehr als solcher erkennbar oder bewußt ist. »Aber es ist und bleibt so«, wie *Josef Sudbrack* feststellt: »Eine Spiritualität, die den personalen Eigenwert in seiner unbedingten Absolutheit angreift, greift das Christentum und das Menschsein an... Nach dem Evangelium hat der ›Ich‹-Wert des Menschen seinen Grund in der ewigen Liebe Gottes, die gerade diesem einzelnen Menschen gilt. Das Gleichnis von dem *einen* verlorenen Schaf, dem der gute Hirte nachgeht und die anderen neunundneunzig braven Schafe laufen läßt, heißt in seiner Sinnspitze eben dies: daß Gott, der gute Hirte, sich in seiner Liebe um jeden einzelnen kümmert, um gerade den Verlorenen. – ›Das bin ich!‹ müßte man das Evangelium konsequent weiterdenken.«[73]

Die Gefahr der das New Age inspirierenden und ihm wesentliche spirituelle Impulse verleihenden östlichen Menschenbilder besteht gerade darin, daß nicht nur das schlechte, selbstbezogene und selbstsüchtige Wesen des Menschen überwunden werden soll – das will das Evangelium und die christliche Mystik auch –, sondern daß sich das »Ich« als ein von Gott gerufenes »Du« überhaupt verlieren soll und daß gerade darin auch noch der Heilszustand gesehen wird. Das kommt einer handfesten Leugnung des christlichen Evangeliums gleich. Christus wäre vergeblich gestorben, wenn nicht die Rettung der Verlorenen, sondern der endgültige Verlust der Welt durch das Aufgehen im »Nichts« das letzte Ziel wäre.

Selbst das *Heilsziel* wird aber im christlichen Glauben, worauf *Paul*

Tillich in seinen Überlegungen zum christlich-buddhistischen Dialog hinwies, demgemäß ethisch-personal gefaßt – als »*Reich* Gottes«, also als personale Gemeinschaft, während das Heilsziel im Buddhismus unpersönlich-ontologisch, als »Nirwana«, als beseligendes Einssein aller Wesen, jenseits von Endlichkeit und Irrtum begriffen wird[74] und bei New Age-Vertretern unter buddhistischem Einfluß als »kosmisches Bewußtsein«.

Das Reich Gottes ist aber nicht nur »Gemeinschaft«, es ist weniger ein Zustand, als vielmehr Tat und Herrschaft Gottes. Die Faszination, die östliche Meditationsformen und das »kosmische Bewußtsein« des New Age auf viele Menschen ausüben, weist zwar deutlich auf einen Wirklichkeitsverlust im christlichen Bereich hin, nämlich auf die Vernachlässigung des Elements der »*Schau Gottes*« in der heutigen Eschatologie. Aber genauso wichtig wie das Streben nach Wiedergewinnung dieser Realität für das geistliche Leben des Christen ist die Wiedergewinnung der Maßstäbe für ihre theologische Bestimmung:

Die Bibel gibt hierfür vor allem zwei Kriterien der »Schau Gottes« an: 1. Es handelt sich um eine *personhafte* Beziehung. Wir werden Gott schauen von Angesicht zu Angesicht, wir werden erkennen, wie wir von Gott erkannt worden sind (1. Kor. 13,12f.; vgl. Gal. 4,9). 2. Sie ist »nicht einfach ein individueller oder geschichtlicher Erkenntnis*fortschritt* bis zur Vollendung«, sondern sie ist für die christliche Gemeinde immer eine *in der Erscheinung Christi* gegebene Verheißung: Ihr Kriterium bleibt immer »die vor allem in den johanneischen Schriften hervorgehobene Klammer zwischen der *personhaft-sichtbaren Erkenntnis Gottes* in der geschichtlichen Erscheinung Jesu Christi und der *verheißenen Schau Gottes* am Ende der Zeiten«.[75]

Sehr beachtenswert, weil ganz im Sinne solcher echten Maßstäbe vorgetragen, sind daher die kritischen Einwände von *J. Sudbrack* oder von *Ursula von Mangoldt* an Pater Enomiya-Lassalle, der nach U. von Mangoldt überhaupt »nicht von einer personalen Begegnung mit Jesus Christus, die über das kosmische Bewußtsein hinausführt«[76], spricht. Seine Ansicht, in der sogenannten »ungegenständlichen« Meditation des Zen-Buddhismus trete »*der Glaube ins Schauen ein*«, was »ja auch ein *Grundanliegen des neuen Bewußtseins ist*«[77], ist nach Sudbrack ebenfalls mit dem christlichen Personalismus nicht vereinbar: Wenn in dieser Weise der Glaube zum Schauen wird, ginge *das bleibende Geheimnis* verloren, dem man zwar glauben, dem man sich anvertrauen darf; aber »personale Begegnung, die das ›Vertrauen und Glauben‹ überschreiten will zum Schauen, zum Erkennen und damit zum Wissen werden will, löst sich selbst auf«.[78] Auch bei vielen anderen Vertretern des »neuen Bewußtseins« legt sich der Verdacht nahe, den Sudbrack in diesem Zusammenhang äußert: ob sie überhaupt zur Kenntnis genommen haben, was man heute in den Kirchen unter »Glauben« versteht, und nicht vielmehr ihre Positionen »einfach auf einer längst überholten, äußerlichen, neu-scholastischen Auffassung von ›Glauben‹« basieren, »als bestehe dieser in einer intellektuellen Bejahung von Wahrheit unter Ausschluß der personalen Erfahrungsqualität des Glaubens und Vertrauens«[79].

Darüber hinaus entsteht bei vielen Vertretern des New Age-Bewußtseins der Eindruck, als sei für sie bereits die *Individualität* des Menschen als solche Ausdruck des Übels. »Persönliche Transformation«, wie es programmatisch im Untertitel von *M. Fergusons* Bestseller heißt, ist das Ziel – Überwindung der Individualität im »kosmischen Bewußtsein«. Und diesem Ziel entspricht eine *Abwertung der Zeit* in der New Age-Ideologie.[80] Zeit, Stoff und Raum sind illusorisch geworden, wie auch *J.-E. Berendt* betont.[81] Aber statt daraus die Konsequenz zu ziehen, daß vielleicht das irdische Leben nur in seiner *Ungesichertheit* zu bestehen ist, sucht er das Heil in einer *neuen Totalisierung* des Lebens: Eine der verbliebenen »Sicherheiten« sei der »*Klangcharakter der Welt*« als einer solchen Ganzheit, in der sich die Unterschiede auflösen.

Das personale Verhältnis zu dem guten Hirten, der sein Leben läßt für die Rettung des *einen* Schafes – und der Versuch der Absicherung durch *Totalisierung* der menschlichen Existenz, ihr stufenweises Aufgehen in einem »höheren Bewußtsein«, die »Sammlung der Lichtfunken« in einem »kosmischen Menschen« – das sind zwei grundverschiedene Lebensentwürfe, die anthropologisch schon in der frühkirchlichen Auseinandersetzung mit der Gnosis nicht auf einen Nenner zu bringen waren.

Der abgrundtiefe Unterschied des christlichen Glaubens zu all diesen in Totalisierung ihr Heil suchenden religiös-mystischen Weltanschauungen entsteht, wie der Heidelberger Systematiker *Albrecht Peters* (gest. 1987) einmal feststellte, an jener alles integrieren wollenden *Stufung*, die unser in Jesus Christus ergangenes *personales Gerufenwerden* vor Gottes Angesicht transformieren oder transzendieren zu müssen meint durch ein *letztes Verfließen des »wahren Selbstes« in den göttlichen*

Weltgrund. Dies kann der Christ nur verstehen als ein letztes sich dem konkreten Anruf und der personalen Einweisung in unseren Weltort Entziehen-Wollen, als eine Flucht vor dem eschatologischen Betroffensein durch Gottes Gericht und Errettung, das uns gerade in die einsame Person hineinruft, um uns an die Gemeinschaft wie an die außermenschliche Kreatur zu binden.[82] Dies sagte ein sowohl mit biblisch-reformatorischem Glauben als auch mit der christlichen Mystik bestens vertrauter Theologe, dessen Urteil damit im Blick auf die New Age-Ideologie um so schwerer wiegt. Darüber hinaus muß auch betont werden, daß das Festhalten an dem personalen Gegenüber von Gott und Mensch durch ihre in Christus beschlossene Versöhnung hindurch und gerade auch da, wo Gott immanent wird oder wo der Mensch sich selbst transzendiert, nichts mit dem Festhalten menschlicher *Ich-Sucht* zu tun hat, wie auch oft unterstellt wird. Die Unterscheidung zwischen dem gewöhnlichen, schlechten, *selbstbezogenen Ich-Selbst* des Menschen und dem *selbstlosen Ich* im Sinne der Hingabe des eigenen Lebens ist im christlichen Bereich bereits in dem »Durchbruch zur Innenwelt« in der mittelalterlichen Mystik durchgefochten worden. Die *Grenze* dieses Durchbruchs aber wird dort sichtbar und ist, wie Albrecht Peters feststellte, im Mittelalter auch in der Verurteilung von Meister Eckhart durchgefochten worden, wo man bei diesem Aufstieg durch den Abstieg in den Abgrund der Entfremdung und Gottesferne (resignatio in infernum) hindurch Jesus Christus hinter sich lassen will, ihn zwar als den Weg, nicht aber als die bleibende Wahrheit und das ewige Leben anerkennt. Hier wäre der Glaubende schon *über* Jesus Christus und mit dem göttlichen Urgrund eins, doch wird dies als verführerische areopagitische Mystik verworfen und dagegen mit Bernhard und Bonaventura die Theologia crucis gestellt.

2. Gott im Abgrund des Bewußtseins?

Die entsprechenden Probleme in bezug auf Anthropologie und Christologie begegnen wieder in der Gotteslehre. Die »spirituelle Philosophie des New Age« ist nach *E. Gruber* »von dem Gedanken beseelt, daß *Gott uns innewohnt*, durch uns wirkt und durch unser Bewußtsein zu Bewußtsein kommt«[83]. In diesem aus christlicher Sicht völlig unhaltbaren Reduktionismus Gottes auf »*kosmisches Bewußtsein*«, in dem Gott im Lauf der menschlichen Bewußtseinsentwicklung sich selbst manifestiert, besteht eine weitere große Herausforderung für den christlichen Glauben durch die Vertreter des »neuen Bewußtseins«.

Wichtigste Konsequenz dieses Reduktionismus ist, daß durchweg das »kosmische Bewußtsein« mit der Transzendenz Gottes verwechselt wird – und somit die Unverfügbarkeit Gottes durch prinzipiell jederzeit verfügbare Methoden der Vereinigung mit dem Göttlichen ersetzt wird, also Religion und Glaube durch spirituelle Methodik und Gnosis verdrängt werden. Das vermeintliche Zauberwort lautet *Bewußtseinserweiterung*. Durch Bewußtseinserweiterung – wozu fast jedes Mittel recht ist: von der Wiederbelebung archaischer, magischer Praktiken der Naturvölker über mystische und ekstatische Erfahrungen und Meditationsformen östlicher Religionen bis hin zu synthetischen Drogen – glaubt man, auf der »Reise ins Innere« bis in die tiefsten Tiefen vorstoßen, dort die Vereinigung mit dem Ganzen und, je nach Geschmack, die »mystische Hochzeit« oder das »chemische Pfingsten« vollziehen zu können.

Die zunehmende Hinwendung von Vertretern des »neuen Bewußtseins« zu magischen und esoterischen Praktiken in den letzten Jahren, vor allem die Beliebtheit der Tradition des *Schamanismus* als einer ekstatischen Form der Bewußtseinserweiterung, ist in Wirklichkeit ein Hinweis, daß Religion hier in eine tiefe Krise gekommen ist bzw. die neuzeitliche Krise der Religion hier ihre Fortsetzung findet. Dahingehende Erkenntnisse hat vor allem der Religionswissenschaftler *Mircea Eliade* vorgelegt. Vor allem in den in New Age-Kreisen verbreiteten neoschamanistischen Tendenzen[84] drückt sich möglicherweise ein weiterer Verlust religiöser Bindungskraft oder jedenfalls eine Modifizierung der Fähigkeit zu religiöser Erfahrung aus. Denn der Schamane tritt religionsgeschichtlich überall da besonders in Erscheinung, »wo das *ekstatische* Erlebnis für das *religiöse* Erlebnis schlechthin gehalten wird«[85]. Schamanismus bedeutet nämlich nach M. Eliade »eine eigentümliche Spezialität in der Magie«: Schamanismus ist wesentlich »Ekstasetechnik«, »*Technik*« der Bewußtseinserweiterung, die in verschiedenen religiös-magischen Umfeldern auftreten kann, aber selbst weder mit Magie noch mit Religion identisch ist. Er sei gewissermaßen »die Mystik der betreffenden Religion«, in der er vorkommt. Der Schamane sei zwar auch Magier, aber nicht jeder beliebige Magier, Medizinmann oder Zauberer könne als Schamane bezeichnet werden.

Seine »Macht« beruhe auf ekstatischen Formen der Bewußtseinserweiterung.
Heute, im Zeichen des »neuen Bewußtseins« aber wird das ekstatische Erlebnis, werden alle möglichen Formen von »Bewußtseinserweiterung« und Selbst-Findung mit Religion verwechselt, oder es kommt zu nur allzu durchsichtigen Umetikettierungen. Es ist, nicht nur bei den Vertretern des New Age-Bewußtseins, fast überall dasselbe Phänomen religiöser Zersetzung zu beobachten, auf das *Josef Sudbrack* in seinem Aufsatz »Religiöser Aufbruch oder neue Gnosis?« als einen sich schon seit längerem anbahnenden problematischen Trend aufmerksam gemacht hat: »Glaube wird durch Wissen und Methode abgelöst. Die Tiefe des Bewußtseins ist zum Abgrund des Göttlichen geworden. Und diese Tiefe ist dem Menschen offen. Gott wird reduziert auf kosmisches Bewußtsein.«[86] In seinem Buch über die »Neue Religiosität« (Mainz 1987) hat er diese zentrale Erkenntnis noch umfassender begründet.
Doch steht er damit keinswegs allein. Auf dem Frankfurter evangelischen Kirchentag 1987 hat *Fulbert Steffensky* im Blick auf diese heute beim »Durchbruch zur Innenwelt« verbreitete Verwechslung seelischer Tiefenerfahrungen des eigenen Bewußtseins mit der Erfahrung Gottes sogar gemeint, daß Gott nur in der Tiefe der Welt, nicht aber in der Tiefe des eigenen Bewußtseins erfahrbar sei, und kritisch festgestellt: »Das Evangelium erlaubt uns nicht, bei uns selbst zu wohnen. Es verrät keinen Weg, in unsere eigene Tiefe hinabzusteigen und dort das Gold der Frömmigkeit und der Erfahrung Gottes zu finden... *Es gibt keine Befreiung in der eigenen Tiefe.*« Gott habe sich vielmehr in Jesus Christus *in die Tiefe dieser Welt* versenkt, und wahre christliche Spiritualität sei es, Gott im Gedächtnis der Leiden Christi in diese Versunkenheit zu folgen.[87]
Damit hat Steffensky auch eine Widerlegung eines weiteren Einwands gegeben, der von New Age-Seite immer wieder gegen den christlichen Glauben erhoben wird, so auch von *Th. Roszak:* Dieser kritisiert zwar auch die Auswüchse des Psycho- und Bewußtseinsrummels in den USA, indem er feststellt: »Wir haben *Gott* irgendwo zwischen dem Computer des Hirnphysiologen und dem karnevalistischen Jahrmarktzauber in die Falle gelockt, wo alles Ungewöhnliche und Spukhafte die Massen fasziniert.«[88] Gleichzeitig macht er aber den christlichen Gottesglauben für die *»Dualitäten«* des Lebens in der modernen Welt verantwortlich: »Die Juden und die Christen haben einen gemeinsamen Gott. Aber er ist,

im Gegensatz zum pantheistischen Gott, nicht *alles*. Die Natur ist weder sein Körper noch seine Kleidung. Sie ist sein Werk.«[89] Von diesen pantheistischen Voraussetzungen her entwickele der »aquarianische Konsens« ein neues Verständnis von Transzendenz: als Eigenschaft des *Menschen!* »Wenn jemand von ›Transzendenz‹ spricht, denkt man zunächst unwillkürlich an einen mächtigen, weltverneinenden Sprung in eine andere Dimension der Realität *jenseits* der irdischen Grenzen. Aber das ist eine Verfälschung der Grundidee... Wir sehen in der Möglichkeit der Transzendenz ein entscheidendes menschliches Charakteristikum und erwarten, daß es durch eine bestimmte Qualität der Erfahrung entwickelt wird – und nicht durch die ständige Wiederholung von Doktrinen und Dogmen.«[90]

Der Grundirrtum von Roszak liegt darin verborgen, daß er »Judentum, Christentum und Islam« immer in einer Front sieht, wenn es um die Kritik eines streng transzendenten »weltlosen Gottes« geht. Ein solcher Gottesbegriff wäre freilich für sich genommen nicht christlich, sondern allenfalls ein Stehenbleiben bei einem abstrakten jüdischen *Monotheismus*, sofern das jüdische Denken »ein Wissen um das *streng transzendente Gegenüber* des unsichtbaren Gottes«[91] ist.

Der große Ökumeniker *Edmund Schlink* (1903–1984) hat darauf hingewiesen, daß demgegenüber im *griechischen Denken* und dann vor allem in den *hellenistischen Mysterienreligionen*, die im »Zeitalter des Wassermanns« wieder eine Renaissance erleben, rein denkmorphologisch gesehen, ein »Schritt hin zum Aufgehen des Ich im Erlebnis des Gegenüber« stattfindet. Im *christlichen* Bereich findet sich nun nach Schlink, entgegen der Auffassung Roszaks und anderer New Age-Denker, hinsichtlich der Gott-Ich-Beziehung *beides*: Während »Paulus zu keinen Aussagen über ein *In-Gott-Sein* gelangt«, kennt Johannes »auch ein In-Gott-Sein und -Bleiben«.[92] Das Neue Testament kennt also sowohl ein Gegenüber als auch einen direkten Zusammenhang des Christen mit Gott. Aber es ist weder jüdischer Monotheismus noch hellenistische Mysterienreligiosität. Man kann nämlich mit Blick auf das uns von Jesus Bezeugte weder sagen, daß Gott vom Menschen unvermittelbar und unüberbrückbar getrennt sei, noch, daß Gott und Mensch identisch seien: »Sowohl das *Gegenüber* im strengen Sinn als auch die *Direktheit des Zusammenhangs*« erfahren nämlich, so E. Schlink, in der »Offenbarung Gottes in Jesus Christus eine tiefgreifende Umbildung... In Jesus Christus wird sowohl ein strenges Gegenüber als auch die Direktheit überwunden, und zwar das Gegenüber *in der Sendung* des Gottessohnes hier in unsere Welt, und die Direktheit in der Verweisung auf Jesus als den *einzigen Weg* zur Wahrheit ... Die Unmittelbarkeit wird durchbrochen durch die notwendige Bindung jeder Gemeinschaft mit Gott an *das einzige und unwiederholbare Ereignis von Menschwerdung, Tod und Auferstehung Jesu.* Wiederum wird auch die Form der Geschiedenheit von Ich und Gegenüber durchbrochen, indem der an Christi Tod und Auferstehung Glaubende mit Christo stirbt und aufersteht und so ›*in Christo*‹ ist. Damit aber ist der Glaubende zugleich ἐν πνεύματι θεοῦ.«[93]

Es trifft also gar nicht zu, daß der biblische Glaube eine abstrakte, unüberwindbare Transzendenz Gottes vertritt und einen Dualismus zwischen Geist und Materie, Gott und Welt usw. hervorruft. Was ihn allerdings vor pantheistischer Auflösung aller Unterschiede bewahrt, ist der Glaube, daß der Zugang zu Gott *allein durch Jesus Christus* erschlossen und in ihm allein möglich ist. Andernfalls bleibt der lebendige Gott, wie »immanent« auch immer man sich ihn vorstellen mag, ein »verborgener Gott«.

Und es muß gegenüber einer in New Age- und Esoterik-Kreisen fast regelmäßig begegnenden Fehldeutung der berühmten Stelle vom »*Christus in mir*« (Gal. 2, 20) im Sinne einer identitätsmystischen, vorwegnehmenden Schau an den praktisch immer übersehenen[94], aber eine solche Mißdeutung ausschließenden Nachsatz des Apostels Paulus erinnert werden: »Sofern ich aber noch im Fleische lebe, lebe ich *im Glauben* an den Sohn Gottes, der mich geliebt und sich selbst für mich hingegeben hat.«

Freilich muß man zugeben: Die Kritik Roszaks und vieler anderer an den »Dualismen« ist nicht ganz ohne Anlaß! Man kann sogar sagen: Vielleicht ist die im »Durchbruch zur Innenwelt« auftretende Sehnsucht nach »Bewußtseinserweiterung«, nach Tiefenerfahrung und nach gnostischen Seelenreisen, die so leicht zur Sucht werden kann, auch eine völlig verständliche Reaktion auf eine oft abstrakte, einseitige Betonung der Transzendenz Gottes in der modernen christlichen Theologie, die die Frage nach den Eigenschaften Gottes (*Wie* ist Gott?) vornehmlich durch eine Methode beantwortete, bei der die Eigenschaften *durch die Entfernung* Gottes von der erfahrbaren Wirklichkeit gebildet werden: »Gott ist der ganz andere«, oder »Gott ist im Himmel, der Mensch auf der Erde«. Wer Gott in seiner Unverfügbarkeit so isoliert, daß er keine Verbindung mehr zur erfahrbaren Welt hat, der fördert zwangsläufig die gnostische Tendenz, zwischen einem absolut transzendenten »höchsten Gott« und einem »Weltschöpfer« (Demiurgen) als zwei Göttern zu unterscheiden und somit Schöpfung und Erlösung als Angelegenheit von zwei verschiedenen Gottheiten entgegenzusetzen. Die neue, bisher unbekannte Gottheit, die der neugnostische Mythos der New Age-Anhänger verkündet und dem sie in ihren Mysterienschulen bereits Altäre errichten, wäre dann *der Gott »Mensch«*, die sich selbst erschaffende und erlösende Menschheit.

Mit diesen Hinweisen auf die in Christus erschlossene Gottesbeziehung des Menschen, die dann im christlichen Trinitätsdogma ihre abschließende Formulierung erhielt, ist aber auch folgendes klargestellt: Damit werden Esoterik, Mystik und religiöse Erfahrung gerade nicht abgelehnt oder dem Durchbruch zur Innenwelt seine Bedeutung bestritten, wie Roszak meint, indem er ein verbreitetes, aber nur auf ein Zerrbild von Christentum zutreffendes Vor-Urteil wiedergibt: »Für beide, den sozial engagierten Christen und den gewissensstrengen Humanisten, ist alles, was über die moralische Pflicht hinausgeht – mystische Innenschau, Einsamkeit, Meditation – *vollkommen überflüssig.*«[95] Gerade von der Wiederbesinnung des christlichen Glaubens auf eine trinitarische Schöpfungslehre her sowie auf die damit verbundenen, vor allem in der Ostkirche entfalteten sophiologischen Ansätze ließen sich, was im Rahmen dieser Untersuchung nicht mehr vertieft werden kann, viele Anliegen und spirituelle Impulse des New Age-Bewußtseins positiv aufnehmen, und es liegt darin sicher ein großes Antwortpotential, das von Kirche und Theologie erst noch erschlossen werden muß. Auch wäre Roszaks Urteil entgegenzuhalten, daß zwischen christlicher Mystik und Nächstenliebe oder »sozialem Engagement« immer ein enger Zusammenhang bestand, vielleicht im Gegensatz zu ostasiatischen Formen der Mystik, und daß von der christlichen Mystik immer eine große Motivationskraft bis ins Politische hinein ausging (Thomas Müntzer!), wie auch viele Beispiele aus der Neuzeit zeigen (Gustav Werner und seine Anstalten und vieles mehr). Auch wird auf den mit dem christlichen Personalismus unmittelbar gegebenen Zusammenhang von Mystik und Nächstenliebe im folgenden Abschnitt noch zurückzukommen sein.

Was allerdings der christliche Glaube trotz aller Möglichkeiten des positiven Eingehens auf die spirituellen Impulse aus dem New Age-Bewußtsein bezweifelt, ist, daß ein Durchbruch nach innen *ohne*

Christus als Mittler den Menschen Gott und seinem Heil näherbringen könne. Denn nur durch Christus, der *allein* »der Weg und die Wahrheit« ist, wird die »Reise ins Innere« nicht zur Irrfahrt, zum ausweglosen Abenteuer, sondern – selbst da, wo das menschliche Leben einer Höllenfahrt gleicht (1. Sam. 2,6; Hiob 1,21; vgl. Ps. 138,8) – zur Heimreise zum Vater, in der Gemeinschaft mit dem »wandernden Gottesvolk«.

Der Kritik der New Age-Bewegung am christlichen Gottesglauben ist also der Anlaß nicht generell abzusprechen, gleichzeitig ist sie aber als unsachgemäß zurückzuweisen, und es ist umgekehrt zu prüfen, *welche* anderen »Götter« beim Durchbruch zur Innenwelt jeweils eine solche Rolle beanspruchen, ein Weg zu Gott und die Wahrheit zu sein. Denn es werden im Zeitalter des »neuen Bewußtseins« die abenteuerlichsten Reisen unternommen, bis in die tiefsten Tiefen des Bewußtseins und bis in seine höchsten Höhen, zum »kosmischen Bewußtsein« als Gefühl der Einheit und Vereinigung mit dem Ganzen, bis zu den zurückliegendsten Anschauungen und Praktiken archaischer Kulturstufen und zu den exotischsten Vertretern von Naturvölkern oder östlicher Weltanschauungen, sogar eine »Ökumene der Weltreligionen« im Geist des New Age wird bereits ins Auge gefaßt. Aber eines wird dabei, oft bis in die kirchliche Arbeit hinein, merkwürdigerweise übersehen oder bewußt zurückgewiesen: die Botschaft des Neuen Testaments, daß uns der Zugang zu Gott allein in Christus erschlossen ist und sich jede Form der »Bewußtseinserweiterung« daran messen lassen muß.

Hierbei wird auch oft übersehen, daß der im christlichen Kontext aufgewachsene westliche Mensch die bei der Begegnung mit der eigenen Tiefe des Bewußtseins auftretenden seelischen Konflikte im Grunde auch gar nicht anders bewältigen kann als vom christlichen Glauben her, während die Bewußtseinstechniken der östlichen Weltanschauungen zur Erreichung einer inneren Leere von vornherein auf ein ganz anderes Heilsziel ausgerichtet sind und daher nur in ihrem ursprünglichen religiösen Kontext sinnvoll und relativ ungefährlich sind. Die Herausforderung durch das New Age-Bewußtsein enthält daher vor allem auch die Frage nach einer spezifisch »christlichen Spiritualität«.

3. Neue Gnosis und christliche Spiritualität

Können Mystik, Esoterik, Gnosis und New Age-Spiritualität, können die neuen psychologischen Methoden der »Bewußtseinserweiterung«, kann das »neue Bewußtsein«, bei all der aufgezeigten Problematik, dennoch vielleicht auch *Hilfe auf dem Weg zum Glauben* sein? Können sie die vielbeklagte Ausblendung des Affektiven aus christlicher Theologie und Glaubensverkündigung ersetzen? Ist vielleicht sogar der Heilige Geist in ihnen am Werk, wie behauptet wird? Inwieweit wäre dies denkbar, und wo führen sie zur Beeinträchtigung des christlichen Zeugnisses oder gar ganz einfach vom Glauben weg?

»Für Kirche und Theologie stellt die Esoterik ein *ambivalentes Phänomen* dar«, hieß es dazu vor einiger Zeit in einem Beitrag der »Herder Korrespondenz«: »Interesse an der Esoterik kann heute im Einzelfall Distanzierung von der Kirche bedeuten«, aber auf der anderen Seite »auch einen Weg, um (wieder) Zugang zu finden zu Gebet, religiöser Symbolik, Liturgie, Gottesglauben.«[96] Auch wenn vor Überschätzung dieses zweiten Gesichtspunkts zu warnen ist, so ist doch grundsätzlich der Gedanke ernstzunehmen, daß die Esoterik als Form einer »neuen Gnosis« eine *kompensatorische Funktion* dem herkömmlichen Christentum gegenüber wahrnimmt. Diese These vertrat der holländische Gnosis-Forscher *Gilles Quispel* in dem erwähnten Buch »Gnosis als Weltreligion«, in dem er darauf hinwies, daß die Gnosis zu allen Zeiten wie ein Schatten das kirchliche Christentum begleitet »und immer auf empfindliche Lücken in der kirchlichen Verkündigung oder im Leben der Christen hinweist«[97].

Solchen »Lücken« oder »Defiziten« ist vor einiger Zeit z. B. der Jesuitenpater *J. Coleman* in der Zeitschrift »Concilium« nachgegangen, vor allem hinsichtlich der spirituellen Praxis. Coleman beschäftigt sich auch mit der Frage, »ob nicht eine *christliche esoterische Tradition* und meditative Praxis vonnöten ist, die keine Gnostik« enthält. Er sieht in der neugnostischen Esoterik eine Herausforderung für das Christentum, seine eigene esoterische Tradition neu zu beleben. Aber nicht nur esoterische Lehren, sondern vor allem die Praxis, womit er bestimmte *»Initiationsstufen«* meint. »Eine solche Tradition und Praxis«, so Coleman, »könnte weitverbreiteten ... Wünschen nach *innerer Erkenntnis* (einer Art Gnosis) *des Selbst* und des sich unter dem Wirken Gottes umgestaltenden Selbst entsprechen.« »Statt zu Kryptognostikern zu werden, müssen die Christen«, nach Coleman, »verlorengegangene Elemente ihrer eigenen Erfahrungstradition einer *fortschreitenden inneren Gotteserkenntnis* neu entdecken.« Er greift die Kritik Needlemans auf, das Christentum versehe den Menschen nicht mit genügend »Zwischenstufen« auf dem Weg des inneren geistigen Fortschritts. Das Christentum müsse mehr als »innerer geistiger Pfad« entwickelt werden. »Neuorientalische mystisch-gnostische Bewegungen«, so Coleman, »machen uns darauf aufmerksam, daß die Meditation, die Selbstprüfung und die geistliche Zucht unter den Christen von heute arg vernachlässigt werden.« Die Herausforderung der neugnostischen Bewegungen bestehe vor allem darin, daß das Christentum »selbst zu einem ›Weg‹ von Erfahrung« werden müsse.[98]

In ähnlicher Weise spricht auch *Karl Rahner* in seinem »Gnosis«-Artikel im »Lexikon für Theologie und Kirche« von einer legitimen »christlichen Gnosis«, die sich stärker um »Gnadenwachstum« kümmert, als dessen Ergebnis von Rahner eine *christliche Mystik und Esoterik* angesehen wird. Gleichwohl lehnt auch Rahner streng jegliche Gnosis *außerhalb* des »gehorsamen Hörens des Wortes des anderen Gottes, also des *Glaubens*«, ab, die lediglich aus dem menschlichen Selbstbewußtsein gewonnen ist. Denn Forderungen wie die nach »Zwischenstufen« auf dem Weg eines »spirituellen Fortschritts« sind nicht unproblematisch.

Die Frage ist also, ob man der Herausforderung des christlichen Glaubens durch die New Age-Spiritualität und verwandte Erscheinungen dadurch begegnen kann, daß man den Glauben selbst *als Erfahrung* ermöglicht. Mit dieser kirchlich heute höchst brisanten Frage hängt vor allem auch die Problematik zusammen, inwieweit sich therapeutische Modelle der humanistischen Psychologie in die kirchliche Arbeit integrieren lassen, aber auch Esoterik und New Age, die sich weitgehend ebenfalls solcher Modelle bedienen (s. o. 2. Teil).

Schon die Frage, warum ein einzelner Mensch *außerhalb* des christlichen Glaubens im Sinne der Differenzierung Karl Rahners an einem »inneren Weg«, an »Stufen« oder »Entwicklungen« überhaupt interessiert ist, läßt sich nur dahingehend beantworten: weil er dies in irgendeiner Weise als *heilsnotwendig* für sich selbst ansieht. Er kann sein »Selbst« nur verwirklichen durch einen Erfahrungsprozeß, von dem vorausgesetzt wird, daß er auch wirklich zur Selbst-Werdung führt. Am Grad seiner »inneren Reifung«, am Maß der Tiefe seines Eintauchens in die Welt innerer Erfahrung usw. kann er ablesen, wie nah oder wie fern er noch dem Heilszustand der »Selbst-Verwirklichung« ist. Es geht hier also immer um die Stützung oder gar Ermöglichung und *Begründung seines Glaubens* an den Heilszustand *durch die Erfahrung*.

Aber auch wer sich zum Christentum hält, kann, wenn ihm im Blick auf sein Heil das grundlegende Vertrauen auf seine Annahme in Christus, der Glaube an den Freispruch, die Gnade und die Liebe Gottes nicht genügt, leicht in Versuchung kommen, auf sich selbst zu blicken und seine eigene »Erfahrung« zum Kriterium seines Glaubens zu machen. Zwangsläufig wird er dann nach einem solchen »Stufenweg« Ausschau halten, der als ein Mittel erscheint, die Glaubenserfahrung zu überprüfen.

Diese Versuchung erscheint noch größer, wenn man die geistige Entwicklung der *ganzen Menschheit* und ihr Heil in den Blick nimmt. Hier besteht als besonders attraktiver Gedanke der Versuch, den »Stufenweg« zum Heil mit dem aus der Naturwissenschaft übernommenen *Entwicklungsgedanken* zu verbinden – eine Versuchung, der sich heute kaum ein Reisender ins Innere entziehen kann. Sind solche Stufenwege des einzelnen typisch für die Gnosis, so ist ihre Verbindung mit dem Entwicklungsdenken der Neuzeit zu einer inneren Gesetzmäßigkeit der geistigen Höherentwicklung der Menschheit geradezu ein Hauptmerkmal der Neugnosis und ihrer verschiedenen Strömungen, vor allem seit der »Theosophie« H. P. Blavatskys.

Der Entwurf *Theodore Roszaks* ist ein solcher typischer Versuch, die *»Evolution als den Weg..., zu reifen und heimzukehren«*[99] zu verstehen, wie er im Bereich des New Age-Bewußtseins durchweg anzutreffen ist. Roszak versteht den gnostischen Mythos in diesem Sinn eindeutig soteriologisch, als *»grandiosen Prozeß der menschlichen Rettung«*, in dem »die Natur selbst am Schluß« erlöst werden soll. Das Heil wird verwirklicht auf einem erfahrbaren Stufenweg der Evolution. Der alten Gnosis fehlte es nach Roszak lediglich »an Sensibilität dafür, daß dieser Prozeß einer kosmischen Entwicklung *in der Natur selbst* gesehen werden könnte«[100], das heißt direkt *aus der Erfahrung der Natur ableitbar* wäre. Dies ist erst der Fall in der Neugnosis, bei H. P. Blavatsky, Rudolf Steiner oder Gurdjieff, denen Roszak drei zentrale Kapitel seines Buches widmet. Vor allem über Gurdjieff, der außerhalb des deutschen Sprachraums zum Teil einflußreicher für das »neue Bewußtsein« war als etwa Rudolf Steiner, gelangte das gnostische Stufenmodell der Welt- und Menschheitserlösung in die »Human-

Potential-Bewegung«: Die Gnosis, so Roszak, der damit die obige Darstellung der gnostischen Hintergründe moderner Therapien bestätigt (s. o. 2. Teil), hat sich somit »der modernen westlichen Welt *als Therapie* zu erkennen gegeben«[101].
Damit aber beginne »die große Transformation«, die der Menschheit bevorstehe, die »große Wende«, die Roszak mit der Zeit vergleicht, als der Mensch seine eigene Sprache zu entwickeln begann: »Unser Verständnis von Evolution wird selbst zu einem evolutionären Faktor. Wir machen genau die Entwicklung durch, die uns vorschwebt; wir bekommen die Evolution, die wir verdienen... Die Evolution ist unser Schicksal.«[102] Die *Erfahrung* der evolutionären Entwicklung ermöglicht damit den Glauben, auf dem richtigen Weg zum Heil zu sein! Der Mensch hat auf diesem Stufenweg sein Heil selbst in der Hand, er kann sich prinzipiell selbst erschaffen und erlösen durch die Entwicklung, die ihm »vorschwebt«. Hat es der Glaube manchmal schwer, aufzuzeigen, worin Mystik und Esoterik ihre Legitimität haben, so ist es dem modernen Gnostiker praktisch unmöglich zu zeigen, warum er auf diesem Weg noch einen *gnädigen* Gott braucht. Versuche, dennoch von »Gnade« zu reden, sind meist die schwächsten Stellen solcher neugnostischen Systeme! Besonders konsequent sein wollende Denker, wie z. B. Steiner, geben ihre Systeme daher auch als »Wissenschaft« aus.
An diesen Beispielen ist damit von vornherein deutlich: Mit »*christlicher* Spiritualität« haben diese Konsequenzen aus der Forderung nach erfahrbarer spiritueller Entwicklung nichts zu tun – es sei denn, man gibt unter dem christlichen Namen etwas ganz anderes aus, wie es allerdings gerade im Bereich der Esoterik vielfach geschieht. Überhaupt bedarf der Begriff »Spiritualität« angesichts seines inflatorischen Gebrauchs im Zusammenhang mit Aufbruchsbewegungen aller Art einer Klärung, die insbesondere auch das Verhältnis von Glaube und Erfahrung miteinschließen muß.
Da das Wort *»Spiritualität«* heute auch auf alle möglichen außerkirchlichen Bereiche, sogar auf Ideologien, übertragen wird, muß betont werden, daß es im christlichen Bereich eigentlich nur noch aufgrund einer genauen theologischen Definition sinnvoll zu verwenden ist. Schon der Hinweis, daß der Begriff letztlich den älteren Begriff *»Frömmigkeit«* weiterführt, würde manchen bei seinem Gebrauch nachdenklich machen. Der Kirchengeschichtler *Gerhard Ruhbach* schlägt in diesem Sinn folgende Definition vor: Spiritualität »meint *die Verbin-*

dung von Rechtfertigung und Glaube einerseits mit der Übung des Lebens im Glauben andererseits; sie ist also Verkündigung, Aneignung und Verantwortung der Rechtfertigung, Gestaltwerdung des Glaubens, Antwort auf das Wort Gottes in allen Bezügen des Lebens, Konkretion der Nachfolge Christi in Gemeinschaft«[103].

Christliche Spiritualität meint also die rechte Verbindung von *Rechtfertigung und Heiligung* im Leben des Christen (s. u.). Auf eine knappe und übersichtliche Formel gebracht ist dies in *Josef Sudbracks* Definition: »*Christliche Spiritualität ist gelebtes Dogma.*«[104] Spiritualität im christlichen Sinne ist also nicht nur das klassische Beispiel für das Verhältnis von Glaube an Jesus Christus und Erfahrung, sie kann damit auch niemals losgelöst von dem, was Christus für die Menschen getan hat, betrachtet oder gelebt werden. An anderer Stelle definiert Sudbrack »Spiritualität« daher: »Über Jahrhunderte hinweg wurde damit *das von Jesus geschenkte Leben, Wirken und Beten aus dem Geist Gottes benannt.*«[105] Was sich an Lebenspraxis nicht auf den Glauben, auf Jesus Christus als Grund des menschlichen Heils, beziehen läßt, das kann auch nicht als »christliche Spiritualität« angesehen werden. Solche gnostischen Evolutionsmythen, wie sie von Roszak, Gruber oder Wilber und vielen anderen New Age-Vertretern errichtet werden, braucht der Christ nicht zu seinem Heil, sowenig er fürchtet, daß ihm die von Roszak heftig kritisierte andere, »reduktionistische« Auffassung der Evolution in Biologie und Verhaltensforschung[106] das Heil in irgendeiner Weise nehmen könnte.

Nun begegnen aber auch *innerhalb* des Christentums Versuche, den *Glauben auf Erfahrung* zu gründen oder ihn dadurch abzusichern – meist unter dem Stichwort eines »esoterischen Christentums« oder einer »christlichen Gnosis«. Hier ist christliche Spiritualität in besonderem Maße zur Wachsamkeit herausgefordert, wenn es zunächst unverfänglich klingend heißt, zwischen »Glaube« und »Erfahrung« in Gestalt von Mystik, Esoterik und Gnosis bestehe kein Gegensatz, es gebe auch im christlichen Glauben »Stufen der Reifung«[107]. Durch den Ausgangspunkt bei der »Erfahrung« meint man, der Gefahr des »Dogmatismus« entgehen zu können, der in diesem Zusammenhang meistens gegen andere Formen des Christentums erhoben wird. Entsprechend stellt man sich dann die merkwürdige Aufgabe, den zuvor weitgehend totgesagten christlichen Glauben durch die Betonung der »inneren Erfahrung« wieder zum Leben zu erwecken. Ein typisches Beispiel ist, neben den

Schriften von *Gerhard Wehr, Hans Jürgen Badens* Einführung in die Mystik, die durch besonders aggressive Polemik gegen »*die* Theologen«, »die Versäumnisse des Christentums« usw. auffällt, wie man ihr nicht einmal in den gewöhnlich unpolemischen Schriften von New Age-Autoren begegnet, sowie durch falsche Alternativen einer »diastatischen« und einer »mystischen Theologie«[108], und die in den Kernsatz mündet: »›*Erfahrung*‹ bleibt der Schlüssel zur religiösen *Erkenntnis.*«[109]

Zweierlei Mystik

In diesem verkehrten, wenn auch von dem verständlichen Anliegen geleiteten Ansatz, einen toten Buchstabenglauben und Dogmatismus zu umgehen, drückt sich eine Angst aus, die das »Religiöse« oder den »Glauben« doch irgendwie in den Griff bekommen möchte, statt sich selbst völlig loslassen zu können und wirklich nur von dem im Glauben Empfangenen zu leben. Dies ist die Grundanfrage von *Josef Sudbrack* in seinem Buch über die New Age-Spiritualität[110], in der er das Stichwort »*Erfahrung*« als das überhaupt »*wichtigste Thema* im Dialog mit der ›Neuen Religiosität‹«[111] kräftig herausstellt. Neben meditativen und pyschologischen Techniken, wo der Versuch einer technischen Bemächtigung des Religiösen unmittelbar deutlich ist, neben »naturwissenschaftlichen« Hochrechnungen der Evolution in eine utopische Zukunft ist nach Sudbrack Kennzeichen des »neuen Bewußtseins« nämlich vor allem das Streben nach »*Erfahrungsgewißheiten*«, und er gibt im Blick auf diese »neue Religiosität« zu bedenken, »ob sie nicht z. B. der *Mystik* das Herz herausreißt, wenn sie statt *Gnade und Geschenk Selbstfindung und Bewußtseinserweiterung* setzt, also letztlich doch kognitive oder methodisch griffige Kategorien«[112]. Die Gnosis innerhalb und außerhalb des Christentums war und ist ja genau das, was Sudbrack im Anschluß an H. Lübbe als den Versuch versteht, das »Religiöse«, den Glauben, das Vertrauen und die Gnade »durch kognitive Systematisierung oder Erfahrungsmethodik in den Griff zu bekommen«[113], ein »erkennendes und erfahrendes Umgreifen der Gesamtwirklichkeit«[114]. Denn »Erkennen« schloß in der Gnosis »Erfahrung« immer mit ein.
Der eigentliche Gegensatz zum christlichen Glauben ist nun nicht die Hervorhebung der »Erfahrung«, der »religiösen Erkenntnis«, der Mystik oder der Esoterik in alter und neuer Gnosis, sondern eben der damit nicht notwendigerweise verbundene Versuch einer »Erfahrungs-

methodik«. In der Tat ist Wehr darin recht zu geben, daß Glaube nicht gegen Erfahrung, gegen religiöse Erkenntnis auszuspielen sei. Aber damit ist das eigentliche Problem noch gar nicht gestellt: daß eine dem Menschen jederzeit verfügbare Erfahrungsmethodik nicht mit dem christlichen Gottes- und Erlösungsglauben vereinbar ist, sondern sich bereits auf dem Boden einer anderen Religion bewegt. Es kann aus christlicher Sicht zwar religiöse Erfahrung, aber keine dem Menschen verfügbare Methodik oder Technik geben, mit der er die ihm schlechthin unverfügbare Erfahrung der göttlichen Gnade sozusagen festhalten und weiterentwickeln könnte, weil damit bereits der Boden des christlichen Gottesglaubens und des dementsprechenden Menschenbilds verlassen wäre, auf dem es vielmehr auch für den Mystiker nur ein tägliches Neuanfangen in der Erfahrung der Gnade geben kann (Näheres zum Problem des »progressus fidei« s. u. S. 204 f.).

Ein typisches Beispiel für die Auflösung des personalen Glaubens in »Erfahrung« in diesem negativen Sinn ist die verbreitete *Reinkarnationsvorstellung*. H. J. Baden hätte sicher zurückhaltender formuliert, wenn er dieses heute die Menschen stark bewegende Beispiel im Blick gehabt hätte und nicht so sehr auf innerprotestantische theologische Kontroversen fixiert gewesen wäre! Da das entscheidende Argument im Blick auf eine christliche Beurteilung dieser Vorstellung aber etwas mit der richtigen Bestimmung des Verhältnisses des Glaubens zur Erfahrungsmethodik zu tun hat, seien hier die in dieser Hinsicht durchschlagenden Bemerkungen von *Josef Sudbrack* wiedergegeben: Das Vertrauen auf Gott, der den einzelnen Menschen in seiner persönlichen Eigenart liebt, also der Glaube, wird in dieser Vorstellung »aufgelöst in den intuitiven, zur Erfahrung werdenden Blick in ein *sachlich-unpersönliches Weltgesetz*: Was einem jetzt an ›Bösem‹ widerfährt, ist nur die Erfahrung einer Schuld aus vergangenem Leben. Der Glaube an die Reinkarnation ist der Versuch, *das Geheimnis der göttlichen Liebe in kosmische Gesetzlichkeiten* und in gnostische Erfahrungen zu überführen. Auch die Reinkarnation... ist eine Auflösung des personalen Glaubens in subjektive Sicherheit. Anstelle des lebendigen Gottes, dem der Mensch sich anzuvertrauen wagt, ist ein gesetzmäßiger Schicksalsablauf getreten. Aus der ›Erfahrung‹ der Liebe ist eine ›Erfahrung‹ kosmischer Abläufe geworden. Aus dem ›Du‹ ein ›Es‹, aus Verantwortung ein Resignieren – immer sind es personale Werte, die durch ›Sach-Gesetzlichkeit‹ ersetzt werden.«[115]

Es handelt sich bei der Auseinandersetzung mit der Neugnosis des New Age also letztlich um die Auseinandersetzung zwischen zwei verschiedenen »religiösen Erfahrungen« vor dem Hintergrund eines unterschiedlichen Gottes- und Weltbilds. Die Methodiken und Bewußtseinstechniken des New Age lassen sich daher nicht ohne schwerwiegende Konsequenzen für das Ganze in den christlichen religiösen Erfahrungsbereich übertragen, wobei um so größere Wachsamkeit erforderlich ist, als die Neigung besteht, gewisse »Erfahrungsdefizite« im christlichen Bereich durch Übernahme von Methoden, die nur im Kontext des New Age-Bewußtseins sinnvoll und bedeutsam sind, auszugleichen, ohne die Konsequenzen für das Ganze zu bedenken. Man kann es daher kaum besser formulieren als J. Sudbrack, und jeder Pfarrer, Pädagoge, in der Bildungsarbeit oder apologetisch Tätige, der es auf irgendeine Weise mit östlichen religiösen Praktiken oder mit Methoden des New Age-Bewußtseins zu tun bekommt, sollte sich dies als »eiserne Regel« merken: »*Zuerst muß die eigene Überlieferung verstanden und personal integriert* sein, bevor man als Christ in den Dialog mit der großen Religiosität Asiens eintreten darf. Zuerst sind die wirklichen Fragen von den wirklichen Positionen aus zu stellen.«[116] Und die wirkliche Position des christlichen Glaubens kann man nicht einnehmen, wenn man dabei nicht jederzeit die Unverfügbarkeit der schöpferischen Gnade Gottes voraussetzt. Dies läßt sich aber nur festhalten, wenn man den Primat des Glaubens gegenüber der Erfahrung beachtet. Es gibt, so auch der katholische Theologe *Otto Hermann Pesch,* »keine ›unmittelbare‹ Gnaden*erfahrung,* die nicht durch die personale... Tat des *Glaubens* vermittelt wäre«[117].

Denn der christliche Glaube hat, von seinem Ursprung her, die Gotteserfahrung immer an der Du-Begegnung gemessen, wie sie ihm in Jesus Christus erschlossen ist. »Anders endet man in einer *Psychologisierung* und Reduzierung der Religion und des Christentums zu einem Seelenerlebnis«, urteilt Sudbrack[118], und dieses Urteil trifft in der Tat den Kern des »neuen Bewußtseins«. Insbesondere an der »transpersonalen Psychologie« weist Sudbrack an zahlreichen Beispielen nach, wie da, »wo der Mensch in der *Immanenz der Erfahrung* bleiben will und sie nicht übersteigt in die *Nicht-Erfahrbarkeit des Glaubens,*... er über kurz oder lang den immanenten Gesetzen der Beherrschbarkeit und Funktionalisierung zum Opfer fallen (wird) – bis es dann zur Machbarkeit religiöser Erfahrung mittels elektronischer Wellen, genannt Biofeedback, kommt«[119]. Ohne ein unverfügbares Du als Gegenüber des Menschen muß im Grunde jede »religiöse Erfahrung« in dieser Form entarten – die New Age-Denker zeigen dies nur in besonders krasser Form. Denn an sich weiß auch das Christentum: »Erfahrung ist wichtig, heute mehr denn je; aber... für die religiöse Erfahrung bedeutet dies: Sie ist Erfahrung von Gott. Um Gott geht es, nicht um die Erfahrung. Zitate aus der *Imitatio Christi* formulieren dies im Gegensatz zur transpersonalen Psychologie: ›Ich suche nicht deine Gabe, ich suche dich!‹ ›Man soll lieber das Lob Gottes als den religiösen Trost suchen.‹«[120] Die Glaubenserfahrung läßt sich gar nicht inhaltlich von der Gottesbegegnung ablösen, und es hat daher auch keinen praktischen Sinn, von religiöser »Erfahrung« allgemein zu reden, indem man von ihrem eigentlichen Inhalt abstrahiert. Es ist ein deutliches Signal, daß »religiöse Erfahrung« in New Age-Kreisen meist in Form von »Selbst-Erfahrung« begegnet, in der das »Selbst« letztlich zum »Gott« wird.

Es ist erschreckend zu sehen, wie die Vertreter des »neuen Bewußtseins« die christlichen Mystiker (Meister Eckhart, Johannes vom Kreuz, Angelus Silesius u. a.) *entgegen* deren Selbstzeugnissen für ihre östlich orientierte monistische Einheitsschau in Anspruch nehmen. Dies kann offenbar nur deshalb häufig so unwidersprochen geschehen, weil das Thema »Mystik« und »mystische Erfahrung« in den christlichen Kirchen viel zu wenig beachtet wurde und deshalb viele mangels jeglicher Beurteilungskriterien vor dem neuen Schub östlicher Mystik hilflos kapitulieren oder aber diesen Bereich gewissen »Spezialisten« überlassen, die ihre spezifischen Interessen infolge allgemeiner Unkenntnis um so leichter glauben durchsetzen zu können!

Das wichtigste Kriterium zum Verständnis der eigenen christlichen mystischen Tradition und damit eines der wichtigsten Bereiche christlicher religiöser Erfahrung und Spiritualität ist nach *J. Sudbrack* die Unterscheidung zwischen der östlichen *»Einheitsmystik«* und der *»Begegnungsmystik«*[121], zwischen einer *»monistischen«* und einer *»dialogischen Mystik«*[122], zwischen »Identitätsmystik« und »Du-Mystik«. Während für erstere ein »Impersonalismus« in der Gottesbeziehung grundlegend ist, ist letztere, wie die Namen schon sagen, eine auf der im christlichen Evangelium angelegten personalen Begegnung von Gott und Mensch in Jesus Christus beruhende personale Liebes-Mystik. Dabei ist allerdings zu bedenken, ob man überhaupt die unterschiedlichen östlichen und westlichen kulturellen und religiösen Traditionen

unter einem gemeinsamen Begriff zusammenfassen kann, was die »mystische Erfahrung« betrifft, die bei genauerem Hinsehen ebenso spezifisch geprägt ist wie schon das vom griechischen »mystikós« abgeleitete und als Substantiv erst seit dem 17. Jahrhundert begegnende Wort »Mystik« selbst. Das griechische »mystikós« (= geheim; die Mysterien betreffend) diente nämlich nach J. Sudbrack ursprünglich in der hellenistischen Religiosität einfach zur Bezeichnung des »Geheimnisses« bei der geheimgehaltenen *äußeren Gestalt eines Ritus*, nicht aber einer verborgenen, *inneren religiösen Erfahrung*, und erst im Christentum erhielt das vorher nur äußerlich-rituell verstandene Wort seinen *religiösen* Sinn, und zwar in dreifacher Hinsicht: 1. zur Bezeichnung der Tiefe des *biblischen Wortes*, 2. der Tiefe der *sakramentalen Zeichen* (die in der Ostkirche noch heute »mysteria« heißen!) und 3. der Tiefe der *ekstatischen Erfahrung*. »In der frühen christlichen Überlieferung wurde es oftmals gleich ›spiritualis‹ gebraucht.«[123]
Vor diesem Hintergrund hat nun Sudbrack herausgearbeitet, wie die »*Auflösung der religiösen Ich-Du-Spannung* zur übergreifenden Einheit ein gemeinsamer Zug der ›Neuen Religiosität‹« ist[124], während der von der Gottesbegegnung in der Person Jesu Christi ausgehende christliche Glaube eine ganz andere Mystik hervorgebracht hat, in der es nicht um die Herstellung einer Einheit auf Kosten der Vielheit, sondern um die Einheit in der Liebe geht, die die Unterschiede bewahrt und jede Person in ihrer Andersartigkeit bestätigt. Das ist das Geheimnis dieser christlichen personalen Mystik: *das Geheimnis der Zweiheit in der Einheit personaler Liebe*. Offenbar hat man vor allem in der Ostkirche immer ein besonders deutliches Gespür für diese grundlegende christliche Wahrheit gehabt, die im Dogma von Chalcedon ihren Ausdruck fand. Nur am Rande kann etwa auf den russischen Mathematiker, Philosophen und Priester *Pavel A. Florenskij* (1882–1943) hingewiesen werden, der auf dieser Basis eine ganze »Philosophie der Homoousie« errichtet hat.
Was weiß man aber heute noch von der reichen spirituellen und mystischen Tradition der christlichen Kirchen, während eine Flut außerchristlicher Religiosität im Zeichen eines »neuen Bewußtseins« alles überschwemmt? Was wissen aber auch die im Schmelztiegel Kaliforniens groß gewordenen Denker des New Age selbst vom christlichen Glauben und von der christlichen Mystik? Josef Sudbrack, einer der besten Kenner der Mystik überhaupt, kommt jedenfalls zu dem hier

festzuhaltenden Ergebnis, daß im »neuen Bewußtsein« des New Age 1. lediglich »*eine* bestimmte mystische Erscheinung, die Einheits-, Wesens-, Seins-Mystik *für sich*« genommen und mit dem neuen Paradigma der Wirklichkeit gleichgesetzt wird, wobei nicht einmal nach der hiermit gar nicht verrechenbaren Liebes-Mystik des Bhakti-Yoga, geschweige nach der christlichen Tradition gefragt werde, 2. aber, daß eben damit die mystischen Traditionen übergangen werden, in denen »der Gipfel der Gotteserfahrung nicht ›Seins‹-Erfahrung und Eins-Werden, sondern *Begegnung*, Hingabe, Liebesverzückung« sind[125], also genau die Formen mit einer »personalen, dialogischen Aussagekraft«.
Darin spiegelt sich aber nun nichts anderes als eine ganz unterschiedliche *Praxis* christlicher Spiritualität im Vergleich zur New Age-Spiritualität wider! Christliche Spiritualität ist kein »Stufenweg« methodisch produzierbarer Gotteserfahrungen, sondern, als »Übung des Lebens im Glauben« (s. o.), ein »Werden«, ein echtes »Werden« im Sinne von etwas, das überhaupt noch nicht ist, wie *Luther* einmal sagte: »Das christliche Leben ist nicht Frommsein, sondern ein Frommwerden, nicht Gesundsein, sondern ein Gesundwerden, nicht Sein, sondern ein Werden, nicht Ruhe, sondern eine Übung. Wir sind's noch nicht, wir werden's aber. Es ist noch nicht getan und geschehen, es ist aber in Gang und Schwang.«[126] Hier ist vom »Werden« ganz un-evolutionistisch die Rede, und doch kann man vom christlichen Leben im Grund nicht mehr aussagen, als in diesen Sätzen gesagt wird: Wir *sind* eigentlich noch gar keine »Christen«, wenn wir auf unser eigenes Leben schauen, und nur im Glauben, im Schauen auf Christus haben wir die Zuversicht, daß wir es einmal sein werden, das heißt *ganz zu ihm gehören* werden.
Insofern ist überhaupt »Spiritualität« kein glückliches Wort für das, was das christliche Leben in diesem Sinne bewegt, weil dieser Begriff eine gewisse Statik und Abstraktheit enthält. Es wurde nicht ganz zu Unrecht bemerkt[127], daß das Wort »Heiligung« oder auch »geistliches Leben« im Grunde besser zum Ausdruck bringt, daß ein *Lebensvorgang* gemeint ist, in dem es nichts Abgeschlossenes gibt. Und »Spiritualität« legt auch das Mißverständnis nahe, als handele es sich bei diesem Lebensvorgang um etwas »rein Geistiges«, sozusagen »Immaterielles«. Wenn das das Ergebnis des »Durchbruchs zur Innenwelt« wäre, daß das Leben spiritualisiert würde, dann wäre im Grund nicht nur die heute vielberufene »Ganzheitlichkeit« verraten, sondern es wäre damit auch ein anderes Ziel, eine andere Praxis gemeint als die der »Heiligung« des Lebens im

Glauben, also der christlichen Spiritualität entsprechende: die Verwirklichung der Gottes- und Nächstenliebe. Denn: »Wenn *christliche* Spiritualität gemeint ist, dann gehört der Auftrag der Nächstenliebe gleichberechtigt neben die Gottesliebe, dann muß christliche Spiritualität beides umfassen.«[128]

Der *Heilige Geist* ist ja die Geist *und* Leib ergreifende *Macht Gottes*, er schenkt uns nicht nur den Glauben und das Vertrauen in Jesus Christus, sondern er ist auch der *Schöpfer*, der »am jüngsten Tage mich und alle Toten *auferwecken* wird« (M. Luther).[129] *Kardinal Daniélou* hat einmal geschrieben: »Wenn wir sprechen ›Gott ist Geist‹, was wollen wir damit sagen? Wenn wir griechisch sprechen, so sagen wir: Gott ist immateriell usw. Wenn wir hebräisch sprechen, so sagen wir: Gott ist ein Orkan, ein Sturm, eine unwiderstehliche Macht... Besteht Spiritualität darin, daß man immateriell wird, oder darin, daß man vom Heiligen Geist beseelt ist?«[130]

Wenn der Heilige Geist das Leben beseelt, wird die Trennung von »innen« und »außen«, Aktion und Kontemplation aufgehoben. Der Mensch in seiner Ganzheit, mit »Leib und Seele«, ist bewegt, in allen seinen Lebensbezügen.

Das New Age-Bewußtsein bietet gerade in dieser Richtung keinerlei Perspektive – trotz der vielbeschworenen »Ganzheitlichkeit«. Hierauf muß sich die künftige fundamentaltheologische und apologetische Auseinandersetzung mit dem New Age konzentrieren und *das Wirken des Heiligen Geistes in der Schöpfung*, im Kosmos und in der Leibhaftigkeit der kreatürlichen Existenz, in der »Weisheit Gottes« herausstellen (s. u. 5.). Auf diesem Weg ist auch jene theologisch falsche und in die Irre führende Bestimmung des Verhältnisses von Glaube und Erfahrung zu überwinden, die zu der falschen Praxis eines »Stufenwegs innerer Erfahrung« im Sinne einer »christlichen Gnosis« führt. Denn es ist in ihr »nicht mehr deutlich, daß der Glaube keineswegs als Erfahrung zu *ermöglichen* ist, sondern daß es gilt, *im Glauben* alle Erfahrung aufzunehmen. Erfahrung kann den Glauben nicht bestätigen; wohl aber mag sich der Glaube in der Erfahrung bewähren oder auch von ihr angefochten werden, ja gar an ihr zerbrechen.«[131] Der spirituelle Weg der christlichen Gemeinde »kann daher immer nur von der Erkenntnis zur Erfahrung führen«[132].

Um ein Mißverständnis auszuschließen, muß aber betont werden: Die Kritik an jener Bestimmung des Verhältnisses von Glaube und Erfahrung, die zu einer sogenannten »christlichen Gnosis« im Sinne eines methodisch verfügbaren Stufenweges zunehmender Selbst-Vervollkommnung des Menschen führt, soll keineswegs die Bedeutung der Erfahrung für die christliche Spiritualität herabsetzen. Im Gegenteil: »Es ist die größte Schmach, die wir unserem Gott antun können, wenn wir sagen: Hier auf Erden wird ewig nichts, da haben wir nichts zu erwarten«, sagte einmal *Joh. Chr. Blumhardt.* »Es ist ein Zeichen von der Umnachtung gerade der Christen, daß sie Jahrhunderte lang nicht nur *nichts erlebten*, sondern daß sie auch *das Erleben* nicht nötig zu haben glaubten. Uns darf es wohl gelüsten, daß wir wieder *vernehmen* die Stimme unseres Gottes; uns darf es wohl gelüsten, daß wieder *sichtbar* werden die Kräfte und die Lichter des Heiligen Geistes zur Ehre Gottes.«[133]

Wer *jede* »Erfahrung« von vornherein verdächtigen würde, der würde damit auch jede Erfahrbarkeit Gottes mißachten. Andererseits scheint mit dem gravierenden Erfahrungsverlust im christlichen Bereich auch weithin die Unterscheidungsfähigkeit verlorengegangen zu sein, und es tummeln sich, unter geschickter Ausnutzung des »Erfahrungshungers« vieler Christen und eines zu Unterscheidungen und Abgrenzungen unfähigen kirchlichen Pluralismus, die verschiedensten weltanschaulichen Ansätze und Orientierungen bis hinein in die seelsorgerliche Arbeit. Es ist aber »ein Unterschied, ob man hemmungslos überzeugt ›vom Gott im Menschen‹, ›vom Gott in der eigenen Brust‹ redet oder von der *erfahrbaren* Möglichkeit des Rechtfertigungsaktes«, der *allein im Glauben* (sola fide) nachzuvollziehenden Annahme des Menschen durch Gott. »Das *Gnaden›erlebnis‹* setzt sich nicht selbstherrlich an die Stelle Gottes..., es lebt nicht von seinem *Selbstbewußtsein*, es quillt nicht aus dem Brunnen der *Innerlichkeit.* Es ist *rein rezeptiv*, empfangen durch die im Glauben ergriffene Wirklichkeit der *göttlichen Zusage.* Darum kann man den Begriff der Glaubens›erfahrung‹ nicht von vornherein als unevangelisch verdächtigen und ablehnen, wenn nur der subjektive Erfahrungsbesitz... *durch das* geglaubte, objektive *Offenbarungswort erzeugt* und vermittelt ist. Gewiß, die Größe und Art des Rechtfertigungsglaubens zeigt sich darin, daß er immer mehr lernt, auch *ohne, ja selbst wider alles Fühlbarwerden* an dem ihm geltenden Vergebungswort festzuhalten, aber er schämt und grämt sich auch nicht über die Stunden, da ihm die Gewißheit, bei Gott angenommen zu sein, einen *fühlbaren Frieden* ins Herz hineinbringt, ja er dankt Gott für ein solches hilfreiches *Sichtbarwerden des Glaubens* wie für ein Geschenk mit Freuden und gewinnt daraus für die schweren Stunden der Anfechtung die Kraft des ›fühllosen‹ Glaubens.«[134]

Diese Worte von *Adolf Köberle* aus seinem grundlegenden Werk »Rechtfertigung und Heiligung« gewinnen gerade im Blick auf das New Age-Bewußtsein eine überraschende Aktualität und Gültigkeit. Denn hier ist genau die dem christlichen Glauben wesentliche Unterscheidung getroffen, die den Glauben als eine *allein durch Gott und sein Wort erzeugte Kraft* (vgl. 1. Kor. 1,18) ernst nimmt und der »Erfahrung« überordnet, *ohne* nun Glaube und Erfahrung gegeneinander auszuspielen und in eine unüberbrückbare Spannung zu versetzen. Denn wo »der Glaube das Wort von der Versöhnung gehört, erkannt und anerkannt hat, da kann es gar nicht anders sein, als daß eine solche *geistgeschenkte*, unmittelbare persönlich zugeeignete Gewißheit auch den Menschen in der Totalität seines *psychologischen Bewußtseins* bestimmt und bewegt.«[135]

Gewiß wird sich niemand, der vom »Gott in sich selbst« als einer natürlichen Eigenschaft des Menschen fest überzeugt ist und die »innere Erfahrung« der eigenen Göttlichkeit damit zur alleinigen Norm der Beurteilung macht, von dieser Klarstellung beeindrucken lassen, die sich vor allem gegen die in der sogenannten »Dialektischen Theologie« nicht ohne Grund erfolgte Verbannung der Begriffe »Erlebnis« und »Erfahrung« aus dem theologischen Vokabular richtet. Denn nur so meinte man, der heute wieder aufkommenden Reduzierung des christlichen Glaubens auf subjektive »Erfahrungen« oder, wie man früher sagte, auf »fromme Gemütszustände« die Gewißheit entgegensetzen zu können, daß der Glaube an Jesus Christus gerade auch gegen alle Erfahrung, gegen alle schwankenden und zweifelnden Zustände des eigenen Bewußtseins seine Gültigkeit und Kraft bewahrt. Nur so schien es verhindert werden zu können, daß die Erfahrungen des inneren Lebens der Psyche zur Norm der Gottesbeziehung des Menschen gemacht werden, wie dies heute unter tiefenpsychologischem Einfluß innerhalb und außerhalb des New Age-Bewußtseins wieder verbreitet ist.

Weil andererseits jedoch »über den Bannkreis der Subjektivität niemand hinauskommt« (L. Ihmels)[136], kann die glaubende Anteilnahme und Erfahrung von Gottes Für-uns-Sein in Jesus Christus nicht einfach gegen den »Glauben« ausgespielt oder generell verdächtigt werden, wenn nur immer festgehalten wird, daß sie nie in feststehenden Formeln ausdrückbarer innerer *Besitz* ist, über den der Mensch beliebig *verfügen* kann, sondern vielmehr ständig in Frage gestellt ist durch andersartige »Erfahrungen«, ständig »angefochten« ist, wie darum ein zentrales Stichwort lutherischer Spiritualität lautet. So kann *Luther* z. B. sagen: »Wenn du nicht glauben willst, daß das Wort mehr gilt als alle deine Augen und Fühlen, so blendet die Vernunft den Glauben... Ich fühle nicht, daß Christus auferstanden ist, aber das Wort sagt es. Ich fühle die Sünde, aber das Wort sagt, sie sei vergeben denen, die da glauben. Ich sehe, daß die Christen sterben wie alle anderen. Aber das Wort sagt, daß sie auferstehen. Man darf sich also nicht nach dem Fühlen richten, sondern nach dem Wort« (Predigt über 1. Kor. 15,1ff. vom 31. März 1529)[137].

Doch ist gerade Luther andererseits »nie müde geworden, zu betonen, daß Theologie nur aus der *experientia* heraus getrieben werden könne. Was er unter *Erfahrung* versteht, hat er durch die drei Faktoren *meditatio, oratio, tentatio* umschrieben.«[138] »Meditatio« aber meint dabei nicht, was man heute alles unter »Meditation« versteht, sondern, wie Luther selbst sagt: »Meditatio bedeutet gleichsam sich in der Mitte aufzuhalten oder durch die Mitte und das Innerste bewegt werden.«[139] Es geht nämlich bei *christlicher* Meditation (abgeleitet von »medomai« = »messen«, und zwar am redenden Gott) nach *G. Ruhbach* immer um das Anliegen, »*zu vertiefter Glaubenserfahrung durch die Heilige Schrift zu gelangen* und mit ihrer Hilfe den Glauben in den Anfechtungen des Alltags zu bewahren«[140]. Meditation ist christlich also »nicht eine Verinnerlichung des Wortes zum ›Sinn‹..., sondern die Vertiefung des Schriftwortes zum Gotteswort«. Meditation »macht das äußere Wort zum *inneren*, das den Menschen in seiner Personmitte trifft und verwandelt«, wie es in einem evangelischen Gesangbuchlied ausgedrückt ist: »Dein Wort bewegt *des Herzens Grund.*«[141]

So kommt es wirklich zu einem »Durchbruch des Wortes Gottes zur Innenwelt«, und das Wort wird zum »inneren Wort« (Iwand)! Wie hat man nicht den Protestantismus in der Vergangenheit verlästert als die »Religion der Innerlichkeit«, als Reduktion des Glaubens auf »bloße Innerlichkeit«, wie hat man ihn aber auch als den Beginn der Loslösung des modernen Menschen von allen überlieferten Ordnungen und des modernen Subjektivismus entweder verachtet oder gefeiert! Wer von *diesem* so oft gescholtenen »Durchbruch zur Innenwelt« herkommt, muß sich von dem heutigen »Durchbruch« im Zeichen des New Age allerdings merkwürdig berührt vorkommen: Kaum eine Tradition wird ausgelassen – bis hin zur »Seelenreise« der Schamanen oder zu den entlegensten Formen östlicher Mystik, um das »Bewußtsein zu erweitern« und seine Tiefen auszuloten, aber eines sucht man vergeblich in diesem Spektrum: auch nur einen einzigen positiven Rückbezug auf die große Linie, die vom Apostel Paulus über Augustin zu Luther reicht[142], sieht man von der häufigen, aber tendenziösen Berufung auf Augustin einmal ab! In Wirklichkeit waren es doch die auf dieser Linie sich bewegenden Strömungen und Denker, die in der Vergangenheit am meisten zu einer sich am inneren Glaubensvollzug, an der »Erfahrung« orientierten religiösen Glaubensform beigetragen haben. In jeder nichtscholastischen Theologie geht es darum, nicht »von außen«, als Unbeteiligter von Gott zu reden (dieses objektivierende Reden ist eben Kennzeichen jeder Scholastik), sondern »von innen«, aus dem eigenen Glaubensvollzug heraus. Luther hat dieses Theologisieren eigentlich wiederentdeckt: »Ein jeder Christ hat den gesamten in der Heiligen Schrift (und in der Kirchengeschichte) vollzogenen Weg täglich neu zu beschreiten... In Luthers Anfechtungen ist die innere Gestalt dieses Weges auf Gott zu sichtbar geworden... Es ist *zutiefst ein im Willen und Gemüt des Menschen sich vollziehender Vorgang.* Wir sollen alles Vertrauen auf Menschenhilfe wie auf das eigene Selbst, aber auch alle Verzweiflung hinter uns lassen und uns ganz hineinbergen in Gottes Willen. Damit gewinnt die bei Augustin aus biblischen und neuplatonischen Wurzeln gespeiste Sicht der *Heimkehr des Menschen zu Gott,* das vielzitierte ›Fecisti nos ad te et inquietum est cor nostrum, donec requiescat in te‹ (Conf. I, c. 1, n. 1), das in der Mystik erneut heraustrat, seine radikale Zuspitzung.«[143]

A. Peters hat eine vorzügliche Analyse dieser »*Ablösung des Innen* vom Außen«, dieses Herauslösens der Person aus den leiblich-seelisch-ganzheitlichen Bezügen, auch in ihrer bis heute nachwirkenden Fragwürdigkeit und Problematik, vorgelegt.[144] Er meint gleichzeitig, dieser »Durchbruch zur Innenwelt« sei nicht einmal im evangelischen Bereich weitergetrieben worden. Und zwar deshalb, weil aus der »gelebten Wirklichkeit« später wieder »Worte über...« wurden. Der »Sitz im

Leben« für Luthers Lehre über die Rechtfertigung des Sünders, so die These von Peters, ging weitgehend verloren.[145] Hinter das in diesem reformatorischen Durchbruch erfolgte »Aufbrechen der personalen Dimension aller theologischen Aussagen«, des »Eintretens der *Person* in den Glaubensvollzug«[146] kann jedoch niemand mehr ernsthaft zurückwollen. Die Aufgabe, die sich stellt, wäre, diesen Ansätzen folgend »das bewußte Stehen im Lauschen auf das Wort auszuweiten auf die auch unsere raumhaft-leibliche Existenz einbeziehende Glaubenserfahrung: Ich bin umschlossen und gehalten, durchstrahlt und durchwirkt von der Christuswirklichkeit«[147]. Davon wird noch im 5. Abschnitt zu reden sein.

Hier soll nur hervorgehoben werden, daß es im Verständnis lutherischer Spiritualität keinen Sinn hat, »Glaube« und »Erfahrung« gegenüberzustellen oder aber alles in »Erfahrung« aufzulösen. Der frühere Hamburger Bischof *Hans-Otto Wölber* nennt die auf »meditatio, oratio und tentatio« beruhende lutherische Spiritualität einmal eine im Grund auf den Erzvater Jakob zurückgehende Spiritualität: Dies ist keine Spiritualität des »Ich bin okay, du bist okay«, des »Immer-gut-drauf-Seins«, sondern eine von tiefen Erfahrungen des Leidens, des Zweifels und der Anfechtung geprägte Glaubenserfahrung, eine »Spiritualität des unfreien Willens«[148], der »getrosten Verzweiflung«, wie sie am besten noch in zahlreichen Gesangbuchversen überliefert ist: *Der Mensch ringt mit Gott.* »Erfahrung« im Sinne lutherischer Spiritualität kann niemals von diesem Inhalt, von dieser Grundsituation des mit Gott ringenden Menschen losgelöst werden:

»Immer wieder wird das Wort Erfahrung in dem Sinn mißverstanden, als ob es dabei um die kleinen Erfahrungen des Menschen ginge. Deshalb sei zwischen der *experientia,* die Gott vermittelt, und den *experimenta,* die wir Menschen machen und immer neu suchen, deutlich unterschieden. Gerhard Ebeling hat gezeigt, wie die experientia ein Grundwort der Theologie Luthers war...: sola experientia facit theologum. Die Anfechtung, die den Glaubenden immer neu die Abwesenheit Gottes erfahren läßt, ist der Ernstfall der Theologie wie der Frömmigkeit. Deshalb geht es bei Erfahrung nicht um unsere Gläubigkeit..., sondern zuerst um Gott selbst, der sich zur Erfahrung bringt... Im Bekenntnis zu Gott als dem Schöpfer, dem Erlöser und Vollender vollzieht sich zugleich gedeutete Erfahrung der Welt... Die altkirchlichen Glaubensbekenntnisse haben den Glauben an den dreieinigen Gott immer auch als

Erfahrung der Welt in ihrem Gesamtzusammenhang angesprochen. Dieser Bezug ist uns weithin abhanden gekommen und damit die Korrespondenz von Gottes- und Welterfahrung.«[149]

Die Kritik aus New Age-Kreisen, vor allem wo sie von C. G. Jung beeinflußt ist[150], an der »Erfahrungslosigkeit« zumal des Protestantismus greift also ins Leere. Reformatorische Spiritualität ist davon einfach nicht betroffen, allenfalls ein Zerrbild von »Glaube«, wo man sich von der Einheit von Glaube und Erfahrung losgelöst hat. Und was defizitär ist – der Weltbezug –, das ist im Grunde in der alles auf innerpsychische »Reifungsprozesse« reduzierenden Tiefenpsychologie noch viel defizitärer und kann nur im Geist des christlichen Universalismus der alten Bekenntnisse der Kirche überwunden werden (s. u. 5.).

Das gilt analog auch im Blick auf die Fehldeutungen des Wesens der *Mystik* und »mystischer Erfahrungen« im »neuen Bewußtsein«, wovon die Rede war. Die Ursache für diese Fehldeutungen, die dann auch eine synkretistische Vermischung aller möglichen Traditionen zur Folge hat, scheint bei *A. Maslow* zu liegen, der den Begriff »Gipfelerlebnis« in die Psychologie einführte und darauf bestand, daß er von der »mystischen Erfahrung«, wie sie von Mystikern beschrieben werde, nicht unterschieden werden könne.[151] In Wirklichkeit handelt es sich dabei nur um eine Erfahrung »*gesteigerter* Bewußtheit«, nicht aber um die von Mystikern beschriebene Erfahrung des *Geheimnisses Gottes*, das in unnachahmlicher Weise *Gregor von Nyssa* einmal so formulierte: *»Selbst als der Gefundene bleibt er der Gesuchte.«*

Wenn ein solcher Kenner der Traditionen wie *Steindl-Rast* (s. u. S. 220) nun feststellt, solche Momente »gesteigerter Bewußtheit« seien von »Dankbarkeit« durchdrungen, die sich überhaupt als die Wurzel *»jeder* Religion« erweise, so vermischt er schlechthin Psychologie und Religion in einer für den synkretistischen Geist des »neuen Bewußtseins« höchst typischen Weise. Als Christ muß ihm wohl bewußt sein, daß Glaube und Bekenntnis als *geschenkten* Wirklichkeiten auf seiten des Menschen Lob und *Dankbarkeit* gegenüber Gott entsprechen. Nimmt man aber nicht gerade jeder echten Religion den Lebensnerv und die raison d'être, wenn man in dieser Weise die Dankbarkeit des Glaubenden, die sich beim Christen vor allem in der Eucharistie verdichtet zum Dank für das, was Christus getan hat (G. Ruhbach), mit einer allen Menschen verfügbaren Erweiterung des Bewußtseins im Sinne von »Gipfelerfahrungen« in Verbindung bringt? Die christliche Hoffnung richtet sich doch nicht auf die eigenen Gefühle, sondern auf Christus! Die New Age-Literatur ist voll von Beispielen, die auf eine solche Vermischung der Ebenen, auf einen Synkretismus auf Kosten des lebendigen christlichen Glaubens hinzielen, und die Kirchen sind zu höchster Wachsamkeit aufgerufen im Blick auf das, was oft von ihren eigenen Mitgliedern heute an Umdeutungen mehr oder weniger gezielt vorgenommen wird.

Sehr gut stellt auch *Jörg Splett* den *Fluchtcharakter* dieser Art »mystischer« Erfahrungen heraus, wie sie sich in sogenannten »Gipfelerlebnissen« äußern: »Die Suche nach Rausch und Ekstase, nach psychotechnisch wie chemisch induzierter ›Bewußtseinserweiterung‹ wäre dann eigentlich ein Ausweichversuch: vor der in Wahrheit verlangten Konfrontation, *vor dem Schmerz* nicht bloß psychischer, sondern *freipersonaler Verwandlung*... Hier liegt das prophetische Recht in Karl Barths Verurteilung der Religion als *Flucht vor dem Glauben* und seiner Zumutung zur Umkehr.«[152]

Aber in dieser Verbundenheit von Glaube und Erfahrung ist eben immer vorausgesetzt, daß *der Glaube von Gott durch Wort und Geist schöpferisch erzeugt ist* und die Erfahrungen des Christen ihn bestätigen oder nicht bestätigen, niemals aber begründen können. Fast überall, wo diese Voraussetzung keine Rolle mehr spielt, führt dies zu einer völligen Auflösung der Transzendenz Gottes sowie des Schöpfungsglaubens zu einer allgemeinen »Gott-Durchsichtigkeit der Welt«, wie dies für die New Age-Spiritualität charakteristisch ist (etwa bei E. Gruber und K. Wilber).

In echter protestantischer Spiritualität wurde diese Grundvoraussetzung immer festgehalten. So sagte zum Beispiel der protestantische Mystiker *Gerhard Tersteegen* (1697–1769): »Die Vergebung unserer Sünden muß sich *allein auf Christum* gründen und nicht auf die süßen *Erfahrungen*, die wir etwa *haben oder nicht haben* können.«[153]

Offenbar war es aber schon zu seiner Zeit nötig zu betonen, daß es grundsätzlich für evangelische Spiritualität keinen methodisch verfügbaren »Heilsweg« geben kann. Die Pfingstbitte

»Steh uns stets bei mit deinem Rat
und führ uns selbst den rechten Pfad,
die wir den Weg nicht wissen«[154]

bringt dies deutlich zum Ausdruck, daß wir wirklich keinen Weg, keine Methode kennen, um zu Gott zu gelangen, wenn nicht der Heilige Geist im Glauben selbst unser Reiseführer ist! Wie zweitrangig nehmen sich alle »Durchbrüche zur Innenwelt«, die in der Geistesgeschichte periodisch immer wiederkehren, gegenüber dieser heilsentscheidenden Wirklichkeit aus! Denn der Christ verfügt nicht über einen methodisch erlernbaren Heilsweg, er ist damit, in positiver Hinsicht betrachtet, aber auch *frei* davon und bedarf, wie *Luther* einmal unter Bezug auf 1. Joh. 2, 27 (»ihr bedürfet nicht, daß euch jemand lehre«) sagte, *»in diesem Glauben lebend nit eines Lehrers guter Werk«* (»Sermon von den guten Werken«)[157], eines »Gurus« oder »spirituellen Meisters«, der beansprucht, eine solche zielsichere Methode zu besitzen. Und überhaupt wird er seine »Erlebnisse« und das sichtbar gewordene Wirken des Geistes auf seinem Reifungsweg nicht zum Gegenstand abmessender Beurteilung machen, da er weiß, daß er alles von Gott hat, der ihm auch alles wieder nehmen kann! Man möchte von da aus allen heutigen »Selbsterfahrungs-« und »Wachstums-Gruppen« das Wort *Kierkegaards* ins Stammbuch schreiben: »Nur in seinen Früchten soll es offenbar werden, nicht sollen wir es durch Selbstbeobachtung und Selbstbespiegelung ans Licht ziehen wollen: das würde ja nur den Geist betrüben und das Wachstum der Liebe aufhalten« (»Leben und Walten der Liebe«).[156]

Wenn vom spirituellen »Wachstum« des Christen die Rede ist, so sollte dabei nie aus den Augen verloren werden, daß es sich dabei nicht um einen Vorgang nach Art des physiologischen Wachsens und Reifens handelt. »In Wahrheit handelt es sich ... um *ständige Neuentscheidung des Glaubens* oder Unglaubens. Erst deren Wiederholung und Addition ergibt *für den Zuschauer* das Bild der Kette... Wer die Vorgänge *von innen* sieht, der weiß, daß sich hier jede Art von ›Wachstum‹ stets nur in der Form des Kampfes vollzieht, sei es als immer neu gesetzter, bewußter Akt der Dankbarkeit und des Gehorsams *für* Gott oder als planmäßig vollzogener Entschluß *gegen* Gott. Die völlige Verhärtung des Herzens ist... die Summe zahlloser Übertretungen, fortgesetzter Überwindungen von Gewissenshemmungen und einer vom Willen täglich erneuten Abkehr. Ebenso ist auch der *Fortschritt in der Heiligung* und die Bewahrung im Glauben *keine Aufwärtsentwicklung* im Sinn der griechischen Theologie, als vollzöge sich beim Glauben ein gewisser mystisch-magischer Heilsprozeß, der zuletzt beim ruhenden Besitz endet.« Die »Heiligung« ist kein »naturhaftes Fortschreiten und Zunehmen«, sondern in Wirklichkeit ein *ständiges Neuanfangen*: »Allein in solch ständiger Rückkehr zum Anfang, d. h. zum Ergreifen des Versöhnungswerkes Christi, das richtet und trägt, kommt es zur zunehmenden Erneuerung. Vorwärtskommen heißt für den Christen: unter dem Kreuz stehenbleiben. Wachsen im Geist heißt: im Gericht des Rechtfertigungsglaubens *immer mehr abnehmen*... Wer sich von Gott besonderen Segens versieht, muß zu vermehrtem Leid und Anfechtung bereit sein.«[157]

Das sind heute höchst aktuelle Überlegungen und Hinweise, wo sich bis in die Kirchen hinein ein solch fragwürdiges spirituelles »Wachstumsdenken« bemerkbar macht, wie es von den amerikanischen »Human-Growth-Zentren« zum Programm erhoben wird.

Mit voller Schärfe wird hier das im Blick auf christliche Spiritualität fundamentale Problem des *»progressus fidei«*, des »Glaubensfortschritts«, gestellt. Hilfreich für die Auseinandersetzung mit falschen New Age-Alternativen sind in dieser Hinsicht die bereits erwähnten, nicht ohne Blick auf das »neue Bewußtsein« gewonnenen Beiträge von *Gerhard Ruhbach* in seinem Sammelband »Theologie und Spiritualität« (s. o. Anm. 139). Religiöse Erfahrung darf und soll zu ihrem Recht kommen. Die anthropologische Seite des Glaubens wurde seit der Dialektischen Theologie sträflich vernachlässigt, und ein Zugewinn an religiöser Erfahrung darf nicht mit der Rechtfertigungslehre gewissermaßen totgeschlagen werden. Aber eine sich an der Lehre von der Rechtfertigung des Sünders allein aus Gnaden orientierende Theologie kann einen »progressus fidei« nicht anders als im Sinne einer Vertiefung *im* Glauben verstehen, nicht aber als »Fortschritt« *des* Glaubens im Sinne der Erreichung *inhaltlich neuer oder höherer Dimensionen* mit der Konsequenz unterschiedlicher »Stufen« geistlicher Entwicklung, wie sie für Esoterik und New Age charakteristisch sind. Reformatorischer Rechtfertigungsglaube wehrt sich gegen einen »progressus fidei«, bei dem man feststellt: Dieser oder jener ist ein »besserer«, weil spirituell fortgeschrittenerer Christ. Christsein kann sich in durchaus unterschiedlichen Formen und Modellen verwirklichen – etwa *als* »Psychiker« oder *als* »Pneumatiker«! Aber diese Formen oder Modelle dürfen nicht in die Reihenfolge eines von *jedem* zu durchlaufenden »Stufen«- oder »Entwicklungsweges« gebracht werden, will man das Christsein nicht einer unevangelischen Gesetzlichkeit unterwerfen. Der eine glaubt *wie* ein »Psychiker«, der andere anders, und wer mit der Predigt der Zeltmission oder eines Wilhelm Busch nichts anfangen kann, bedarf einer anderen Form der Verkündigung, ohne daß man aber die *verschiedenen* Formen und Modelle gegeneinander ausspielen oder im

Sinne einer heilsentscheidenden »spirituellen Entwicklung« in eine Stufenfolge bringen darf, die *jeder* durchlaufen müsse. *Die durchaus verschiedenen Wege* der religiösen Erfahrung zu dem einen Heil dürfen nie *über- bzw. untergeordnet* werden. Innerhalb der Heiligung als Praxis der Rechtfertigung gibt es durchaus verschiedene Formen und demgemäß für unterschiedliche Menschen auch unterschiedliche Formen der Hinführung, damit sie überhaupt hörbereit werden. Aber wer durch Meditation zum Hören des Wortes kommt, ist deshalb kein besserer oder schlechterer Christ als der, dem durch Wortverkündigung oder als der, dem durch Musik die Ohren für das Wort Gottes geöffnet wurden. Und »Erfahrung« des Glaubens muß sich für christliche Spiritualität durchaus nicht immer auch in den »kleinen Erfahrungen« oder Neuigkeiten des Tages widerspiegeln, sondern steht stets unter dem Kreuz: Gott führt uns zur »experientia«, die den »langen Atem« der Auferstehung braucht und deren Früchte nicht immer sogleich »erfahrbar«, sondern vielleicht erst *nach dem Tode sichtbar* werden (G. Ruhbach).

»Die *fortschreitende Heiligung* des Christen« darf aber auch, so *Köberle*, »unter keinen Umständen mit einem *moralischen Entwicklungsdenken* verwechselt werden... Der humanistische wie der religiöse Perfektionist treiben ängstliche Selbstbeobachtung und möchten an der Zahl der erreichten Fortschrittsstufen die Annäherung an Gott feststellen.«[158] Von daher ist vor allem auch ein *Reinkarnations- und Karmagesetz* im christlichen Kontext absolut undenkbar, und sein Vordringen im Westen kann als ein Ausdruck des Verlusts der Glaubensgewißheit und des falsch verstandenen Heiligungsstrebens verstanden werden, zumal er in seinem östlichen Kontext ursprünglich geradezu das Gegenteil eines solchen optimistischen Entwicklungsdenkens repräsentiert. »Christliche Spiritualität«, das heißt »Heiligung«, ist von all dem himmelweit entfernt, und Adolf Köberle hat diese Unvereinbarkeit von neuer Gnosis und christlicher Spiritualität mit den folgenden, heute mehr denn je aktuellen Worten formuliert: »Wird das Wort von der Vergebung nicht mehr gehört, so geht auch der Geist verloren, der in alle Wahrheit leitet... Wenn Gott einen Menschen stürzen will, so tut Er es, indem Er ihn blind macht für seine Fehler... Wird nicht unaufhörlich auf das uns demütigende Wort vom Kreuz zurückgegangen, so kommt es unvermeidlich zu jenen flachen, vorschnellen, optimistischen Verwechslungen von Geistern und Heiligem Geist, von Kosmos und

Schöpfer, Stimmung und Glaube..., von der okkulten Welt und der Welt der Ewigkeit. Man verwechselt: geistvoll und ›voll des Geistes‹ sein, neuen Lebensstil und ›Erneuerung von oben‹, evolutionistische Kulturphilosophie und Eschatologie, Völkerfriede und ›Friede auf Erden‹... Die Rechtfertigung verhütet die Heiligsprechung der natürlichen Grundlagen des Lebens... Die Heiligung aber verhütet, daß uns die Welt völlig beziehungslos wird zum dreieinigen Gott und wir in Resignation steckenbleiben. Die Rechtfertigung lehrt die Erlösungsbedürftigkeit, die Heiligung die Erlösungsfähigkeit aller Dinge. Das eine Wort warnt: ›Es ist noch nicht erschienen, was wir sein werden‹, das andere Wort mahnt: ›Die Nacht ist vorgerückt, der Tag aber nahe herbeigekommen – so lasset uns ablegen die Werke der Finsternis und anlegen die Waffen des Lichts.‹«[159]

Grenzen und Fragwürdigkeit tiefenpsychologischer Gnosis

Von diesen Überlegungen her fällt noch einmal ein Licht auf jene Gnosis unseres Jahrhunderts, die wie keine andere einen *erfahrbaren* Heils- und Heilungsweg in Form der Erweckung der Seele zum »wahren Bewußtsein ihrer selbst« entwickelt und dadurch nicht nur das »neue Bewußtsein« des New Age zutiefst prägt, sondern auch bis hinein in die kirchliche Arbeit von Einfluß ist.

Das Entscheidende gegenüber dieser Art Gnosis (s. o. 2. Teil), die das religiöse Leben in den »Zauberkreis der Psychologie« bannen und das Heil in der jedermann erfahrbaren »Selbstwerdung« verwirklicht sehen möchte, hat aus christlicher Sicht im Grunde bereits der frühkirchliche Apologet *Arnobius* (um 300) zum Ausdruck gebracht, indem er den damaligen Gnostikern zurief: »Ihr verlegt das Heil eurer Seelen in euer Selbst und glaubt durch euer innerlich strebendes Bemühen, Götter zu werden; wir aber versprechen uns von unserer Schwachheit nichts.«[160]

In unserer Zeit hat vor allem *Martin Buber* (1878–1965) in seiner Auseinandersetzung mit C. G. Jung und dem Steiner-Schüler Hugo Bergmann aus seiner religiös-personalistischen Sicht Entscheidendes gegen die Gnosis vorgebracht, das an die Geisteshaltung des Arnobius-Zitats erinnert. In dem Aufsatz »*Christus, Chassidismus, Gnosis*« bezeichnet er als Grundzug der Gnosis »ein wisserisches Verhältnis zum Divinum, wisserisch vermöge einer *anscheinend nie wankenden Sicherheit, im Selbst die zulängliche Divinität zu besitzen*«. »In unserer Zeit

äußere es sich dadurch«, wie Gerhard Wehr zusammenfassend fortfährt, »daß die Mysterien ins Psychische eingesenkt werden. Dadurch komme ein Zug zur Gnosis zur Geltung. Und eben in dieser Tendenz erblickt Buber einen *Gegensatz zur Glaubenswirklichkeit*. Denn diese ›wisserische‹ Haltung vergehe sich an der Innerlichkeit, letztlich an der Transzendenz Gottes.«[161] Dem deutsch-israelischen Philosophen Hugo Bergmann antwortete Buber: »Ich bin gegen die Gnosis, weil und sofern sie vorgibt, Vorgänge und Prozesse *innerhalb der Divinität* berichten zu können. Ich bin gegen sie, weil sie insofern Gott zu einem Gegenstand macht, in dessen Wesen und Geschichte man sich auskennt. Ich bin gegen sie, weil sie an die Stelle der *personalen Beziehung* der menschlichen Person zu Gott eine kommunionsreiche *Wanderung durch eine Überwelt*, eine Vielheit mehr oder minder göttlicher Sphären setzt.«[162]
Von daher ist es verständlich, daß sich Buber in seiner *»Replik auf eine Entgegnung C. G. Jungs«* ähnlich ablehnend äußerte und die entscheidende Differenz, die auch heute noch im Blick auf den »Durchbruch zur Innenwelt« im Zeichen des New Age gilt, deutlich hervorhob: »Die Seelenlehre, die die Geheimnisse behandelt, ohne die Glaubenshaltung zum Geheimnis zu kennen, ist die moderne Erscheinungsform der Gnosis. Die Gnosis ... ist der eigentliche Widerpart der Glaubenswirklichkeit. Ihre moderne Erscheinungsform geht mich nicht bloß ihres massiven Anspruchs wegen an, sondern insbesondere auch der von ihr als Psychotherapie gelehrten Wiederaufnahme des karpokratianischen Motivs wegen, die Instinkte mystisch zu vergotten, statt sie im Glauben zu heiligen.«[163]

Heiligung im Glauben statt Wanderung durch Innen- und Überwelten auf einem Stufenweg der »Erfahrung« – dies ist also hier, ähnlich wie bei dem oben zitierten evangelischen Theologen Adolf Köberle, der entscheidende Unterschied zwischen der gläubigen Existenz und dem gnostischen »neuen Bewußtsein«.

Was man über die Grenzen »*übersinnlicher* Erkenntnisse« und *okkulter* Praktiken gesagt hat (s. o.), das gilt ganz genauso im Blick auf die Grenzen *tiefenpsychologischer* Erkenntnisse und therapeutischer Praktiken: Gottes Segen und Gottes Kraft läßt sich auf keine Weise erzwingen und durch keine Methode entwickeln – weder durch Ausbildung »hellseherischer Organe«, wie man im traditionellen Okkultismus sagt, noch durch psychologische Schulung oder »Bewußtseinserweiterung«, wie es im modernen Psycho-Jargon heißt. Es handelt sich immer nur um psychische Kräfte des Menschen: »Die Ausdehnung und Erweiterung des psychischen Tiefenbewußtseins durch sorgsame Pflege führt so wenig zu Gott, wie der Erwerb mediumistischer Fähigkeiten zum Propheten macht.«[164] Der Apostel Paulus bezeugt: Gottes Kraft »ist in den Schwachen mächtig. Darum bin ich guten Mutes in Schwachheit, in Mißhandlungen, in Nöten, in Ängsten, um Christi willen; denn wenn ich schwach bin, bin ich stark« (2. Kor. 12, 9–10). »Die Bibel ist erfüllt von der demütigen Erkenntnis: Wenn Gott schweigt, gibt es kein Mittel, ihn zum Reden zu bringen, wenn Er sein Antlitz verbirgt, gibt es keine Methode, zu Seinem Licht emporzudringen. Daraus erwächst ja erst die ganze bittere Not, von der z. B. die *Psalmgebete* in so ergreifender Sprache reden. ›Gott, schweige doch nicht also und sei doch nicht so still; Gott, halte doch nicht so inne!‹ (Ps. 83, 2. Ferner 28, 1; 35, 22; 39, 13; 74, 9; 109, 1; 143, 7.) Erst recht wußten *Propheten* und *Apostel*, daß Gottes Ruf und Auftrag, der sie wider ihr Erwarten, ja oft wider ihren Willen übermannte, sich *durch keinerlei Schulung erzwingen* läßt. Hier aber genügen die richtigen *Konzentrationsmethoden*, um ... zum Schauen göttlicher Geheimnisse zu gelangen. Biblische Frömmigkeit weiß: Wenn die Seele auch nach Gott dürstet, ›wie ein dürres Land‹, es gibt dennoch kein ›Rezept‹, göttliche *Erlebnisse* herbeizuführen. Gott kann uns, Gott kann ein ganzes Volk, ein ganzes Geschlecht, wenn es sein Wille ist, auch warten und bangen lassen, bis Er Seine Hilfe schickt. Gottes Stunde hängt nicht an unserem *vorbereitenden, seelischen Exerzitium*, sie kommt ›ubi et quando deo visum est‹... Wie es keinen Anspruch auf göttliche Erkenntnisse und Erlebnisse gibt, so gibt es auch keinen Anspruch auf die Kraft Gottes... Wir können Seinen, den Willen erneuernden Segen nicht herbeiziehen, können nicht durch geschickte Anlagen den Kraftstrom herbeiholen... Alles Bemühen um die Ausbildung und Veredelung *seelischen Vermögens* bis hin zum *Sehen der Aura* und der feineren Leiblichkeiten bleibt in *menschliche* Begriffe gebannte, darum begrenzte und so oft mit kräftigen Irrtümern beladene Schau.« Soweit *Adolf Köberle*.[165]

Es ist fast unbegreiflich, wie eine so einfache und grundlegende Wahrheit christlicher Gotteserkenntnis, die aus jeder Seite der Bibel mit nicht zu bezweifelnder Deutlichkeit hervorgeht, bis in die kirchliche Seelsorge und Verkündigung hinein heute oft in erschreckendem Maß übersehen oder durch das Gegenteil verdrängt wird. Denn man muß klar sehen: Dies ist nicht nur ein Problem des New Age-Bewußtseins, von dem man nichts anderes erwarten darf. Was will man aber eigentlich dagegen sagen, wenn man selbst im Grunde genauso denkt und lebt!

»Der Geist weht, wo er will« – dieses von den New Age- und Esoterik-Anhängern den »Kirchenchristen« heute immer wieder entgegengehaltene Wort wird von ihnen zwar gern, aber letztlich ohne rechtes Verständnis und grundlos in Anspruch genommen. Denn dieses Wort läßt sich, recht verstanden, überhaupt von niemandem für sich selbst in Anspruch nehmen und einem anderen entgegenhalten, sondern nur vom schöpferischen Geist selber! Denn der Geist Gottes entzieht sich jeder Verfügungsgewalt des Menschen.

Biblischer Glaube wußte immer: Gott muß einen *widerstrebenden* Menschen erlösen, und das gilt nicht nur da, wo sich einer in seiner Sünde ganz offensichtlich dem Anspruch Gottes widersetzt, sondern gerade auch da, wo einer meint, er öffne sich in einer besonderen Weise für »das Göttliche« und stehe dadurch Gott näher als andere! Diese einfache biblische Wahrheit wird heute im Zeichen des »neuen Bewußtseins« schlicht vergessen, weil man vielfach meint, auf dem »Durchbruch zur Innenwelt« die »richtige Methode« gefunden zu haben, um sich dem Heil zu nähern oder es zu verwirklichen.

Im Grund ist dies aber nichts anderes als Ausdruck eines *Rationalismus*, so sehr man sich auch gerade von rationalistischen Einstellungen abzusetzen versucht. Man muß klar erkennen: An diesem Punkt liegen wohl die größten Schwierigkeiten des heutigen Menschen mit dem christlichen Glauben. Aber es ist auch möglich, daß es ihm schon hilft, wenn man erklären kann, womit das möglicherweise zusammenhängt, ohne daß diese Erklärung nun ihrerseits beansprucht, eine sichere »Methode« zu seiner Rettung zu sein!

Die Schwierigkeiten des »neuen Bewußtseins« mit dem christlichen Glauben hängen sicher damit zusammen, daß sich die Vertreter dieses Bewußtseins nicht vollständig von zahlreichen Voraussetzungen rationalistischer Welterklärung lösen können – gerade auch da, wo es um okkulte oder tiefenpsychologische »Erfahrungen« geht. Von den geistesgeschichtlichen Hintergründen hierfür war bereits ausführlich die Rede. Der evangelische Theologe *Paul Althaus* (1888–1966) hat einen entscheidenden Punkt getroffen, gerade auch im Blick auf die »gnostischen Mysterien« der modernen Psychologie, indem er feststellte, daß die Vertreter einer Vorordnung der »Erfahrung« vor den »Glauben« in der Theologie immer noch *im Schema der Kausalität denken*, indem sie nämlich *von einem* (erfahrbaren) *psychischen Zustand auf eine Ursache schließen*, die diesen Zustand bewirkt habe (z. B. Christus).[166] Um wieviel mehr gilt diese im Blick auf eine sogenannte »Erfahrungstheologie« gemachte Aussage von den im Bereich des »neuen Bewußtseins« einflußreichen Tiefenpsychologen, die, wie gesehen, im »Individuationsprozeß« ja »Gott« als das »wahre Selbst« als psychische Ursache bei der »Heilung« des Menschen in Anspruch nehmen und so methodisch verrechnen.

Daß Gott auch auf die Psyche des Menschen in allen ihren heute bekannten und noch unbekannten Dimensionen wirken kann, braucht gar nicht bestritten zu werden. Aber man würde ihn andererseits auf die Grenzen der Kausalität festlegen, wenn man Gottes Handeln mit den Menschen auf eine solche kausale Wirkungsweise begrenzen würde. Nach dem Evangelium jedenfalls handelt Gott auch so am Menschen, daß er ihn in einem unbegreiflichen Akt der Liebe durch sein Wort annimmt. Auf seiten des Menschen aber entspricht dieser Annahme oder »Rechtfertigung« – der *Glaube*, das *Vertrauen*. Denn es gibt keinen kausal-erfahrbaren Beweis für diese Annahme. Sonst müßte man es auch allen Christen erfahrbar ansehen (was in der Tat manche glauben!). Eben diese nur im Glauben »erfahrbare« Dimension der göttlichen Liebe und Rettung macht die Schwierigkeit des modernen Menschen mit der »Rechtfertigung des Sünders« und dem Glauben aus. Denn »die Rechtfertigung wird *nicht erlebt, sondern geglaubt*«[167].

Im Grunde ist die »Erfahrungstheologie« ein Reflex der Aufklärung und ihrer Fragestellungen. Und vielleicht hatte Karl Barth doch nicht übertrieben, als er meinte, Schleiermachers Theologie sei eben doch eine Gnosis. Denn auch die Gnosis bedeutete im christlichen Bereich den Versuch einer solchen Rationalisierung des Glaubens und der Religion. In der Neugnosis vollzieht sich heute eine Erneuerung solcher Versuche. Aber auch in der christlichen Theologie selbst finden, vor allem unter tiefenpsychologischem Einfluß, solche Versuche einer Rationalisierung des Glaubens wieder von neuem Anklang. Hier ist in erster Linie an das voluminöse Werk von *Eugen Drewermann* (geb. 1940), Therapeut und Privatdozent für systematische Theologie in Paderborn, zu denken, das »auf dem Fundament der Tiefenpsychologie eine umstürzend neue Theologie« entwickle, »indem es auf die *psychischen Ursprünge* des Christentums... zurückgreift und unsere eigenen Lebenserfahrungen abhorcht«. Was hier vom Verlag als »umstürzend neu« bezeichnet wird, ist allerdings überhaupt nicht neu, sondern begegnet, wenn auch in anderer Form, schon immer in der Theologie! Es handelt sich um eine gnostische Rationalisierung des christlichen Glaubens, die sich nur durch die enorme Belesenheit des Autors vom gewöhnlichen New Age-Bewußtsein abhebt, aber wohl nicht zufällig gerade in Kreisen des »neuen Bewußtseins« auf Interesse stößt. Auch *Rudolf Pesch* und *Gerhard Lohfink* finden bei Drewermann eine Reduktion des Christentums auf die Gnosis: »Aufs Ganze gesehen ist die Theologie verabschiedet, sie hat zugunsten einer vagen Religiosität abgedankt, die sich mit der Tiefenpsychologie zu einer modernen Gnosis verbündet.«[168] Und selbst ein Theologe wie *Ulrich Mann*, der sich bereits für die Tiefenpsychologie einsetzte, als dies noch nicht Mode war, sondern von Theologen wie Köberle, Haendler oder Uhsadel erst als Neuland für den christlichen Glauben entdeckt wurde, stellt fest: »Was man in der protestantischen Exegese des neunzehnten und frühen zwanzigsten Jahrhunderts alles an gedanklicher Interpolation in die Texte eingeschoben hat, das holt nun Drewermann auf tiefenpsychologischem Gebiet voll und ganz nach.«[169]

Charakteristisch ist z. B. die tiefenpsychologische »Exegese« der *Geschichte von Jesus und der Samaritanerin am Jakobsbrunnen*, die Drewermann geradezu als »Durchbruch zur Innenwelt« interpretiert, nämlich als »Gesamtbild eines langen Prozesses, den jeder Mensch in typischen Schritten der Reifung auf dem Weg des Glaubens durchleben muß« und in dem »die einzelnen Stufen des Gesprächs als wesentliche Schritte einer *inneren geistigen Reifung*, einer allmählichen Verlagerung des Denkens *von außen nach innen*« zu verstehen seien.[170] Hier scheint theologisch durchgeführt und in die Bibel eingetragen, was J. Coleman vor Augen hat (s. o.). Es geht, so Drewermann, um *»gelebte Innerlichkeit«*, in der »die ›Geistigkeit‹ und ›Wahrhaftigkeit‹ der Gottesbeziehung [gemeint ist: die Anbetung im Geist und in der Wahrheit, Joh. 4!] damit identisch ist, zum Mittelpunkt der eigenen Existenz zu finden.«[171] Die anthropologische Engführung der sogenannten »existentialen Interpretation« des Neuen Testaments wird hier sozusagen nochmals tiefenpsychologisch weiter verengt: Ging es dort immerhin noch um ein »neues Selbstverständnis« des ganzen Menschen im Glauben, so wird der Glaube hier zur *schieren Innerlichkeit*, die Eschatologie zur *Selbstfindung* und die Wiedergeburt zur *Erfahrung dieser Selbstfindung*.[172] Läßt sich das Wort vom »*lebendigen* Wasser«

bzw. das »Leben« in dieser Weise auf »Selbstfindung«, das Wirken des göttlichen *Geistes* auf »Geistigkeit« reduzieren? Wird nicht der Geist Gottes gründlich mißverstanden, wenn man sein Wirken in dieser Weise als eine Art »Vergeistigung« betrachtet, die sich zudem auch noch darauf beschränkt, »zum Mittelpunkt der eigenen Existenz zu finden«, und nicht mehr erkennt, daß es hier wirklich um Leben in all seinen Bezügen geht? »Der Geist Gottes« ist doch in Wirklichkeit »das neue Lebensprinzip für die *gesamte Schöpfung*. Die christliche Zukunftshoffnung ist darum nicht gerichtet auf eine Erlösung vom Leib, von der Natur, sondern auf eine Erlösung *des* Leibes, auf eine Erlösung der seufzenden Kreatur.«[173] Freilich begegnen bei Drewermann auch Sätze wie diese, die in Richtung des christlichen Personalismus weisen: »Mit aller Entschiedenheit haben wir immer wieder betont, daß der Mensch inmitten seiner Angst den Kräften des Unbewußten hilflos ausgeliefert ist, solange er nicht im Gegenüber einer absoluten Person seine eigene Personalität und Freiheit zu riskieren vermag; ja, wir haben gesehen, daß die Personwerdung des Menschen ohne eine ausdrückliche Erfahrung der Personalität Gottes sich niemals hätte vollziehen können. Von daher gilt es immer wieder zu betonen, daß Gott *nicht* als Teil der Gesamtheit der menschlichen Psyche verstanden werden darf und daß es unbedingt erforderlich ist, jenseits des Meeres des Unbewußten an ein anderes Ufer zu glauben, an dem Gott auf uns wartet.«[174] Aber welche Rolle spielt diese Feststellung für das Ganze?

Es ist erstaunlich und merkwürdig, daß ein solcher Reduktionismus auf die schiere Innerlichkeit heute vielfach ausgerechnet bei solchen Strömungen begegnet, die in besonderer Weise eine »Ganzheitlichkeit« der Sicht der Wirklichkeit für sich in Anspruch nehmen. »Stimmt es, wie Lohfink und Pesch behaupten, daß Drewermann das Christentum zu einer *Religion des einzelnen* abseits von Gemeinde und Gottesvolk umbaut, dann muß Drewermanns Position selbst als Symbol eines *nachkirchlichen* Christentums gedeutet und diskutiert werden. Drewermann würde dann sicherlich weithin *im Trend* der Menschen zwischen 18 und 40 Jahren hierzulande liegen, die zwar an christlicher Botschaft auch... persönlich und als einzelne interessiert sind, aber die kirchliche gemeinschaftlich-verbindende Verfassung des Christentums weithin ablehnen.«[175] Dann aber gehörte die »Exegese« Drewermanns im Grund schon in ein besonderes Kapitel des »neuen Bewußtseins«: »New Age in der Kirche« oder »New Age-Christentum«.

4. New Age-Christentum?

»Anfängerkurs Tai-Chi im Martin-Luther-Haus, Kaiser-Josef-Platz, G.«[176] –

»Astrologen als Referenten in Fortbildungskursen für katholische Seelsorger im Bistum B.«[177] –

»Lucelle – eine Begegnungsstätte des St.-Katharina-Werks in B. – ›soll zu einem Ort werden, an dem ein neues Bewußtsein entstehen kann‹.«[178] –

Kein Zweifel: Das »neue Bewußtsein« hat die Kirchen mit voller Wucht bereits erreicht, hat sich nicht nur in den Grauzonen, bei Randsiedlern eingenistet, sondern ist voll präsent – in Gemeindehäusern, in kirchlichen Bildungsangeboten, ja es stellt sich bereits die Frage nach einem »New Age-Christentum«.

Problematisch genug ist es bereits, wenn sich New Age-Vertreter einer »christlichen« Terminologie bedienen und dadurch häufig unter falschem Eindruck in Wirklichkeit weltanschauliche Versatzstücke aus östlichen Religionen einführen, während sich zum Beispiel E. Gruber immerhin offen zur Gnosis bekennt! Angesichts solcher Vereinnahmung des christlichen Glaubens sollten sich die Kirchen nicht, aus einer falsch verstandenen Dialogbereitschaft und Offenheit heraus, scheuen, deutlich gegen den in diesen Kreisen weithin herrschenden willkürlichen und beliebigen Umgang mit eindeutigen wissenschaftlichen Daten oder dogmatischen Grunderkenntnissen Stellung zu beziehen. Das gilt insbesondere im Blick auf solche Bereiche, bei denen sich selbst theologisch Geschulte nicht so gut auskennen, wie etwa den vernachlässigten Bereichen von Mystik, Esoterik oder Parapsychologie[179], die von Außenseitern seit jeher gern zu Tummelplätzen ihrer abenteuerlichen Hypothesen erkoren werden. Nur wer selbst diese Festigkeit aufbringt, dem wäre es dann auch am ehesten möglich, die wahrscheinlich immer stärker auf das Christentum zukommende Aufgabe zu lösen, den Menschen bei der Deutung und Bewältigung ihrer beim »Durchbruch nach innen« aufgebrochenen seelischen »Erfahrungen« durch den Glauben zu helfen.

Noch weitaus problematischer als das »christliche Mäntelchen« mancher New Age-Vetreter ist das New Age-Gewand derjenigen, die sich zu Sprechern des »wahren Christentums« – z. B. der Bergpredigt – machen, dabei aber fast die gesamte Weltanschauung des »neuen Bewußtseins«

übernehmen und zu einer Art Propheten oder Predigern eines »New Age-Christentums« werden. Auf zwei überaus populäre Vertreter soll hier hingewiesen werden.

Die Botschaft des Franz Alt

Für den Fernseh-Moderator Franz Alt heißt zum Beispiel »Nachfolge Jesu« in der Terminologie des New Age einfach: »Höre auf deine *innere Stimme*, achte auf deine Träume!« Dies schreibt er in einem Beitrag des ihn zeitweise als »ständigen Mitarbeiter« aufführenden einschlägigen New Age-»Magazin 2000« unter dem Titel »Die letzte Instanz: das Gewissen – Vom Taufchristen zum Tatchristen«[180], also mit erklärtermaßen christlichem Anspruch! Seine von New Age-Vertretern gewiß mit Beifall aufgenommene »Interpretation« kommt daher, daß er *»Gewissen«* und *»Seele«* einfach identifiziert. *Religion und Psychotherapie* haben dementsprechend nach Alt, der damit die These von Sudbrack bestätigt, wonach im New Age-Bewußtsein Religion weitgehend auf Psychologie reduziert wird[181], dasselbe Ziel: »auf seine Seele (bzw. Gewissen) achten«, »auf der Suche nach seinem Selbst, nach Selbsterkenntnis sein«[182]. Das Wort Jesu: »Das Reich Gottes ist inwendig in euch« (Luk. 17,21) und die Forderung der Tiefenpsychologie: Achtet auf eure Träume, auf euer Unbewußtes! werden daher von Alt bedenkenlos identifiziert. Ja, für Alt ist »das Reich Gottes *das Reich des Inneren*« schlechthin, und »Jesus lehrt« – so Alt, »daß das Reich Gottes *nur* ›inwendig in uns‹ zu realisieren ist«[183].

Alt ist sicher einer der populärsten Propheten einer Weltverbesserung durch Selbstveränderung: »Die Welt ändert, wer sich ändert«, wie er präzise das Grunddogma des »neuen Bewußtseins« (s. o. Einführung) formuliert.[184] Bereits in seinem Bestseller *»Frieden ist möglich. Die Politik der Bergpredigt«*, der bis zum Jahr 1983 in 16 Auflagen mit der sensationell hohen Zahl von 700 000 Exemplaren verkauft worden war, führt er das umstrittene *»Friedensevangelium«* der Essener-Sekte als »Verständnishilfe« für die in seinem Sinn gedeutete Bergpredigt ein[185] und übernimmt die in Esoteriker-Kreisen schon immer gängige Behauptung, Jesus sei »wahrscheinlich selbst Essener« gewesen, und die nach seinen Worten zu leben versuchten, habe er »Kinder des Lichts« genannt.[186] Der Einband dieses von dem New Age-Verleger *Bruno Martin* ins Deutsche übersetzten und veröffentlichten »Friedensevangeliums« trägt die unseriöse Werbung: »Dieses Essener-Dokument offenbart, daß Jesus die natürlichen Heilkräfte der Luft, des Lichtes, der Erde und des Wassers kannte, die in Verbindung mit spiritueller Lebenspraxis den Menschen *von innen her* erneuern können und ihm *ein Leben ohne Krankheiten* schenken.«

In dem zweiten Buch Alts »*Liebe ist möglich*« von 1985 schlagen die New Age-Tendenzen dann ganz offen durch, indem es jetzt erklärtermaßen um die Frage nach der Bergpredigt als Inspirationsquelle für ein »erweitertes Bewußtsein«[187] geht, um ihre Verwendbarkeit für die allgemeine New Age-Ideologie und das »neue Bewußtsein« ihrer Anhänger. Der »Bewußtseinswandel« Alts selbst läßt sich auch am Literaturverzeichnis erkennen, das nun von »Bhagwan« Shree Rajneesh über Dethlefsen und C. G. Jung bis zu Joseph Murphy reicht. Ausgangspunkt ist die New Age-Grundthese (s. o. Einführung) vom Primat des Bewußtseins gegenüber dem Sein, hier negativ formuliert: »*Erst stirbt die Innenwelt, dann die Umwelt.*« Die »wahre Wende«, so Alt, braucht also »ein neues Bewußtsein«[188].

Dieses ist nun bei ihm selbst, so behauptet er, »inspiriert durch die Bergpredigt«[189]. Es ist fast nicht zu unterscheiden: Handelt es sich um den Versuch, das »neue Bewußtsein« mit der Botschaft der »Bergpredigt« (wie er sie versteht) zu dekorieren, ihm ein christliches Mäntelchen umzuhängen, oder – schließlich spricht Alt ja als katholischer Christ! – dem Christentum eine New Age-Gestalt zu geben, das »New Age-Christentum« der Zukunft zu formulieren?

Liest man trotz innerer Widerstände, die bereits die ersten 30 Seiten verursachen, weiter, so wird man mit einer fundamental-gnostischen Sicht konfrontiert, die für das erstere sprechen könnte, obwohl der Autor eher das letztere beabsichtigt und die »älteste Häresie«, wie man die gnostische Rede vom »Gott in uns« genannt hat, mit zahlreichen Stilblüten und einer an den Geschmack des 19. Jahrhunderts erinnernden Sentimentalität vorträgt.

So wird gleich zu Beginn Jesus sozusagen als »früher Bewußtseinserweiterer« eingeführt: Er sei gestorben, so Alt, »damit wir ein *tieferes Bewußtsein von Gott und damit von uns selbst* bekommen«[190]. Mußte er aber deshalb wirklich sterben? Angesichts der hohen Auflagen der Altschen Bücher könnte einen die dunkle Ahnung überkommen, derartige Ausführungen träfen genau den Geschmack eines heutigen breiten Publikums: »Wir müssen aufpassen«, so fordert Alt, »daß die geistigen

Kräfte durch die Nabelschnur, die uns mit Gott verbindet, fließen und pulsieren können... In den Tiefenschichten unseres Unbewußten schlummert die Ahnung: In jedem Menschen steckt ein innerer Kern, leuchtet ein ewiges Licht, herrscht die göttliche Idee. Diese Idee ist... *die Seele*... Seele ist... *Gott in uns*... Im Augenblick des Todes verläßt die Seele unseren Körper wie ein Schmetterling... Der Körper zerfällt, aber die Seele ist unsterblich... Der Tod ist ein Leben in anderer Frequenz.«[191]

Ein Spiritist würde seine Weltanschauung wohl kaum anders formulieren, wenn auch vielleicht auf erheblich höherem geistigen Niveau. Der Ausdruck »Gesindestubenmetaphysik«, den *Thomas Mann* einmal für den Spiritismus als »Sonntagnachmittagszerstreuung für Köchinnen« prägte, die »weder dem Gedanken idealistischer Spekulation gewachsen, noch des metaphysischen Gefühlsrausches im entferntesten fähig« seien[192], wäre angebracht, wenn es noch »Gesindestuben« samt jener bürgerlichen Gesellschaft gäbe, auf deren Boden nicht zuletzt auch der moderne Okkultismus sich bildete. Der »Durchbruch zur Innenwelt« gerät bei Alt zur sentimentalen Reise, und man kann nur hoffen, daß diese »Redaktionsstubenmetaphysik« angesichts heute wieder angesagter »Weltenwenden für Halbgebildete« (Ernst Bloch) keinen größeren geistigen Schaden anrichtet.

Denn was will Alt mit den folgenden Sätzen gegen eine »verkopfte Theologie«, die ja an sich ihr Recht haben mögen, eigentlich erreichen, wenn er im Blick auf die Menschen, für die »der ›Gott der Bibel‹ und das ›Jesulein‹ ihrer Kindheit längst gestorben« seien, feststellt, »Unmittelbarkeit zu Jesus« und ein Zugang zur Bergpredigt seien *nur* durch mehr »Herz«, »Gemüt« und »Seele« zu gewinnen.[193] Das war es doch, was man den Kirchen so häufig vorwarf: daß sie den Menschen ein Jesusbild voll Sentimentalität vermittelten, das ihnen bei der Bewältigung ihrer echten Lebensfragen im Alltag keine Hilfe sein konnte! Und nun kommt Alt und verlangt gerade angesichts jener säkularisierten, entkirchlichten Schichten der Gesellschaft nicht etwa weniger, sondern *mehr* Sentimentalität! Wer soll sich da noch auskennen! In diese Verwirrung muß wohl fallen, wer den Glauben nur noch als »Vermittlungsproblem« betrachtet, bei dem sich dann der Gegensatz von »Kopf« und »Herz« als absoluter Bezugsrahmen aufdrängt, während die Frage gar nicht mehr gestellt wird, ob es nicht Aufgabe der Verkündigung sei, von dem Jesus zu reden, der Kopf *und* Herz des Menschen durchschaut und frei macht zum Leben im Geist der Bergpredigt. *Luther* war jedenfalls noch des in der Erfahrung vielfach bestätigten Glaubens, daß die *Gnade* auch ein *neues Urteilsvermögen* mit sich bringt, das sich auf alle Lebensgebiete erstreckt (»affert gratia *novum iudicium* omnium rerum«). »Gespaltenes Denken«, das Natur und Geist, Kopf und Herz auseinanderreißt, ist nicht dadurch zu heilen, daß man mehr »Seele« und »Innerlichkeit« predigt, sondern indem man den Hochmut und die Selbstgefälligkeit, die sich *beider* Kräfte des Menschen bemächtigen können, heilt und überwindet. Dies aber übersteigt bei weitem die Kraft des in seiner Selbstherrlichkeit *gefangenen und unfreien* menschlichen Willens, und deshalb wußten Christen immer, daß hier nur das Gebet zu Gott, die Bitte, er möge seinen Heiligen Geist verleihen und uns ein »neues Herz« (vgl. Jer. 24,7) schenken, hilft, also die Gnade Gottes, die freimacht von Hochmut und Selbstgefälligkeit als Ursachen »gespaltener Existenz«:

»Das Vernunftlicht kann das Leben
uns nicht geben,
Jesus und sein heller Schein,
Jesus muß das Herz anblicken
und erquicken,
Jesus muß die Sonne sein.«[194]

Wo Jesus nur noch als »Vermittlungsproblem« einer bestimmten Lehre und nicht mehr als handelnde Person erscheint, kann dem Vordringen der New Age-Welt- und -Menschenbilder von christlicher Seite schwerlich etwas entgegengesetzt werden, was bei Alt besonders deutlich hervortritt.

Das Ganze gerät zu einer nahezu unverdaulichen Mischung, wenn Alt etwa Eberhard Arnold, »Bhagwan« Shree Rajneesh und Wilhard Becker (!) innerhalb eines einzigen Gedankengangs gemeinsam als Zeugen für seine Forderung benennt, die heutige Welt mit Hilfe der Bergpredigt »zu befreien«, »aus ihren Angeln zu heben«![195] Daß der Glaube gar nicht der Erreichung eines vom Menschen selbst gesetzten Ziels dient, sondern *der Erhaltung und Heiligung des Christen bei dem Ziel, das er in Christus bereits gefunden hat*, kommt von diesen Voraussetzungen her natürlich überhaupt nicht mehr in den Blick, ebensowenig wie der Glaube, daß Gott den Menschen gerade auch im Scheitern bei diesem

Ziel erhalten und heiligen kann! Daß der Glaube als Lösung für menschliche Problemstellungen angeboten wird, ist nicht neu, ebenso wie die Tatsache, daß er damit als Herausforderung für Scheinlösungen und als Stachel im Fleisch bequemer Christen gar nicht mehr ernst genommen wird. Bei Alt geschieht nichts anderes, als daß der Glaube dem Zeitgeist dienstbar gemacht wird, der eben heute wieder einmal »nach innen« geht und die Lösung der Probleme von der »inneren Reise« des Menschen erwartet. Darum wird am christlichen Glauben alles eliminiert, was dem entgegenstehen und den Zeitgeist in Frage stellen könnte, während von bequem gewordenen Christen das Wesentliche der Bergpredigt gar nicht mehr gesehen wird, worauf der nordrhein-westfälische Ministerpräsident *Johannes Rau* einmal vor Militärpfarrern hinwies: Ob es wirklich unser Problem sein könne, ob mit der Bergpredigt Politik zu machen ist, und ihre Herausforderung nicht gerade darin bestehe, ob man überhaupt mit ihr *leben* könne!

Nicht zuletzt bieten gerade die Bücher von Alt, nachdem der oft naive Umgang von Kirchen und Volkshochschulen mit den Erscheinungen des Zeitgeists mehrfach kritisch unter die Lupe genommen worden ist, Anlaß, auch einmal etwas zu der in der »Wendezeit« des New Age in Mode gekommenen, nahezu kritiklosen Übernahme von Literatur zweifelhaftester Provenienz im bundesdeutschen *Verlagswesen* zu sagen. Seriöse Verlage, die sonst etwas auf ein aufgeklärt-humanistisch-demokratisches Menschenbild halten und mit Strenge über gefährliche Entwicklungen in Kirche und Politik wachen, machen sich andererseits aufgrund von erstaunlicher Unkenntnis mit derartigen Publikationen letztlich zu Förderern von Entwicklungen zweifelhaftester Art, bis hin zur Ausbreitung gesellschaftlich gefährlicher destruktiver Kulte. Das gilt in vorliegendem Fall etwa im Blick auf den »Bhagwan«, von dem Alt zwar lobend ein positives Wort zu Jesus zitiert, aber nicht, was dieser, im Gegensatz zum Geist der Bergpredigt, etwa über Hitler und die Juden gesagt hat! Dies gilt ebenso im Blick auf das von Experten als äußerst gefährlich eingestufte früher so genannte *»Heimholungswerk Jesu Christi«*, für das Alt auch noch durch Angabe einer Kontaktadresse Reklame macht, da er das Engagement eines Würzburger Millionärs für diese Gruppe (»Ich bin zu einem Christen der Bergpredigt geworden!«) als positives Beispiel der sich vollziehenden »planetarischen Bewußtseinsveränderung«, als einen

Ausdruck für die Lebendigkeit des von der Bergpredigt inspirierten »neuen Bewußtseins« anführt![196] Wenn schon der Autor selbst die gefährlichen Hintergründe dieser Gruppen verschweigt, die wirklich auch nicht das Entfernteste mit der Bergpredigt Jesu zu tun haben, so sollte wenigstens ein in unserer demokratischen Gesellschaft angesehener Verlag verhindern, daß ein derart einseitiges Bild von der Wirklichkeit entstehen kann!

Erkenne dich selbst!

Eine der charakteristischsten Anschauungen des »neuen Bewußtseins« ist die auch bei F. Alt begegnende Auffassung von der Gotteserkenntnis durch Selbsterkenntnis. Das in diesem Sinne verstandene »Erkenne dich selbst!« ist nicht nur eine der in der New Age-Literatur am häufigsten begegnenden Formeln, sondern wird dort häufig auch als Ausdruck besonderer Christlichkeit angesehen.

Die erwähnte Auffassung Alts vom »Gewissen« ist aber theologisch völlig überholt. Nach der gewissermaßen vulgärphilosophisch-idealistischen Auffassung des 19. Jahrhunderts ist das Gewissen der Ort, »wo der Menschengeist *die Einheit mit der Weltvernunft* erlebt, wo man in der *sittlichen Selbstbetätigung* und Hingabe sowohl Gottes wie seiner persönlichen ewigen Dauer gewiß wird (Fichte), wo wir kraft unserer Überzeugungstreue *vor Gott ungebrochen bestehen* zu können glauben«[197]. Man kann auch noch weiter zurückgehen zum »Glauben des Schwärmers an das *innere Leben*, wo man im Gewissen den Ort sieht, da man Ströme ›vom fließenden Licht der Gottheit‹ empfängt«[198]. Das ist aber geradezu das genaue Gegenteil von dem was z. B. Luther unter »Gewissen« verstand: eine ungeheure *Bedrohung* jeglicher Selbstsicherheit des Menschen, die ihm wie der Jona verschlingende Fisch begegnet (Iwand), als der Ort, wo er nicht die Einheit, sondern den furchtbaren *Gegensatz* zu Gott verspürt.

Ein ähnliches Mißverständnis begegnet dem »Erkenne dich selbst«, wenn es, wie häufig in New Age und Esoterik, geradezu als Motto für den heutigen »Durchbruch zur Innenwelt«, zum »Gott in uns selbst« in Anspruch genommen wird. In seinem sokratischen Verständnis meint es aber gerade *die Erkenntnis der Grenzen des Sterblichen*, den Aufruf zur Selbstbescheidung, während man darunter heute im »neuen Bewußtsein« gerade das Gegenteil hiervon versteht: die Überwindung der menschlichen Schranken durch *Erkenntnis der Göttlichkeit des Selbst* auf dem Weg nach innen.

Darin besteht wiederum eine Nähe zur gnostischen Heilslehre, während das sokratische Verständnis offenbar dem Realismus der christlichen Demut nähersteht, die sich darüber hinaus aber bewußt ist, daß der Imperativ des »Erkenne dich selbst« in Wirklichkeit eine unmögliche Forderung ist, da sich *der Mensch nur in Christus, in der Offenbarung Gottes recht erkennen* und heil werden kann.[199] Insofern ist es aus christlicher Sicht irreführend, wenn in dem oben erwähnten Begleittext zu der Fernsehserie über die New Age-Bewegung unter Hinweis auf das »Erkenne dich selbst!« vom Apollo-Tempel in Delphi behauptet wird, das New Age wolle die Menschen zur »Selbstfindung« anleiten, und *in allen* (!) großen Religionen (Buddhismus, Judentum, Christentum und Islam) sei »immer wieder *diese gleiche Forderung* an den Menschen enthalten«[200]. Dies ist so unsinnig, daß es nicht einmal ein New Age-Vertreter behaupten würde, da für ihn der »jüdisch-christlich-islamische Monotheismus« gerade die ihm vorschwebende »Selbstfindung« verhindert! Hier wird nicht nur verschwiegen, daß man unter der Forderung nach Selbsterkenntnis ganz verschiedene Dinge verstehen kann, hier zeigt sich vor allem eine verbreitete Naivität im Umgang mit anderen Weltanschauungen und Religionen, die sie aus Unkenntnis ihrer spezifischen Begrifflichkeit und zentralen Inhalte nicht nur um ihre wahre Mitte betrügt, sondern auch wesentlich dazu beiträgt, daß sich eine *synkretistische Atmosphäre* herausbilden kann.

Die Botschaft dieses neuen Synkretismus lautet: »*Es gibt viele Wege zu Gott, und alle sind es Wege Christi.*«[201] Die New Age-Anhänger können sich das Ziel der »Reise in die Innenwelt« nur als Synkretismus vorstellen, aber es gibt leider auch viele Christen, die ihnen darin bewußt oder unbewußt folgen. So besteht hinsichtlich der Botschaft dieses Synkretismus kaum ein Unterschied zwischen dem Buch der englischen Gruppentherapeutin *Winifred Rushforth* »Dein Wille wird geschehen. Spiritualität und Tiefenpsychologie im New Age« (München 1987) und dem Buch über die »Wiedergeburt christlicher Mystik« des Benediktinerpaters *David Steindl-Rast* »Fülle und Nichts« (München 1986). »Jesus sagt: ›Ich bin der Weg‹ (Joh. 14, 6). Wir aber wollen dies«, so der als Redner auf New Age-Kongressen hoch geschätzte Pater, »bedauerlicherweise so eingrenzen, als sei er nur ein Weg (wenn auch ›der einzig richtige‹) unter tausend anderen. So ist das aber nicht gemeint. Vielmehr, *wer immer sich ›auf dem Weg‹ zu Gott befindet,* ist auf dem Wege Jesu... *Es spielt keine Rolle, welchen Namen wir jenem Weg geben.*«[202] Dies ist zwar etwas vorsichtiger formuliert als bei Rushforth, stellt aber dennoch eine handfeste Infragestellung des Zeugnisses des Apostels Paulus dar: »*Einen anderen Grund kann niemand legen* außer dem, der gelegt ist, welcher ist Jesus Christus« (1. Kor. 3, 11). »Darum hat ihn auch Gott erhöht und hat ihm *den Namen gegeben, der über alle Namen ist*« (Phil. 2, 9).

Von der Ärztin und Therapeutin W. Rushforth heißt es vielsagend: »In der Schar, die sie umgab, waren immer auch irgendwo Nonnen und Geistliche.«[203] Diese Schar derer aber, die heute, auch als Christen, bei den Gurus des New Age in die Lehre gehen, scheint immer mehr zu wachsen, ja, es wird bereits zum Schulterschluß von Christentum und »sanfter Verschwörung«, zu einem »New Age-Christentum« der Zukunft aufgerufen.

Günther Schiwy und der Geist des Neuen Zeitalters

Ein profilierter Vertreter eines solchen für den synkretistischen Geist des Neuen Zeitalters kennzeichnenden Programms, der, nach einem Prospekt des Kösel-Verlags, »diesen Geist ›leibhaftig‹ erscheinen läßt«, ist der Teilhard-Spezialist und Lektor des C. H. Beck Verlags, Günther Schiwy (geb. 1932). In seinem 1987 erschienenen Buch *»Der Geist des Neuen Zeitalters. New Age-Spiritualität und Christentum«* nimmt er am Schluß geradezu eine »Heiligsprechung« des New Age vor: »Der Geist des Neuen Zeitalters ist der Geist Gottes.«[204] Und er ruft die Christen zur Teilnahme an der von Marilyn Ferguson proklamierten »sanften Verschwörung« des Wassermannzeitalters auf.

Bereits in einem Artikel im »Börsenblatt« für den deutschen Buchhandel vom 24. Februar 1987 *»Auf der Suche nach der verlorenen Einheit«* hatte er die Ev. Zentralstelle für Weltanschauungsfragen aufgefordert, ihre erste kritische Stellungnahme zur New Age-Bewegung zu überprüfen. Er selbst hatte in dieser Übersicht über die wichtigsten New Age-Titel der letzten Jahre seine Gedanken zum Verhältnis von New Age und Christentum in zehn Thesen zusammengefaßt, darunter folgende:

1. »Auf der Suche nach der verlorenen *Einheit mit der Natur* gibt es zwischen New Age-Spiritualität und neu reflektiertem Christentum keine unüberwindlichen Gegensätze.« Vor allem die Gefahr des

Pantheismus könne durch einen mit dem christlichen Glauben zu vereinbarenden Pan-en-theismus (Gott ist *in* allem) gebannt werden.

2. Ein »neues Symbolverständnis« ermögliche »die *Einheit der Religionen* – ein Ideal des New Age –, ohne daß sie vereinheitlicht werden«.
3. Bei vielen Christen fehle nur noch das Verständnis und der Zugang zur Welt der *Bilder, Träume und Symbole,* damit das Gespräch mit der New Age-Bewegung beginnen könne.
4. Die von vielen New Age-Denkern vertretene Möglichkeit und Notwendigkeit eines *ganzheitlichen, Glauben und Wissen umfassenden Weltbilds* werde »von der Avantgarde der Naturwissenschaftler bestätigt«. Wenn Christen dies immer noch nicht nachvollziehen würden, so könne dies »mit dem ursprünglichen christlichen Glauben nicht bestätigt werden«.
5. Auch die Christen selbst entdeckten heute ihre eigene Tradition von *Meditation und Mystik* wieder und verbänden sie mit den östlichen (Einheits-)Erfahrungen.
6. Zwischen *Auferstehungs- und Reinkarnationsglauben* bestehe kein unüberbrückbarer Gegensatz. Nach dem in Indien lebenden Pater *Bede Griffiths* handele es sich nur um verschiedene Symbole für die *»Einheit von Vergangenheit, Gegenwart und Zukunft im eigenen Selbst«.*
7. Zwischen New Age und Christentum gebe es hinsichtlich der Einstellung zur psychosomatischen Einheit beim Heilen ebenfalls keinen Gegensatz.
8. Schließlich als letztes Fazit Schiwys: Das Christentum sei mitschuldig, daß wir »keine *spirituelle Erfahrung* und keine spirituelle Weisheit haben«. Die »spirituelle Dimension« könne aber wiedergewonnen werden, wenn New Age-Anhänger und Christen kritisch zusammenarbeiten im Sinne einer »neuen Rationalität« (Prigogine), die die mystische Dimension einschließt.[205]

Die zehn Punkte Schiwys konvergieren jeweils in dem als eine der zentralen Grundideen der New Age-Orientierung geschilderten Einheitsgedanken oder weltanschaulichen Monismus. Sie laufen weitgehend auf eine völlige Übernahme und Integration der Grundideen des New Age in ein »neu reflektiertes Christentum«, wie er sagt, hinaus, wobei am christlichen Glauben alles eliminiert wird, was sich diesem Einheitsgedanken nicht fügt, z. B. die christliche Mystik zugunsten einer einseitigen östlichen »Einheitsmystik«.

Dabei stützt Schiwy seine Ansichten jeweils mit Lehraussagen der katholischen Kirche, vor allem aus der Enzyklika von Papst Johannes Paul II. *»Über den Heiligen Geist im Leben der Kirche und Welt«* aus dem Jahr 1986. Interessanterweise war ihm mit diesem Verfahren bereits im Jahr 1985 die New Age-Zeitschrift *»Esotera«* vorangegangen, indem sie auf angebliche Ansätze für ein neues Menschenbild im Geist des New Age in der katholischen Kirche seit dem II. Vatikanischen Konzil hinwies! Die »Esotera« hatte sogar unter Berufung auf die vatikanische Erklärung über das Verhältnis zu den nichtchristlichen Religionen *»Nostra aetate«* ihrerseits Gemeinsamkeiten zwischen New Age-Bewegung und katholischer Kirche hervorgehoben, besonders im Blick auf den in diesem Dokument enthaltenen Satz: *»Die katholische Kirche lehnt nichts von alledem ab, was in diesen Religionen wahr und heilig ist.«* Und sie hatte festgestellt, das »New Age der Universalität und Holizität« sei »in der katholischen Kirche schon immer grundsätzlich angelegt« gewesen[206], und es sei nun auch in der Kirche selbst angebrochen: *»Katholisch«* bedeute eigentlich: *»holistisch«*!

Es kann im Rahmen dieser Darstellung nicht auf bestimmte Unterschiede in der Sichtweise der Religionen zwischen katholischer und evangelischer Theologie eingegangen werden, die daraus resultieren, daß die Scholastik den Menschen von Haus aus auf seine »anima naturaliter christiana«, heute würde man sagen: auf sein *»anonymes Christentum«*, anspricht, während z. B. Luther betonte, »daß der Mensch der Gnadenbotschaft gegenüber nichts mitbringt als die *rebellio*«[207]. Trotz dieser Unterschiede wollen aber beide, wenn auch auf verschiedene Weise, sagen: Es gibt Heil und Rettung gerade auch für den angefochtenen, »anonymen«, in anderen Bindungen noch verhafteten Menschen, während Schiwy etwas ganz anderes meint: den bei heutigen »Dialogen« mit den Religionen verbreiteten *Versuch der christlichen Vereinnahmung des nichtchristlichen Partners*[208].

Die Anerkennung dessen, was »wahr und heilig« ist in den Religionen, ist nämlich etwas anderes als ihre Vereinnahmung durch die Behauptung, der Geist dieser Religionen sei der Geist Gottes, wie es Schiwy von der New Age-Religiosität behauptet, und es dürfte keine Frage sein, wer sowohl dem Geist dieser Religionen als auch dem Heiligen Geist Gottes mehr Ehre antut: derjenige, der hier bei aller Anerkennung zu differenzieren weiß, oder derjenige, der hier undifferenziert auf gewaltsame Weise eine »Ökumene der Religionen« herstellen will. Der bekannte Missions-

und Religionswissenschaftler *Gerhard Rosenkranz* stellt einmal fest: »Die Vorstellung eines gleichsam atmosphärischen Vorhandenseins des Heiligen Geistes in den Religionen ist ein *christlicher Wunschtraum.*«[209] Auch erscheint die unglückliche Formulierung Schiwys, der Geist Gottes sei der Geist des Neuen Zeitalters, in einem etwas anderen Licht, wenn man festhält, daß der Heilige Geist niemals mit einem *Bewußtseinszustand* verwechselt werden darf (Klaus Berger) und christlich immer spürbar bleiben muß, daß der Heilige Geist Gott, der Schöpfer, selbst ist (»Veni Creator Spiritus«), der »am Jüngsten Tage mich und alle Toten auferwecken wird« (Luther).

Trotz derartiger Mängel enthält Schiwys Versuch einer so engen, positiven Zuordnung von New Age und Christentum auch einen originellen Gedanken, der durchaus als weiterführend bewertet werden muß. Dies bezieht sich darauf, wie er den sowohl bei New Age-Anhängern als auch bei Christen hoch angesehenen *Teilhard de Chardin* in den zu führenden Dialog einbezieht und ihm dabei sogar eine Schlüsselrolle für das Christentum der Zukunft zuerkennt.

Schiwy setzt nämlich das aufbrechende New Age-Bewußtsein in Beziehung zu der von Teilhard geforderten Besinnung auf den *»kosmischen Christus«*, die – Teilhard zufolge – ein *neues christliches Zeitalter* einleiten solle.[210] Teilhard hatte bereits 1919 der traditionellen kirchlich-theologischen Formulierung des Glaubens einen entscheidenden Mangel vorgeworfen: Er hatte darauf hingewiesen, daß die einseitig *juridische Form* oder Symbolik der zentralen Aussagen des christlichen Glaubens, wie »Rechtfertigung«, »Schuld«, »Opfer«, »Vergebung« usw., sowie ihre einseitige Orientierung an *sozialen* Beziehungen, wie z. B. »Reich Gottes« etc., zu einer Vernachlässigung der in der Bibel oder in den Bekenntnissen auch vorausgesetzten *kosmischen, natürlichen und psychischen Analogien* geführt habe. So stellte er fest:

»Die Analogie zwischen dem Reich Gottes und einer sozialen Assoziation ist wahr... Doch ist sie *unvollständig*: ... Ich nehme an, daß die Theologen so lange dem Grundgeheimnis des *Christus universalis* gegenüber unempfänglich bleiben konnten..., weil ihr Denken nicht genügend von diesem Prinzip des *Primats des Organischen vor dem Juridischen* beherrscht wurde.« Mit der Wiederentdeckung der *kosmischen Symbolik* für das Heilswerk Christi aber, meinte Teilhard, breche »ein *neuer Zyklus* für die Kirche an...: der Zyklus des im Universum angebeteten Christus«.[211]

Mit der Wiederentdeckung des »Christus universalis« als des »organischen Zentrums des ganzen Universums« sah Teilhard ein *»neues Zeitalter«* für die Kirche anbrechen, und Schiwy meint nun, das »Bemühen der New Age-Anhänger, eine ganzheitliche Weltsicht wiederzugewinnen«, koinzidiere zumindest teilweise mit dieser verschütteten, von Teilhard de Chardin wiederentdeckten Tradition eines die ganze Schöpfung in das Heil in Christus einbeziehenden *christlichen Universalismus.*[212]

Es kann und soll hier nun keine ausführliche Kritik von Schiwys Thesen vorgelegt werden. So fehlen in seinem Versuch der Herstellung einer Aktionseinheit mit der New Age-Bewegung ganz fundamentale christliche Glaubensaussagen, beispielsweise über *Sünde, Kreuz, Gericht* u. a., die eine Vereinigung mit dem New Age-Denken wohl nicht so leicht möglich machen! Es fehlen zentrale Unterscheidungen, auf die schon *Ursula von Mangoldt* in ihrem Buch über das Wassermannzeitalter als ausgesprochene Defizite des New Age hingeweisen hat, indem sie schrieb: »Unsere Welt ist ein Kampfplatz zwischen *Gut und Böse*. Beides sind nicht nur Anlagen im Menschen, sondern Wirklichkeiten... Das Christentum spricht das *Gutsein allein Gott* zu. Heute aber herrscht allgemein die Ansicht, das Gute sei das Angenehme und Erfreuliche, sei Wohlbehagen und Zufriedenheit.«[213] Wer nicht mehr damit rechnet, daß ihm im Bösen *Kräfte* begegnen, die er ohne Gottes Hilfe nicht bewältigen kann, der fällt einer Illusion zum Opfer. »Wir haben nicht mit Fleisch und Blut zu kämpfen«, sagt der Apostel Paulus, »sondern mit Fürsten und Gewaltigen..., mit den bösen Geistern unter dem Himmel« (Eph. 6,12). Und zu dieser Illusion gehört immer auch, daß die von ihr Getäuschten auch das notwendige und unvermeidliche *Gericht* über die Sünde bagatellisieren oder verschweigen (Dieter Nestle)[214] und alles in Harmonie auflösen. Hier zeigt sich also durchaus der Sinn und die große Bedeutung der »juridischen Symbolik«!

Auch erweckt Schiwys Betonung der Einheitsschau des New Age Zweifel, wie er sich damit überhaupt noch vom östlichen weltanschaulichen *Monismus und Pantheismus* abgrenzen will. Zwar ist mit J. Moltmann daran zu erinnern, daß die christliche Betonung der Transzendenz Gottes, des Andersseins von Gott und Welt, nicht *dualistisch* verstanden werden darf; auf der anderen Seite ist aber die Differenz zwischen Schöpfer und Geschöpf dem östlichen Monismus gegenüber erst einmal herauszustellen, bevor ein echter Dialog mit ihm möglich ist.

Hier sollen aber nicht diese kritischen Einwände weiterverfolgt werden, sondern der Hinweis auf Teilhards Versuch der Wiedergewinnung des *christlichen Universalismus*, der das Ganze des Kosmos in seiner Zentriertheit auf Christus in seine universale Schau einzubeziehen versuchte. Denn darin ist Teilhard durchaus kein Einzelgänger, sondern hat in und außerhalb der Theologie zahlreiche Geistesverwandte.

5. Teilhard de Chardin und der christliche Universalismus

»Bei der Rede, die der Apostel Petrus im Hause des römischen Hauptmanns Cornelius hielt, wird von Jesus Christus bezeugt, er sei von Gott bestimmt als ›ein Herr über alles‹ (Apg. 10, 36)... Wo der ›Herr über alles‹ verkündet wird, da kann sich die Christusmacht *auf keinen Fall beschränken auf die Bereiche der Innerlichkeit*. Nichts hat sich so bitter gerächt in der Geschichte des Christentums als diese Reduktion der christlichen Existenz auf die Instanzen von Seele und Gewissen.«[215] Diese Worte von *Adolf Köberle* aus der Einführung zu seiner Aufsatzsammlung »Der Herr über alles. Beiträge zum Universalismus der christlichen Botschaft« (Hamburg 1957) besitzen heute mehr denn je ihre Gültigkeit im Blick auf die fragwürdigen Tendenzen einer »neuen Innerlichkeit«, eines »Durchbruchs zur Innenwelt«, der ja nicht nur die Angelegenheit von New Age-Randgruppen ist, sondern längst weit über den New Age-Komplex hinaus in Kirche und Gesellschaft wirksam ist. Vor allem weisen sie eindringlich darauf hin, daß es sich bei solchen wieder aktuellen Tendenzen um eine Herausforderung für die Kirchen handelt, die weit über die bloße Abwehr von Gefahren hinausgeht und einen positiven Gegenentwurf notwendig macht. Dabei könnte auch gefragt werden, inwieweit möglicherweise wertvolle und berechtigte Aspekte der Esoterik integriert werden können.

Im Anschluß an Überlegungen von A. Köberle könnte man also sagen: Der »Durchbruch zur Innenwelt« kann »*Hindernis*«, aber auch »*Hilfe* auf dem Weg zum christlichen Gottesglauben werden«[216]. Er kann zunächst zeigen, daß auch in einem angeblich »religionslosen Zeitalter« das Sehnen des menschlichen Herzens nach Gott, von dem der Kirchenvater *Augustin* sprach, nicht verschwunden ist und sich in mannigfachen, einem rationalistischen Zeitgeist oft schwer begreiflichen Ausdrucksformen äußern kann – bis hin zur Wiederentdeckung paranormaler und magischer Kräfte, die früheren Zeiten noch eine Selbstverständlichkeit waren. Bei aller Verworrenheit und Unklarheit dieser Strömungen über sich selbst aber »gilt es zu bedenken, daß es sich dabei immer um eine Entstellung und Entartung von *Möglichkeiten* handelt, *die zu unserem menschlichen Schöpfungsgeheimnis gehören*. Es wäre darum sehr wohl denkbar, daß vieles von diesem Wissen auch mit heiligen Händen vor Gott gebraucht und verwaltet werden könnte.«[217] Wer über solche seelischen Kräfte verfügt, dem mag sein Sehnen vielleicht den Blick auf die Bedeutung des Glaubens für das Erreichen des Lebensziels aller Menschen verstellen, er mag ihn geringschätzen, und so wird ihm der »Durchbruch zur Innenwelt« zu einem Hindernis und zu einer Irrfahrt. Es kann aber auch mit Gottes Willen geschehen, daß ihm darüber die Augen aufgehen und er erkennt, was Augustin in seinen »Bekenntnissen« aus eigener Erfahrung bezeugen will: daß *allein* der Glaube allen Menschen, deren Herz sich danach sehnt, die Heimkehr zu Gott, ins Vaterhaus auch wirklich ermöglicht. Diese Erkenntnis wiegt um so schwerer, als sie von einem Menschen stammt, der wie kein antiker Mensch zuvor die Abgründe des Seelenlebens kannte und einmal sagte, er wolle »nur Gott und die Seele erkennen – sonst nichts«. Und so könnte gerade die Erinnerung an diesen Vater der abendländischen Mystik auch heute die Erkenntnis wachhalten, daß es bei der notwendigen Kritik am »neuen Bewußtsein« nicht einfach darum geht, dem seelisch-emotionalen Bereich jede Bedeutung für das Glaubensleben abzusprechen oder ihn gar gering zu achten. *»Der Heilige Geist kann auch durch Sauerstoffmangel Schaden leiden«*, sagte Adolf Köberle einmal im Blick auf den Zusammenhang von »außen« und »innen«, »Natur« und »Glaube«, »Heilung« und »Heil«.[218]

Zu den Denkern, die diesen Tendenzen einer »spirituellen Verdampfung der christlichen Wahrheit«[219] entgegenzuwirken versuchten, gehört einer, der ausgerechnet vom New Age »wiederentdeckt« wurde, das eben diese »sanfte Auflösung oder Verdampfung« des christlichen Glaubens mehr oder weniger zielsicher betreibt. Ob das New Age-Bewußtsein hilfreich sein oder wenigstens einige wichtige Anstöße vermitteln könnte, das muß sich gerade im Blick auf die von dem Jesuitenpater und Paläontologen *Pierre Teilhard de Chardin* (1881–1955) aufgeworfenen Fragen zeigen.

Dieser theologisch umstrittene und trotz Anerkennung durch das II. Vatikanische Konzil nie voll akzeptierte Denker ist erstaunlicherweise der meistgenannte Autor in Marilyn Fergusons »Sanfter Verschwörung« und eine Art Geheimtip unter New Age-Anhängern. Bei Fergusons Umfrage unter den »sanften Verschwörern«, die Grundlage ihres Buches ist, war Teilhard die meistgenannte Einzelperson – noch vor Aldous Huxley, C. G. Jung und Abraham Maslow –, deren Einfluß auf das Weltbild der New Age-Anhänger als besonders stark bezeichnet wurde.[220] Und bei dem Begriff der »sanften Verschwörung des Wassermannzeitalters« stand Teilhards Begriff der »Verschwörung der Liebe« Pate, den Ferguson aus einer Trudeau-Rede aufgespießt hat. Teilhard gehört mit Sicherheit zu den wichtigsten Vorbildern der New Age-Bewegung und war 1931 auch selbst in Kalifornien, von wo aus er nach China weiterreiste. In dem Essay »Der Geist der Erde«, den er auf dieser Reise schrieb, ist bereits von einer »Verschwörung von Individuen« aus allen Schichten der amerikanischen Gesellschaft die Rede, um »das Gebäude des Lebens auf eine neue Stufe zu heben«[221].

Auch *Susanne Schaup* hat »Teilhard als Denker des Neuen Zeitalters« darzustellen versucht und dafür zusammenfassend drei Gründe genannt: 1. seinen Evolutionsbegriff: die Anschauung, daß der Mensch und das ganze Universum einer zunehmenden Vergeistigung und Bewußtwerdung entgegengehen; 2. die Überbrückung der Kluft zwischen Immanenz und Transzendenz und 3. die Anschauung, daß auf der höchsten Bewußtseinsebene Einzelpersönlichkeit und Kollektivität dasselbe sind.[222]

Teilhards Hauptthese war nach M. Ferguson: »Der Geist macht im Verlauf der gesamten Evolutionsgeschichte nach und nach Neugestaltungen durch, bis er einen entscheidenden Punkt erreicht hat – *die Entdeckung seiner eigenen Evolution*. Diese neue Bewußtheit – daß der sich entwickelnde Geist den evolutionären Prozeß erkennt – ›stellt die zukünftige Naturgeschichte der Welt dar‹. Diese Bewußtheit wird im Laufe der Zeit Allgemeingut werden. Sie wird den ganzen Planeten umspannen und in einer die ganze Menschheit umfassenden Erleuchtung kulminieren, die Teilhard de Chardin als ›Omega‹-Punkt bezeichnete.«[223]

Die radikale Inanspruchnahme Teilhards durch die Vertreter des New Age-Bewußtseins ist allerdings nur möglich mit Hilfe der fragwürdigen Methode der *Harmonisierung*, die alles ausklammert, was sich der eigenen Weltanschauung nicht einfügen läßt. So möchte z. B. Joachim-E. Berendt Teilhards »*Punkt Omega*« einfach als das Erreichen des

Heils- und Erlösungsziels der New Age-Denker – des *kosmischen Bewußtseins* (s. o. 1. Teil) – verstehen.[224] Was immer man aus christlicher Sicht gegen Teilhard einwenden mag, so scheint ihm jedenfalls diese regelrechte Vergewaltigung seines Denkens durch eine Grundanschauung östlicher Einheitsmystik Unrecht zu tun.

Neben der Methode der Harmonisierung versucht man sich Teilhards durch die Methode des *Verschweigens* zu bemächtigen: Was M. Ferguson ebenso wie Berendt dem Leser vorenthält, worauf aber immerhin noch Susanne Schaup hinweist, ist, daß »Teilhards schöpferische Deutung der menschlichen Evolution... die Umkehrung der Menschwerdung Gottes, die der Kern der christlichen Botschaft ist«[225], darstellt, vor allem aber, daß Teilhard das Vorbild dieser »kosmischen Transformation« im Vorgang der *Wandlung* der Materie der Elemente in Leib und Blut Christi in der Messe sah[226] und daß der »Punkt Omega« die Chiffre für den *kosmischen Christus* ist: »Kosmogenese ist Christogenese«[227], und »die Evolution ist identisch mit der ›eucharistisation‹ des Universums, der Wandlung des Kosmos in den Leib *Christi.*«[228]

Joseph Sudbrack hat an Hand von Originalzitaten Teilhards eindeutig nachgewiesen, daß die Vertreter des New Age Teilhard völlig zu Unrecht für ihre Weltanschauung in Anspruch nehmen, ja daß dieser in einem Brief an Henri de Lubac bereits allen späteren Vereinnahmungsversuchen schon im voraus eine Absage erteilte, indem er feststellte, am Christentum sei »das Progressivste (und für unsere Zeit am wichtigsten) sein lehrhafter *Personalismus*, der von den Nichtglaubenden oftmals als ein endgültig vergangener Bestandteil betrachtet wird«[229].

Hier kann weder die Frage der theologischen noch der naturwissenschaftlichen Problematik von Teilhards Denken geklärt werden. Auf einen theologisch problematischen Aspekt hat *Ernst Benz* hingewiesen: daß »die ›Idee von der Konvergenz aller Entwicklungslinien im Punkt Omega‹ unweigerlich auf die Idee der *Allerlösung* führe, in der schließlich die Kirche in der Menschheit aufgehe und das letzte Gericht mit dem Selektionsprozeß identisch sei. Im Grunde aber kann man an die Evolutionisten aller Spielarten denken, wenn Benz von dem ›*gefährlichen Gefühl der Sicherheit*‹ sprach und dem Bewußtsein, in diesem unaufhaltsam seinem Omega zueilenden Strom der Konvergenz ›ganz gut aufgehoben‹ zu sein, und wenn er fand, daß hier der ›eschatologische Optimismus‹ in den ›eschatologischen Leichtsinn‹ umzuschlagen drohe.«[230]

Es kann auch nicht weiter vertieft werden, weshalb die New Age-Vertreter Teilhard völlig *zu Unrecht* für ihr Denken in Anspruch nehmen. Darauf haben nicht nur Theologen wie J. Sudbrack hingewiesen[231], sondern auch der Politologe *Andreas Schlüter*, der in der Zeitschrift »Universitas« zu diesem Versuch der New Age-Anhänger schreibt: »Wenn einige von ihnen de Chardins Lehre als Antidot gegen die ›metaphysische Heimatlosigkeit‹ (H. Schelsky) zu nutzen suchten, so geschah dies durchweg selektiv. So ist... ein himmelweiter Unterschied zu konstatieren zwischen de Chardins Voraussetzung, der Weg zum ›Punkt Omega‹ solle durch christliche Liebe unter persönlichen Opfern erreicht werden – und der Philosophie positiven Denkens von Marilyn Ferguson, die nicht nur dem einzelnen anheimgibt, sich dieses Gedankengut nach eigenem Nutzen dienstbar zu machen, sondern auch das Versprechen mitliefert, die Teilhabe an mystischem Wissen sei ohne jeden persönlichen Einsatz oder Verzicht zu erlangen, verbreite sich gleichsam automatisch über ein ›morphogenetisches Feld‹ auf die ganze Menschheit.«[232]

Zweifellos hat Teilhard den »Punkt Omega«, die Einheit der ganzen Menschheit in Christus, als einen »personalen Endpunkt« verstanden, wenn er schreibt: »Es braucht, um dem Universum, wie es sich der Erfahrung gibt, gerecht zu werden, einen *personalen Endpunkt*, davon bin ich überzeugt. Deshalb bin ich im Grunde meines Selbst dazu gedrängt..., der einzigen lebenden Religion anzuhängen, die das Wissen um die *Begegnung mit einem personalen Gott* weitergibt und vermittelt. Der Christus des recht verstandenen Christentums ist eine einzigartige, unvergleichliche religiöse Realität, die unersetzbar ist. Deshalb bin ich Christ.«[233]

Dieses Festhalten Teilhards am *christlichen Personalismus* wäre für sich genommen gewichtig genug, um es seiner unzutreffenden Vereinnahmung durch das New Age-Bewußtsein entgegenzuhalten, denn damit wird ja das Fundament des christlichen Glaubens schlechthin festgehalten: die *Liebe Gottes* zur Welt in Jesus Christus (Joh. 3, 14), die durch keine »Bewußtseinserweiterung« oder »Individuation« zu erlangen ist, sofern »Liebe immer ein Geschenk ist, also von einem stammt, der *außerhalb* meines ›Bewußtseins‹, meines ›Selbst‹ lebt«[234].

Gerade damit kommt aber eine geistige Dimension in den Blick, die sich nicht psychologisierend gewinnen oder verrechnen läßt durch ein »neues, erweitertes Bewußtsein«, und die in der christlichen Theologie zur Entfaltung einer *trinitarischen Schöpfungslehre* geführt hat – als angemessener Form, um die Einheit in der Verschiedenheit von Gott und Welt, Gott und Mensch in der Liebe Gottes zum Ausdruck zu bringen und damit den christlichen Personalismus zugleich als *christlichen Universalismus* zu entfalten, der den ganzen Kosmos in den Herrschaftsbereich Jesu Christi mit einbezieht.

Die personale Liebe zwischen Ich und Du, das unverfügbar sich schenkende Du, ist die beste Analogie für den unverfügbaren, aber sich in Schöpfung und Erlösung dem Menschen zuwendenden Vatergott. Doch wäre der christliche Glaube auf eine Art frommer Innerlichkeit reduziert, wenn diese Liebe Gottes lediglich als eine subjektiv-psychologische Wirklichkeit des »religiösen Bewußtseins« und nicht auch als eine objektiv-metaphysische Wirklichkeit des außermenschlichen kosmisch-natürlichen Seins aufzufassen wäre. Allerdings hängt die Unangemessenheit der Inanspruchnahme Teilhards durch das New Age auch mit diesem Punkt zusammen, auf den hier abschließend hinzuweisen ist: daß sich der christliche Glaube nicht auf die Innerlichkeit, auf psychische Erfahrungen und Bewußtseinszustände reduzieren läßt, sondern immer *universalistisch* ausgerichtet sein muß, wenn er seine biblischen Grundlagen ernst nimmt. Und hier hat Teilhard – bei manchen hier nicht im einzelnen darstellbaren Fragwürdigkeiten – grundsätzlich den Weg der Überwindung eines großen Defizits gewiesen, das die Versuche des »neuen Bewußtseins« gerade nicht ausfüllen, sondern sogar noch vertiefen: Wie kaum ein anderer Denker des 20. Jahrhunderts hat er nämlich neue Impulse zur Auseinandersetzung mit der biblischen Botschaft vom *»kosmischen Christus«* gegeben.

Auf einer Tagung der Ev. Akademie Bad Boll zum Thema »Der kosmische Christus und die Religionen« wurde 1987 darauf hingewiesen: Die Bibel bietet eine *Gesamtschau* von der Schöpfung bis zur Vollendung. Diesen Universalismus der biblischen Botschaft haben die Kirchen in den letzten Jahrzehnten vernachlässigt, weshalb viele zu anderen Weltanschauungen abwandern. Deshalb darf man bei Denkern wie Teilhard nicht nur die Fragwürdigkeiten kritisieren! Und dem New Age-Bewußtsein wäre in gewissem Sinn dafür zu danken, daß es dazu nötigt, »die viel größere Dimension dieses Namens Jesus Christus wieder zur Kenntnis zu nehmen«[235], wobei nicht nur die Kirchenväter Irenäus und Origenes, sondern auch Luther und Calvin als Kronzeugen für diesen »größeren Christus« benannt wurden[236].

Kurt Hutten sagte einmal: »Soll die Christenheit nicht ›hoffnungslos‹ werden, dann muß sich die biblische Hoffnungsbotschaft neu in die moderne Welt inkarnieren. Sie muß sich von der geozentrischen Perspektive befreien und sich auf dic kosmische Perspektive einstellen. Diese kosmische Perspektive ist der Bibel nicht fremd. Und sie ist streng auf Christus bezogen: ich erinnere an den Johannesprolog, an den Christus Pantokrator, an den Herrn über ›alle Fürstentümer, Gewalten, Macht, Herrschaft und alles, was genannt werden mag‹ (Eph. 1,21). Er ist der Herr nicht nur über die sichtbare Welt, sondern auch über die unsichtbare und hat verheißen: ›In meines Vaters Hause sind viele Wohnungen... Ich gehe hin, euch die Stätte zu bereiten... und ich will wiederkommen und euch zu mir nehmen, auf daß ihr seid, wo ich bin‹ (Joh. 14,2f.). Hineingestellt in den kosmischen Horizont, ist die überlieferte Reichgotteserwartung in ihrer geozentrischen Beschränkung zu einer provinziellen Vorstellung geworden. Sie muß auf die ganze sichtbare und unsichtbare Welt ausgeweitet werden. Und gerade dafür haben Männer wie Jakob Böhme, Emanuel Swedenborg, Jakob Lorber bis hin zu Teilhard de Chardin Weltentwürfe von einer ebenso großartigen inneren Geschlossenheit wie Weite und Fülle geliefert und sie alle sind auf Christus hin geordnet und von ihm her gebändigt.«[237]

Gerade wenn Teilhard zu Unrecht von der New Age-Bewegung in Anspruch genommen wird[238], dann geht aber auch die Kritik aus gewissen christlichen Kreisen in eine völlig falsche Richtung, die ihn sozusagen als »Wurzel« der »Verführung« des christlichen Glaubens, die vom New Age ausgehe, bezeichnet.[239] Auch begegnet bei ihm gerade nicht jene Gleichsetzung von Mensch und Gott wie im New Age-Denken. In der Schrift »Comment je crois« findet sich ein vierfaches Credo Teilhards, das ihn von allem New Age-Pantheismus unterscheidet:

»Ich glaube, daß das Weltall eine Evolution ist.
Ich glaube, daß die Evolution in die Richtung des Geistes strebt.
Ich glaube, daß der Geist sich im Personalen vollendet.
Ich glaube, daß die Vollendung des Personalen der
›universale Christus‹ ist.«[240]

Das Christentum ist durch die New Age-Spiritualität herausgefordert, seine eigenen Schätze einer zweitausendjährigen Theologiegeschichte erst wieder neu zu entdecken. »Wenn eine auf anthropologische und gesellschaftliche Interessen verkürzte vermeintlich progressive Theologie die kosmischen Weiten und Zusammenhänge des Christentums nicht mehr thematisiert, dann mag sie sich durch New Age daran erinnern lassen, daß das zu ihrem Thema gehört«[241], stellte treffend der Missionswissenschaftler *Horst Bürkle* auf der erwähnten Tagung der Münchner Katholischen Akademie fest. Deshalb weist gerade auch der Weg Drewermanns in die falsche Richtung. Was vielmehr nötig wäre, das wäre die Besinnung auf den Glauben an die Trinität von Gott Vater, Sohn und Heiligem Geist: *»Der Dreifaltigkeitsglaube ist ein Schlüssel zu der Ganzheit, die das Christentum vertreten soll«*, stellt Josef Sudbrack zutreffend fest. »Das erkennt die Theologie immer deutlicher. Das Du zum Vater, das Du zum Sohn und das Du zum Geist liegen auf ganz verschiedenen Ebenen. Mit dem Heiligen Geist zum Beispiel meint der Glaube: Gott ist überall, und besonders im Innersten des Menschen... Im Dreifaltigkeitsglauben steckt mehr Glaubensaktualität, als wir gemeinhin ausschöpfen: daß wir Gott als ein unendliches Geheimnis verehren, das wir nie begreifen: der Vater; – daß Gott uns gegenübertritt im Wort, uns anspricht: der Sohn; – daß Gott die ganze Welt erfüllt und das Innerste in meinem Innern ist: der Geist.«[242]

Vor allem im orthodoxen Osten wurde dieser Schlüssel zu den heutigen Grundfragen bewahrt. Und hier sind von daher auch wichtige, heute aus New Age und Esoterik kommende spirituelle Impulse längst aufgenommen und berücksichtigt, soweit sie als christlich legitim gelten können und das Glaubensleben befruchten. Dort gibt es auch nicht zufällig ähnliche Ansätze wie bei Teilhard de Chardin, insbesondere in den sophiologischen Strömungen, die sich mit der Offenbarung der Weisheit Gottes in der Schöpfung befassen.[243] Auch *J. Moltmann* hat in seiner Auseinandersetzung mit Capra auf die Bedeutung einer »trinitarischen Schöpfungslehre« hingewiesen: Sie würde »die Weltimmanenz des transzendenten Gottes in dem der Welt einwohnenden Geist herausstellen« und »es nicht zulassen, das Universum als ein geschlossenes System aufzufassen... Allein die jüdischen und christlichen Vorstellungen von der Einwohnung *(Schechinah)* des göttlichen Geistes in der Welt halten das Weltsystem auf allen seinen Ebenen gleichsam offen und machen es möglich, seine Kontingenz als Schöpfung zu erkennen und zu ertragen.«[244] Die überzogene Kritik christlicher Kreise am New Age bedeutet daher zweifellos auch eine Belastung für die ökumenische Verständigung der Christen über wesentliche Fragen unserer Zeit!

Ein aufschlußreiches Beispiel für eine positive Aufnahme spiritueller Impulse des »neuen Bewußtseins« im Geist der Kirchenvätertradition bietet der syrisch-orthodoxe Metropolit von Delhi und Rektor des Priesterseminars in Kottayam, *Paulos Mar Gregorios* (Priestername: Paul Verghese), der sich in seinem Buch »The Human Presence. An Orthodox View of Nature« (Genf 1978) sogar ausführlich mit Theodore Roszak auseinandersetzt[245], von dessen Kritik am Reduktionismus der modernen Wissenschaft er sich tief beeindruckt zeigt, aber auch mit Teilhard de Chardin. Dieses vom Ökumenischen Rat der Kirchen herausgegebene Buch läßt ahnen, welchen Beitrag gerade die orthodoxe Tradition – vor allem Theologen wie Gregor von Nyssa, Maximus der Bekenner, Gregor Palamas oder die russischen Sophia-Theologen – für eine neues Verständnis des Verhältnisses von Mensch und Natur leisten könnten. Es versteht sich von selbst, daß im Rahmen dieser Überlegungen nur einige Andeutungen möglich sind.

Die im New Age-Bewußtsein durch Autoren wie P. Russell so populäre Idee von der Menschheit als »Globalhirn« der Erde als einer lebendigen Wesenheit etwa ist, wie Metropolit Paulos Gregorios zeigt, nicht nur nicht neu, da sie schon 20 Jahre früher bei Olivier Reiser in seinem Buch »Cosmic Humanism« begegnet[246], sondern ihr dem New Age-Denken selbst verborgener wahrer christlicher Sinn und ihre Bedeutung für eine neue biblisch-christliche Sicht der Natur ist dem orthodoxen Theologen ein vollkommen vertrauter Gedanke. Neben *Teilhard de Chardin* und dem amerikanischen Prozeßphilosophen *Alfred North Whitehead* (1861–1947) bezieht er sich hierfür vor allem auf das Denken von *Gregor von Nyssa* (ca. 334–395) und auf den russischen Sophiologen *Wladimir Solowjow* (1853–1900) als zwei Vertretern der »klassischen christlichen Alternative« zur westlichen Entfremdung von Menschheit und Natur und deren Folge, der Ökokrise. Solowjow, nur acht Jahre älter als der viel bekanntere Whitehead, hatte schon vor hundert Jahren gesagt, was heute von Vertretern eines »Paradigmenwechsels« in der Wissenschaft als neueste Erkenntnis ausgegeben wird: »Was wir vor allem brauchen, ist, daß wir unsere soziale und kosmische Umwelt als wirklich *lebendiges Wesen* behandeln... In diesem Sinne ist es wesentlich, die Beziehung des Menschen zur Natur zu ändern. Er muß auch mit ihr in dieselbe Beziehung einer syzygischen Einheit gelangen, wie sie sein wahres Leben im persönlichen und im sozialen Bereich bestimmt. Die Natur war bisher entweder die allmächtige, despotische Mutter oder ein Sklave der

Menschheit... Die Errichtung einer wirklich liebenden oder syzygischen Beziehung zwischen der Menschheit und ihrer natürlichen und kosmischen wie auch ihrer sozialen Umwelt hat ihren Zweck in sich selbst.«[247]

Über die Weise der Verwirklichung dieses Ziels aber gibt es, wie Solowjow betonte, ganz unterschiedliche Auffassungen. Im Unterschied zu den heutigen Vertretern eines »neuen Bewußtseins« greift Solowjow bereits bei der Begründung dieser heute in breitem Umfang anerkannten Forderung eines neuen Verhältnisses zum Kosmos nicht auf östliche Weltbilder oder auf die in feministischen Kreisen so beliebten Magna-Mater-Mythen zurück, sondern entfaltet sie aus dem christlichen *trinitarischen und christologischen Dogma*: »Betont wird die ›Selbstbegrenzung‹ und ›Selbstentsagung‹ der Gottheit in der Person Jesu Christi. In der Trinität und im Gottmenschen Jesus Christus wird ein kosmischer und zugleich historischer Prozeß erkannt, in dem das göttliche und das menschliche Prinzip aufeinander wirken und miteinander verbunden sind, bestimmt von der Kenose der göttlichen Natur... So steht Gott auch in seinem Wesen der Welt nicht nur gegenüber, sondern er geht in sie ein, ohne in ihr aufzugehen. Diese Gegenwart Gottes in dieser Welt wird von Solowjow in seiner Lehre von der *Sophia*, der Weisheit Gottes entfaltet.«[248] Thema der Sophiologie Solowjows und seiner Nachfolger »ist das Sein Gottes in der Welt nicht nur im Zusammenhang von Gnade und Erlösung, sondern von Schöpfung und Erhaltung. Den Erkenntnisgrund dafür bildet das Wesen des dreieinigen Gottes als *Liebe*.«[249]

Die Sophiologie ist also nicht primär eine kosmologische Doktrin, sondern sie gibt der Kosmologie eine theologisch-trinitarische und christologische Verankerung. Sie erinnert nachdrücklich daran, »daß christlicher Glaube gerade auf der Einheit, auf der *wesensmäßigen Einheit von Gott und Mensch in Jesus Christus* beruht, darauf gegründet ist und darauf zugeht« (R. Slenczka). Die Fleischwerdung des Wortes aber meint, worauf der russische Theologe *P. Evdokimov* einmal hinwies, nicht nur die Annahme der menschlichen Natur, sondern durch sie auch des *ganzen Kosmos* durch Gott in Jesus Christus, ebenso wie die »Auferstehung des Fleisches« die ganze Natur, Seele und Leib des Menschen umfaßt und die Prophezeiung »alles Fleisch wird den Heiland Gottes sehen« (Luk. 3, 6 = Jes. 40, 5) die ganze Natur meint.[250] Ähnlich wie bei Teilhard ist auch bei Wladimir Solowjow das letzte Ziel allen Lebens, »*daß Christus* – in dem die ganze Fülle der Gottheit leibhaft wohnt (Kol. 2,9) – *in allen und in allem ›Gestalt gewinne‹* (Gal. 4,19)«[251]. »Christus selbst als die Inkarnation des Göttlichen im Menschlichen ist der eigentliche Sinn der Geschichte, und das Christentum ist daher« für Solowjow »die Durchsetzung dieser in der Person Christi offenbarten Einheit in der Vereinigung von Welt und Gott, in der Aufhebung des Zwiespalts zwischen Endlichem und Unendlichem und in der Überwindung der Zwiespältigkeit in der menschlichen Existenz.«[252]

»Der *Sinn der menschlichen Gegenwart im Kosmos*« ist also nach Metropolit Paulos Gregorios: »Mit dem zu sein, der vereint. In Christus zu sein, der Göttliches und Menschliches, Schöpfer und Schöpfung, Transzendentes und Immanentes, Geistiges und Wissenschaftlich-Technologisches vereint.«[253] Den Erkenntnisgrund für dieses neue Verhältnis zum Kosmos bildet die Liebe des dreieinen Gottes, der ganzen Menschheit kommt dabei eine Mittlerstellung zwischen Gott und der Natur zu, wofür sich Paulos Gregorios wiederum auf Solowjow bezieht: »Solowjow ist der Ansicht, daß *Liebe* nicht nur unsere zwischenmenschlichen Beziehungen bestimmen sollte, sondern *auch unsere Beziehung zur kosmischen Umwelt.* Unsere Liebe erschafft spirituelle Energien, die den Kosmos von innen transformieren, indem sie ihm *das Bild Gottes als Liebe* aufprägen. Der Kosmos ist ein lebendiger Organismus, in dem das Pleroma der Menschheit als Organ eine zentrale Funktion einnimmt ähnlich dem Herzen oder dem Gehirn im Körper.« Die Sophia ist, so Wl. Solowjow, niemand anderes als »das wahre, reine und volle Menschentum, die höchste, allumfassende Form und die lebendige Seele der Natur und des Weltalls, die, in der Ewigkeit mit Gott verbunden, sich auch in der Zeit immer wieder mit ihm verbindet und dadurch alles Seiende in seine Einheit zurückströmen läßt«.[254] Das ganze Universum wird so in die Liebe des dreieinen Gottes mit aufgenommen, und der christliche Personalismus vollendet sich in einem christlichen Universalismus.

Die großen Theologen des Ostens wie des Westens wußten immer: Die *Inkarnation* Gottes in Jesus Christus enthält ja letztlich, was auch *Schöpfung* und *Vollendung* der Welt bedeuten: die Zuwendung Gottes, seine *Liebe* zum Menschen und zur Welt. Nichts anderes wollte auch Teilhard de Chardin neu zum Ausdruck bringen, wenn er von der Welt sprach, »die durch die Menschwerdung Christi belebt wird«[255]. Es gibt Anzeichen, daß sein Denken zunehmend auch von orthodoxen Theologen rezipiert wird. So betonte Professor *Nikolaj Zabolotskij* von der Leningrader Geistlichen Akademie während eines Gesprächs zwischen russischen und deutschen Kirchenvertretern in der Ev. Akademie Arnoldshain, daß Teilhards Interpretation der Menschwerdung Gottes die »althergebrachte Anschauung der orthodoxen Väter nicht zu entstellen vermag«[256]. Wie immer man Teilhards Gedanken im einzelnen zu beurteilen hat, so verdient angesichts der problematischen New Age-Strömung zunächst einmal jeder Versuch Beachtung, der neu die Botschaft des Neuen Testaments zum Ausdruck bringen möchte, daß in Christus, in dem Gott seine Liebe zur ganzen Kreatur offenbart hat, »alles geschaffen ist, was im Himmel und auf Erden ist, das Sichtbare und das Unsichtbare« (Kol. 1,16).

Es gilt nicht, daß sich Christen irgendeiner »sanften Verschwörung« anschließen, wie G. Schiwy fordert, von der niemand weiß, wohin sie führt, sondern es gilt, die Impulse aus New Age und Esoterik zu integrieren, soweit dies im universalen Horizont des Christusglaubens zu verantworten ist – so wie Gregor von Nyssa, um ein von Metropolit Paulos Gregorios angeführtes Beispiel zu nennen, die stoische Lehre von der »sympnoia«, der »conspiration« aller Dinge des Universums, nicht einfach rezipiert, sondern »in eine christliche Kosmologie hinein assimiliert hat«[257].

Entscheidendes Kriterium solcher universaler kosmischer Entwürfe bleibt immer: ob Christus einem weltanschaulich begründeten Evolutionsprozeß *ein- und untergeordnet* wird und damit der Boden des christlichen Schöpfungsglaubens verlassen ist, oder ob umgekehrt alles – darunter auch die Evolution – von der in der Menschwerdung Gottes in Christus ebenso wie in der Schöpfung und der Vollendung zum Ausdruck kommenden Liebe Gottes umfaßt wird. Denn die Schöpfung ist, wie die Menschwerdung, ein Opfer der sich herablassenden Liebe Gottes zur Kreatur, und die Vollendung ist die Vollendung der Menschwerdung, die auch die gesamte Evolution umfaßt und »transformiert«. Durch Schöpfung und Menschwerdung vollzieht Gott den Prozeß der Vollendung der gesamten Kreatur.

Diese von einem Denker wie Teilhard neu entdeckte universale Botschaft des christlichen Glaubens wäre empfindlich verkürzt, wenn man die Bedeutung der Menschwerdung Jesu Christi auf eine subjektive Erweckung oder auf die Erlösung des einzelnen von der Sünde und seine persönliche Annahme durch Gott beschränken würde. Es wäre auch

»völlig falsch, Wirkung und Ziel der Menschwerdung Gottes nur auf eine bestimmte historische Epoche oder auf ein bestimmtes Ereignis zu begrenzen. Man muß vielmehr von Anfang an festhalten, daß die Menschwerdung Gottes in der Welt weder Anfang noch Ende hat, sondern ihre allgemeine *Grundlage* ist, ihr Alpha und ihr Omega.«[258] Mit diesen Worten bringt der russische Sophiologe *S. N. Bulgakov* eine Anschauung zum Ausdruck, die derjenigen von Teilhard sehr verwandt ist. Die Menschwerdung ist hier, wie bei Teilhard, »nicht ein Prozeß, der sich in einer einmaligen und historischen Person erschöpft, sondern ein *Prozeß der Transformation* (russ.: presuščestvlenie), der auf die Vergöttlichung des Menschen zielt, aber im Menschen das ganze Universum transformiert«.[259] Damit kommt zugleich ein Grundzug der ostkirchlichen Anthropologie zum Ausdruck: die Lehre von der Transformation oder Theosis des Menschen – freilich nicht einer Vergöttlichung aus eigenem Anspruch und Verfügungsmacht des Menschen, sondern aus Gnade. »Die ostkirchliche Anthropologie hat stets betont, daß die Erneuerung des Menschen durch die Gnade einen Prozeß fortschreitender Transformation mit dem Ziel der Vergöttlichung des Menschen darstellt. Der neue Mensch ist nicht die Wiederherstellung des Menschen aus den Scherben seiner durch die Sünde zerstörten ersten Form, sondern eine Neuschöpfung, das Ergebnis einer fortschreitenden Transformation des Menschen von einer Herrlichkeit zur anderen bis zur völligen Einformung in den τέλειος ἀνήϱ, den vollkommenen Menschen Christus.«[260]

Am Ende dieser gemeinsamen Reise mit heutigen spirituellen Aufbrüchen im Zeichen eines »neuen Bewußtseins« eröffnet sich damit also vielleicht der Ansatzpunkt für einen Dialog. Allerdings sind die Hindernisse, wie deutlich geworden sein dürfte, beträchtlich:

Es war die Rede von neuen spirituellen Impulsen aus der Szene des »New Age« und der Esoterik, und es zeigten sich deutlich auch bestimmte Gefahren. Die Gefahren des »neuen Bewußtseins« angesichts ohnehin bestehender Auswanderungstendenzen ganzer Bevölkerungsschichten aus der Kirche und eines abbröckelnden Gemeindelebens hat ein evangelischer Weltanschauungsfachmann einmal treffend auf die Formel gebracht: Diese Bewegungen kommen und räumen den Saal aus und verdrücken sich wieder in ihre eigenen Kammern.[261] Denn auf dem Durchbruch zur Innenwelt – und das gilt von fast allen hier erwähnten

Methoden des New Age – »verbleibt man im innerpsychischen Raum«[262], und das bedeutet in der Praxis meist: in der Unverbindlichkeit eines spirituellen Konsumdenkens und eines religiösen Individualismus. Aus christlicher Sicht kann ein solches »religiöses Nomadentum« nicht gutgeheißen werden, das von einem »New Age-Festival« zum anderen oder auch von einem Kirchentag zum anderen zieht und sich überall konsumistisch herauspickt, was der eigenen »Bewußtseinserweiterung« oder »spirituellen Entwicklung« gerade paßt – ohne Folgen für ein verbindliches Leben in der Gemeinschaft der übrigen Christen.

Auf der anderen Seite sind mit der notwendigen Kritik an Fehlentwicklungen und grundlegenden Irrtümern die berechtigten Anliegen des »neuen Bewußtseins« nicht erledigt. Es stellt sich vielmehr die Frage, wie R. Hummel einmal formulierte, »ob die Kirchen in der Lage sein werden, jene Dimensionen religiösen Suchens und Erfahrens wahrzunehmen, die auch in religiösen Randgruppen, wenngleich unter manchen Fragwürdigkeiten und Pervertierungen, verborgen sind. Die Kirchen wären gut beraten, wenn sie sich nicht nur *als Kritiker* dieser Fragwürdigkeiten und Pervertierungen, sondern auch *als Anwälte* jenes religiösen Suchens und Erfahrens verstehen würden... Wenn es wahr ist, daß die Kirchen stets diejenigen Sekten haben, die sie verdienen, dann müßten beide Seiten einander einiges zu sagen haben.«[263]

Anmerkungen

Einführung

1 Michael von Brück, Tragweite und Dimension des Heilswirkens Christi, zit. nach Hans-Jürgen Ruppert, New Age. Endzeit oder Wendezeit? Wiesbaden 1985, S. 172.
2 Theodore Roszak, Das unvollendete Tier. Eine neue Stufe in der Entwicklung des Menschen, Reinbek 1985, S. 186.
3 Vgl. dazu die systematische Übersicht von Uwe-F. Obsen, New Age in der Medizin. Ein Literaturüberblick über alternative Heilweisen, in: BuB 39 (1987), 5, S. 482–517.
4 Susanne Schaup, Wo Leben wieder menschlich wird. An der Schwelle des New Age – Alternatives Leben in Amerika, Freiburg 1985.
5 Michael T. Siegert, Identitätswandel in charismatisch-religiösen Gruppierungen, in: Paul Zulehner (Hg.), Neue Religiosität, neues Bewußtsein, neuer Lebensstil (= Schriftenreihe der Kath. Akademie der Erzdiözese Freiburg), München/Zürich 1984, S. 32.
6 Ebd., S. 27f.
7 »Andere Wirklichkeiten« war der Titel des berühmten New Age-Kongresses von Alpbach in Tirol und eines gleichnamigen Buches mit den Vorträgen und Diskussionen von Alpbach: Rainer Kakuska (Hg.), Andere Wirklichkeiten. Die neue Konvergenz von Naturwissenschaften und spirituellen Traditionen, München 1984.
8 FAZ, 19. 8. 1987, S. 26.
9 Ekkehard Hieronimus, Lebensreform- und Emanzipationsbewegungen, in: Kursbuch der Weltanschauungen (= Schriftenreihe der Carl Friedrich von Siemens Stiftung, hg. von Anton Peisl und Armin Mohler, Bd. 4), Frankfurt/Berlin/Wien 1980, S. 357.
10 Gehalten 1984 bei der Jahresversammlung der »E. F. Schumacher Society of America«.
11 Charlene Spretnak, Die Grünen, München 1985, S. 326.
12 Das unvollendete Tier, S. 50.
13 Ebd., S. 39.
14 Jürgen Linnewedel, Mystik. Meditation. Yoga. Zen. Wie versteht man sie, wie übt man sie, wie helfen sie – heute? Stuttgart 1975, S. 161.
15 Hans-Otto Wölber, Spiritualität. Das Gebet des Gerechtfertigten, in: Zur Sache, Heft 10, Hamburg 1976, S. 72.
16 Ebd., S. 74.
17 Michael T. Siegert, a. a. O. (Anm. 5), S. 32f.
18 Vgl. Hansjörg Hemminger, Flucht in die Innenwelt, Berlin 1980.
19 Der Bericht wurde unter dem Titel »Studentenbewegung – Psychoszene – Bhagwan« 1987 als Information Nr. 100 von der Ev. Zentralstelle für Weltanschauungsfragen in Stuttgart herausgegeben (Zitat von S. 5).

20 Informationsbrief Nr. 123 der Bekenntnisbewegung »Kein anderes Evangelium«, Aug. 1987, S. 18.
21 Vgl. Hans-Jürgen Ruppert, Die Hexen kommen. Magie und Hexenglaube heute, Wiesbaden 1987.
22 Jürgen vom Scheidt, Antworten aus dem Unbewußten. Erfahrungen mit I-Ging, Tarot und anderen esoterischen Praktiken, Freiburg/Basel/Wien 1986, S. 6.
23 Michael von Brück, a. a. O. (Anm. 1), S. 172.
24 Vgl. Tom R. Schulz, Gepeinigte Seelen pflegen. New-Age-Musik: Der schönste Sound direkt neben der Stille, in: DIE ZEIT, 10. 4. 1987.
25 Urania-Katalog, S. 20.
26 Joachim-Ernst Berendt, Das Dritte Ohr, Frankfurt 1985, S. 50f.
27 Uwe-F. Obsen, a. a. O. (Anm. 3), S. 482.
28 Ebd., S. 491.
29 Joseph Beuys – ein moderner Schamane, in: Materialdienst der EZW 1986, S. 142f.
30 Uwe-F. Obsen, a. a. O. (Anm. 3), S. 494.
31 Hansjörg Hemminger, Über Glaube und Zweifel: Das New Age in der Naturwissenschaft, in: Ders. (Hg.), Die Rückkehr der Zauberer. New Age. Eine Kritik, Reinbek 1987, S. 137.
32 So Elmar Gruber/Susan Fassberg, New-Age-Wörterbuch, Freiburg 1986, S. 38f.
33 Vgl. dazu Reinhard Slenczka, Erfindet der Mensch Gott? Überlegungen zum Verhältnis von Humanität und Religion, in: Zeitwende 46 (4/1975), S. 213.
34 Angelina Hermanns, »New Age« – der neue Weg ins Frauenparadies? in: Die Neue Gesellschaft/Frankfurter Hefte 7/1987, S. 617.
35 Vgl. Rolf Goetz, Spirituelle Gemeinschaften. Ein Wegweiser für das Neue Zeitalter, Klingelbach 1984, S. 109f.; Spiritual Community Guide, San Rafael/Kalifornien 1974, S. 77.
36 Joachim-Ernst Berendt, Das Denken ist alt, in: Esotera 8/1987, S. 47.
37 Vgl. Adolf Köberle, Das geheimnisvolle Reich der Seele. Erfahrungen der Psyche in den Grenzbereichen des Lebens, Freiburg 1984, S. 59f.; 65; 77.
38 Jürgen vom Scheidt, a. a. O. (Anm. 22), S. 27.
39 Ferdinand Zahlner/Andreas Resch, Kleines Lexikon der Paranormologie, Abensberg 1972, S. 30.
40 Hannelore Schilling, Schlüssel zu neuen Welten. Droge und Esoterik (= Information Nr. 49 der EZW), Stuttgart 1971, S. 14.
41 Kurt Hutten, Die Herausforderung der Theologie durch die Okkultbewegungen (= Impulse Nr. 4 der EZW), Stuttgart 1969, S. 6.
42 Vgl. Adolf Köberle, Art. »Okkultismus«, in: RGG[3] Bd. V, Sp. 1614–1619; zur theologischen Beurteilung des Okkultismus wichtig: Werner Thiede, Der neuzeitliche Okkultismus in theologischer Perspektive, in: Kerygma und Dogma 33 (1987), S. 279–302.
43 Kurt Hutten, Überweltpropheten gegen Diesseitigkeitsapostel, in E. Bauer (Hg.), Psi und Psyche, Stuttgart 1974, S. 83.
44 Vgl. Art. »Thot«, in: Der Kleine Pauly. Lexikon der Antike, Bd. 5, München 1979, Sp. 776f.
45 Andreas Resch, Art. »Okkultismus«, in: Handwörterbuch religiöser Gegenwartsfragen, Freiburg 1986, S. 320.

1. Teil

1 James W. Sire, Die Welt aus der Sicht der anderen. Informationen über Weltanschauungen, Neuhausen–Stuttgart 1980, S. 113 (vgl. zur New Age-Bewegung speziell das Kapitel 8: »Ein gesondertes Universum: Das Neue Bewußtsein«, S. 112ff.).
2 Marilyn Ferguson, Die sanfte Verschwörung. Persönliche und gesellschaftliche Transformation im Zeitalter des Wassermanns. Mit einem Vorwort von Fritjof Capra, München 1982.
3 Ebd., S. 427; 280.
4 Vgl. ebd., S. 280.
5 Christopher Lasch, Das Zeitalter des Narzißmus, München 1982, S. 26.
6 Ebd., S. 32.
7 James W. Sire, a.a.O. (Anm. 1), S. 113.
8 Vgl. die Schilderung bei Th. Roszak, Das unvollendete Tier, S. 46ff.
9 Gret Baumann-Jung, Über das Wassermann-Zeitalter, in: essentia. Die Zeitschrift für evolutionäre Ideen Nr. 22, 21. 6. 1986, S. 24.
10 Helmut Aichelin, Hunger nach Religion? Zur Wiederentdeckung einer verlorenen Dimension, in: Otto Teigeler (Hg.), Transzendenz in Theologie, Glaube und Religionsunterricht, Ratingen/Kastellaun/Düsseldorf 1975, S. 14f.
11 Sergius Golowin, Die weisen Frauen. Die Hexen und ihr Heilwissen, München 1985, S. 298.
12 Hans Sebald, Die Romantik des »New Age«: Der studentische Angriff auf Wissenschaft, Objektivität und Realismus, in: Hans Peter Duerr (Hg.), Der Wissenschaftler und das Irrationale. Beiträge aus der Philosophie. Band III, Frankfurt am Main 1985, S. 216.
13 Peter Russell, Die erwachende Erde. Unser nächster Evolutionssprung, München 1984, S. 191.
14 Spiritual Community Guide, San Rafael/Kalifornien 1974, S. 5.
15 Ebd., S. 79f.
16 Alte Wege zur Neuen Welt. Ein Handbuch für den Pilger unserer Zeit, Obernhain 1977, S. 6f.
17 Ebd., S. 159f.
18 Im Text irrig »Tsiolokovsky« geschrieben.
19 Ebd., S. 182f.
20 Dazu s. u. S. 50; 52f. Näheres.
21 Ebd., S. 127f.
22 Vgl. dazu: Holger Hoffmann, Gott im Underground. Die religiöse Dimension der Pop-Kultur, Hamburg 1972.
23 Das unvollendete Tier, S. 13f.
24 Peter Russell, a.a.O. (Anm. 13), S. 102.
25 Ebd., S. 257.
26 Vgl. Hans-Jürgen Ruppert, New Age. Endzeit oder Wendezeit? S. 31f.
27 David Spangler, Die Rolle des Esoterischen in der planetaren Kultur, in: Antwort der Erde. Wegweiser zu einer planetaren Kultur, München 1978, S. 209.
28 David Spangler, New Age. Die Geburt eines Neuen Zeitalters, Frankfurt am Main 1978, S. 45f.

29 Ebd., S. 42.
30 Zit. nach: Paul Hawken, Der Zauber von Findhorn, Reinbek 1985, S. 199; vgl. ebd. S. 218.
31 Elmar Gruber/Susan Fassberg, New-Age-Wörterbuch, S. 125.
32 Ebd., S. 65.
33 Alice Bailey, Die Wiederkunft Christi, zit. nach Hans-Jürgen Ruppert, New Age. Endzeit oder Wendezeit? S. 102.
34 Norbert Klatt, Das Wassermann-Evangelium, in: Materialdienst der EZW 1986, S. 147.
35 Esoterik – Was ist das eigentlich? Zit. nach Hans-Jürgen Ruppert, New Age. Endzeit oder Wendezeit? S. 153.
36 Ebd., S. 157.
37 German Pinning, Vor einem neuen Äon. An der Schwelle zweier Zeitalter, Pähl 1958, S. 105. Zum Einfluß Leadbeaters auf die New Age-Bewegung vgl.: Johannes Aagaard, The World-view / Cosmology of the New Religious Movements, in: A. R. Brockway / J. P. Rajashekar (Hg.), New Religious Movements and the Churches, Genf 1987, S. 41ff.
38 Ebd., S. 107; vgl. auch Hans Heinz Holz, Eranos – eine moderne Pseudo-Gnosis, in: Jacob Taubes (Hg.), Religionstheorie und Politische Theologie. Band 2: Gnosis und Politik, München/Paderborn/Wien/Zürich 1984, S. 249ff.
39 Vor einem neuen Äon, S. 23.
40 Zit. ebd., S. 25.
41 Karl Strünckmann, Adolf Hitler und die Kommenden, 1932, zit. ebd., S. 111; vgl. auch Christoph Schubert-Weller, Politische Astrologie im Deutschland der 20er und 30er Jahre, in: Meridian 6/1987, S. 15: »Nach Hitlers Machtergreifung waren Astrologen ohne weiteres bereit, das Jahr 1933 mit dem Beginn des Wassermannzeitalters gleichzusetzen.«
42 Vgl. vor allem das in evangelikalen Kreisen offenbar als Hauptinformationsquelle zur New Age-Bewegung dienende Buch von Constance Cumbey, Die sanfte Verführung, Aßlar 1986. In der Tat wurde dieses Buch in der Zeitschrift »Mensch und Maß« (9. 11. 1987) auch mit Empfehlung besprochen und kann sogar über die Versandbuchhandlung in Pähl bezogen werden! Geht man doch hier davon aus, »daß die Psycho-Gurus des ›Wassermannzeitalters‹... durch hypnotische Abrichtungen aller Art den gelben Imperialismus voranzutreiben« versuchen (S. 1013) – eine an die in evangelikalen und fundamentalistischen Kreisen verbreitete Theorie von der »geheimen Gehirnwäsche« erinnernde Anschauung.
43 Vgl. Ernst Benz, Emanuel Swedenborg. Naturforscher und Seher, München 1969, S. 224ff.
44 Reinhart Hummel, Indische Mission und neue Frömmigkeit im Westen, Stuttgart/Berlin/Köln/Mainz 1980, S. 184.
45 Ebd.
46 Friedemann Horn, Zum Problem der Offenbarungskritik. Am Beispiel von Swedenborg und Lorber, Zürich 1984, S. 19 (Separatdruck aus: Offene Tore 1975–1977).
47 Was glauben die andern? 27 Selbstdarstellungen, 2. Aufl. Gütersloh 1978, S. 142.
48 David Spangler, New Age, S. 30.

49 Vor einem neuen Äon, S. 24.
50 James W. Sire, a. a. O. (Anm. 1), S. 126.
51 Zit. ebd., S. 128.
52 Fritjof Capra, Das Tao der Physik, zit. nach: Ders., Das neue Denken. Aufbruch zum neuen Bewußtsein, Bern/München/Wien 1987, S. 33.
53 Fritjof Capra, Das neue Denken, S. 22.
54 Ebd., S. 19.
55 Ebd., S. 34.
56 Ebd., S. 39; 48.
57 Ebd., S. 76f.
58 Ebd., S. 53; vgl. 60; 120.
59 Ebd., S. 335.
60 Fritjof Capra, Wendezeit, S. 330.
61 Ebd., S. 324.
62 Ebd., S. 331.
63 Ebd., S. 417.
64 Vgl. im einzelnen: Hansjörg Hemminger, Über Glaube und Zweifel: Das New Age in der Naturwissenschaft, in: Ders. (Hg.), Die Rückkehr der Zauberer, S. 125–131.
65 In: Charlene Spretnak, Die Grünen, S. 322; 325.
66 Hans Peter Duerr, in: Psychologie heute 2/1985, S. 39.
67 Zit. nach Hans-Jürgen Ruppert, New Age. Endzeit oder Wendezeit? S. 184.
68 Zit. ebd., S. 112.
69 Eine Zusammenfassung seiner Gedanken in: Trendwende 9–10/1984, 1/1985.
70 Hugo M. Enomiya-Lassalle, Am Morgen einer besseren Welt. Der Mensch im Durchbruch zu einem neuen Bewußtsein, Zürich 1981, S. 34–55.
71 Heinz-Günther Stobbe, Hoffnungslos mental? Zum angeblichen Anachronismus der »kleinen« Ökumene im Wassermann-Zeitalter, in: Una Sancta 41 (4/1986), S. 276.
72 Ken Wilber, Halbzeit der Evolution. Der Mensch auf dem Weg vom animalischen zum kosmischen Bewußtsein, Bern/München/Wien 1984, S. 28f.
73 Ebd., S. 27.
74 Theodore Roszak, Das unvollendete Tier, zit. nach Heinz-Günther Stobbe, a. a. O. (Anm. 71), S. 279f.
75 Vgl. z. B. Trendwende 9–10/1984, S. 3.
76 Vgl. Trendwende 9–10/1984, S. 14.
77 Vgl. New Age: Rettung der Erde oder Supermarkt der Weltanschauungen? (= epd-Dokumentation Nr. 39/87), S. 4.
78 Heinz Robert Schlette, Zur Theologie der Religionen, in: Orientierung, 31. 7. 1987, S. 156.
79 In: Andrea Appel, Im Zeichen des Wassermann. I: Von alten Traditionen zu neuen Dimensionen (New Age und Religion), Schulfunk-Sendung hr2 vom 31. 8./3. 9. 1987, Ms S. 14.
80 Heinz-Günther Stobbe, a. a. O. (Anm. 71), S. 282f.
81 Albert Schweitzer. Leben, Werk und Denken 1905–1965. Mitgeteilt in seinen Briefen, Heidelberg 1987, S. 82f. Es handelt sich zum Teil um ein Selbstzitat Schweitzers vom Ende seiner »Geschichte der Leben-Jesu-Forschung«, das er selbst als sein »Bekenntnis des Glaubens« bezeichnet.

82 Manuel Sarkisyanz, Politische Utopien, in: Kursbuch der Weltanschauungen, a. a. O. (Einführung, Anm. 9), S. 59.
83 Vgl. die Rede von P. Russell auf dem »Transpersonalen Kongreß« in Konstanz; dazu Myrell, Schmandt, Voigt, Neues Denken. Alte Geister. New Age unter der Lupe, Niedernhausen 1987, S. 70.
84 Ebd., S. 71.
85 Manuel Sarkisyanz, a. a. O., S. 59.
86 Peter Russell, Die erwachende Erde, S. 247.
87 David Spangler, Die Rolle des Esoterischen in der planetaren Kultur, a. a. O. (Anm. 27), S. 208f.
88 Peter Russell, a. a. O. (Anm. 86), S. 102.
89 Manuel Sarkisyanz, a. a. O. (Anm. 82), S. 71.
90 So in Stuttgart im Mai 1987 (vgl. Materialdienst der EZW 1987, S. 240) und in einem Interview mit den »Evangelischen Kommentaren« (9/1987, S. 519ff.).
91 Vgl. Für ein neues Weltbild. Gespräch mit Fritjof Capra, in: Evangelische Kommentare 9/1987, S. 519ff.
92 Fritjof Capra, Das neue Denken, S. 119.
93 Evangelische Kommentare 9/1987, S. 522.
94 Ebd., S. 519.
95 Zit. in: Fritjof Capra, Das neue Denken, S. 251.
96 Ebd., S. 253; 255.
97 Ebd., S. 254.
98 Fritjof Capra, Die Bedeutung der GRÜNEN für die Welt, in: Charlene Spretnak, Die Grünen, S. 9; 10.
99 Robert Muller, Wissenschaft, Kultur und Religion am Wendepunkt, in: Magazin 2000, Nr. 3/1985, S. 28 (Rede am 3. März 1985 in Amsterdam).
100 Marilyn Ferguson, Die sanfte Verschwörung, S. 247; 249.
101 Manon Maren-Grisebach, Philosophie der Grünen, München/Wien 1982, S. 33.
102 Fritjof Capra, Das neue Denken, S. 95.
103 Ebd., S. 285.
104 Ebd., S. 287.
105 Vgl. Magazin 2000, Nr. 67/1987, S. 13f. – Gottfried Küenzlen, New Age und Grüne Bewegung, in: G. Hesse / H.-H. Wiebe (Hg.), Die Grünen und die Religion, Frankfurt 1988, S. 244–259.

2. Teil

1 Gerhard Wehr, Veränderung beginnt innen. Gestalten und Dimensionen christlicher Spiritualität, Stuttgart 1977, S. 18f.
2 Marilyn Ferguson, Die sanfte Verschwörung, S. 332.
3 Ebd., S. 367.
4 Vgl. den Bericht von Elmar R. Gruber, Offen gegenüber der spirituellen Dimension. Die John F. Kennedy-Universität in Orinda, USA – eine Lehr- und Forschungsstätte des New Age, in: Gert Geisler (Hg.), New Age – Zeugnisse der Zeitenwende, Freiburg 1984, S. 152ff.
5 Trendwende, 30. 9. 1986.

6 Magazin 2000, Nr. 66/1986, S. 4.
7 Elmar Gruber/Susan Fassberg, New-Age-Wörterbuch, S. 41.
8 Vgl. dazu Frances A. Yates, Aufklärung im Zeichen des Rosenkreuzes, Stuttgart 1975, sowie: Wolfgang Krohn, Abrakadabra. Die dunkle Abstammung der modernen Wissenschaft, in: Kursbuch Nr. 86/1986, S. 65ff.
9 Vgl. dazu Esotera 1/1982, S. 58.
10 Peter Andreas/Rose Lloyd Davies, Das verheimlichte Wissen, München o. J., S. 203.
11 Magazin 2000, Nr. 66/1986, S. 44–46.
12 Zit. nach Rudolf Passian, Wiedergeburt. Ein Leben oder viele? München 1985, S. 223f.
13 Zit. nach Rüdiger Sachau, Elisabeth Kübler-Ross: Über die Grenze des Todes hinaus? (= Sonderdruck Nr. 14 aus Materialdienst der EZW 11/1987), S. 12.
14 Theodore Roszak, Das unvollendete Tier, S. 104.
15 Elmar R. Gruber, Dämmerung des Neuen Zeitalters. New Age – Erleuchtung oder Verwirrung am Beginn der neuen Zeit? in: Gert Geisler (Hg.), New Age – Zeugnisse der Zeitenwende, S. 48.
16 Marilyn Ferguson, Die sanfte Verschwörung, S. 357.
17 Elmar R. Gruber, Zentren der Zeitenwende. Ausbildungsstätten im Zeichen des Wassermanns, in: Gert Geisler (Hg.), New Age – Zeugnisse der Zeitenwende, S. 151.
18 Ausschnitte aus einem Interview mit dem Religionsphilosophen Arnold Graf Keyserling, in: Gert Geisler (Hg.), New Age – Zeugnisse der Zeitenwende, S. 181.
19 Marilyn Ferguson, Die sanfte Verschwörung, S. 369–371.
20 Ebd., S. 222.
21 Vgl. Gerrit Huizer, Holistische Gesundheitspflege in der Dritten Welt, in: Orientierung, 15. 5. 1987, S. 102–106, sowie Marilyn Ferguson, Die sanfte Verschwörung, S. 163 Anm.
22 Theodore Roszak, Das unvollendete Tier, S. 287f.
23 Im deutschen Text steht »Instruktion« – einer der zahlreichen Amerikanismen, unter denen die Übersetzung dieses wichtigen Buches von Roszak sehr leidet!
24 Theodore Roszak, Das unvollendete Tier, S. 290.
25 Marilyn Ferguson, Die sanfte Verschwörung, S. 350.
26 Zit. nach Hans-Jürgen Ruppert, New Age. Endzeit oder Wendezeit? S. 114.
27 Michael D. Eschner, Netzwerk Thelema, Clenze 1985, S. 21 (»Regeln für evolutionäres Verhalten«).
28 Ebd., S. 28–31.
29 Ebd., S. 30.
30 Vgl. besonders: Erich Neumann, Tiefenpsychologie und neue Ethik (1948), zit. bei: Gerhard Zacharias, Der dunkle Gott. Die Überwindung der Spaltung von Gut und Böse. Satanskult und Schwarze Messe, 3., gänzl. überarb. Aufl., Wiesbaden/München 1982, S. 240.
31 Gerhard Zacharias, Der dunkle Gott, S. 231.
32 Ebd., S. 226–228.
33 Theodore Roszak, Das unvollendete Tier, S. 210.
34 Ebd., S. 107.
35 Ebd., S. 132.

36 Ebd., S. 105f.
37 Jane Roberts, Gespräche mit Seth. Von der ewigen Gültigkeit der Seele, 4. Aufl., München 1987, S. 29 (Anmerkung der Übersetzerin Dr. phil. Sabine Lucas); vgl. Gilles Quispel, Gnosis als Weltreligion, 2. Aufl. Zürich 1972, S. 18.
38 Theodore Roszak, Das unvollendete Tier, S. 130.
39 Peter Andreas/Rose Lloyd Davies, Das verheimlichte Wissen, S. 218.
40 David Spangler, New Age. Die Geburt eines Neuen Zeitalters, S. 102ff.
41 Ebd., S. 106.
42 Vgl. ebd., S. 107; 104–105.
43 Ebd., S. 103.
44 Günter Bornkamm, in: Edgar Hennecke/Wilhelm Schneemelcher, Neutestamentliche Apokryphen, Bd. II, 3. Aufl., Tübingen 1964, S. 303ff.
45 David Spangler, New Age. Die Geburt eines Neuen Zeitalters, S. 108–110.
46 Elmar Gruber, Was ist New Age? Bewußtseinstransformation und neue Spiritualität, Freiburg 1987, S. 62.
47 Ebd., S. 64; 71.
48 Ebd., S. 152f.
49 Ebd., S. 35.
50 Josef Sudbrack, Neue Religiosität – Herausforderung für die Christen, Mainz 1987, S. 108.
51 Michael Hesemann, »Komm, folge mir nach«, in: Magazin 2000, Nr. 66/1986, S. 40.
52 David Spangler, Das Fest der Identität, in: Hans-Jürgen Ruppert, New Age. Endzeit oder Wendezeit? S. 135–138.
53 Michael Hesemann, »Komm, folge mir nach«, a. a. O. (Anm. 51), S. 41; 43.
54 Schwäbische Zeitung, Leutkirch, 21. 10. 1987.
55 Poimandres, Corpus Hermeticum I, 26, zit. nach Hans G. Kippenberg, Gnostiker zweiten Ranges: Zur Institutionalisierung gnostischer Ideen als Anthropolatrie, in: Jacob Taubes (Hg.), Religionstheorie und Politische Theologie. Band 2: Gnosis und Politik, S. 126.
56 Evang. verit. – NHC I, 3; 22, 9–12, zit. nach Petr Pokorný, Die gnostische Soteriologie in theologischer und soziologischer Sicht, in: Jacob Taubes (Hg.), a. a. O. (Anm. 55), S. 157.
57 Richard Bergeron, Zu einer theologischen Interpretation der neuen Religionen, in: Concilium 19 (1/1983), S. 77f.
58 Norbert Brox, »Was befreit, ist die Gnosis«. Die Reaktion der frühen Kirche auf eine esoterische Religion, in: Diakonia 18 (4/1987), S. 235–241.
59 Ebd., S. 238f.
60 Vgl. dazu kritisch: Josef Sudbrack, Neue Religiosität, S. 216–219.
61 Norbert Brox, »Was befreit, ist die Gnosis«, a. a. O., S. 239f.
62 Ebd., S. 240.
63 Helmut Jaschke, Menschenbild der modernen Gnosis, in: Christ in der Gegenwart, 18. 5. 1986, S. 165.
64 Edward Conze, Buddhism and Gnosis, in: U. Bianchi (Hg.), Le Origini dello Gnosticismo. Colloqio di Messina 1966, Leiden 1970, S. 651ff. Vgl. auch die Untersuchung der Parallelen von Radhasoami Satsang und Gnosis durch Mark Albrecht, Gnosticism. Past and Present, in: New Religious Movements Update V (3–4/1981), S. 19ff.

65 Mark Albrecht, Gnosticism. Past and Present, a. a. O., S. 19.

66 Carl-A. Keller, Gnostik als religionswissenschaftliches Problem, in: Theologische Zeitschrift 41 (1985), S. 59–73, sowie: Ders., Christliche Gnosis und Gnosisversuche der Neuzeit – Was ist Erkenntnis? in: New Age – aus christlicher Sicht. Beiträge von Joachim Müller, Oswald Eggenberger, Carl-A. Keller, Gerhard Voss, Johannes Mischo, Freiburg (Schweiz). Zürich 1987, S. 51–94.

67 Kurt Koch, Sanfte oder harte Verschwörung? Pastoraltheologische Impulse zur christlichen Begegnung mit der Esoterik, in: Diakonia 18 (4/1987), S. 232.

68 Mircea Eliade, Das Okkulte und die moderne Welt, Salzburg 1978, S. 64–71.

69 Gilles Quispel, Gnosis als Weltreligion, S. 38; 56.

70 Vgl. Herbert Willig, Eine revolutionäre Provokation. Die Entdeckung totaler Herrschaft durch die Gnosis, in: Lutherische Monatshefte 4/1980, S. 204.

71 Otto A. Dilschneider, Christus Pantokrator. Vom Kolosserbrief zur Ökumene, Berlin 1962, S. 63.

72 Margot Klausner, Das Kybele-Mysterium, in: Neue Wissenschaft 6 (1956), S. 111.

73 Vgl. Eugen Lennhoff, Die Freimaurer, Wien/München 1981, S. 32.

74 Margot Klausner, Über die Mysterien der Antike, in: Neue Wissenschaft 6 (1956), S. 25.

75 So die FAZ, 12. 8. 1987, S. 25, in dem interessanten Beitrag: »Aufbruch, Erneuerung, Wiedergeburt. Mythen der Initiation verbinden archaische Kulturen und moderne Literatur«.

76 Carl Gustav Jung, Psychologischer Kommentar zum Bardo Thödol, GW 11, S. 555, zit. nach: Gerhard Wehr, C. G. Jung und Rudolf Steiner, Frankfurt/Berlin/Wien 1982, S. 165.

77 Josef Sudbrack, Neue Religiosität, S. 38; 49.

78 Theodore Roszak, Das unvollendete Tier, S. 178; 181.

79 Lutz Müller, Die Wiederkehr des Magischen, in: Psychologie heute 9/1984, S. 22.

80 Vgl. Rudolf Passian, Wiedergeburt, a. a. O. (Anm. 12), S. 170.

81 Willy Obrist, Die Mutation des Bewußtseins, Frankfurt 1980; vgl. dazu Josef Sudbrack, Neue Religiosität, S. 62 f.

82 Josef Sudbrack, Neue Religiosität, S. 63.

83 Hedda J. Herwig, Psychologie als Gnosis: C. G. Jung, in: Jacob Taubes (Hg.), Religionstheorie und Politische Theologie. Bd. 2: Gnosis und Politik, S. 219.

84 Gilles Quispel, Gnosis als Weltreligion, S. 46; vgl. Gerhard Wehr, C. G. Jung und Rudolf Steiner, S. 221.

85 Hedda J. Herwig, Psychologie als Gnosis, a. a. O. (Anm. 83), S. 225.

86 Carl Gustav Jung, Erinnerungen. Träume. Gedanken, Zürich 1963, S. 204. – Vgl. auch das jetzt in deutscher Übersetzung in einem theosophischen Verlag erschienene, auf Vorlesungen an der Universität von Kalifornien und im C. G. Jung-Institut in Los Angeles basierende Buch von Stephan A. Hoeller, Der gnostische Jung und die sieben Reden an die Toten, Calw 1987: »Jungs Psychologie ist in gewisser Hinsicht nur eine Neuformulierung des Gnostizismus; und als solche zeigt sie unzählige Analogien und Äquivalenzen zu den alten gnostischen Systemen. Die Stelle der göttlichen Existenzen wird von den Archetypen eingenommen und die Gesamtheit dieser Archetypen ist nichts anderes als die psychologische Analogie des Pleromas« (S. 80).

87 Gilles Quispel, Gnosis als Weltreligion, S. 39.
88 Carl Gustav Jung, Aion. Beiträge zur Symbolik des Selbst, GW 9/2, S. 238, zit. nach Hedda J. Herwig, a. a. O. (Anm. 83), S. 219.
89 Hedda J. Herwig, a. a. O., S. 223 f.
90 Carl Gustav Jung, Die Beziehungen zwischen dem Ich und dem Unbewußten, GW 7, S. 191, zit. nach Gerhard Wehr, C. G. Jung und Rudolf Steiner, S. 169.
91 Carl Gustav Jung, Psychologie und Alchemie, zit. nach Gerhard Wehr, a. a. O., S. 184.
92 Zit. ebd.
93 Gerhard Wehr, a. a. O., S. 179.
94 Carl Gustav Jung, Aion, zit. nach Hedda J. Herwig, a. a. O. (Anm. 83), S. 225.
95 Hedda J. Herwig, a. a. O., S. 225.
96 Zit. nach Josef Sudbrack, Neue Religiosität, S. 92.
97 Jolande Jacobi, Der Weg zur Individuation, zit. nach Josef Sudbrack, Neue Religiosität, S. 92.
98 Gerhard Wehr, C. G. Jung und Rudolf Steiner, S. 174.
99 Gerhard Wehr, a. a. O., S. 167 f.
100 Hans Schmid, Bewußtseinswandel. Tiefenpsychologische Aspekte der »Zeitwende«, in: Protokolldienst 16/86 der Ev. Akademie Bad Boll zur Tagung »New Age. Aufbruch in eine neue Zeit?« vom 10.–12. 1. 1986.
101 Zit. nach Hans-Jürgen Ruppert, New Age. Endzeit oder Wendezeit? S. 162.
102 Hedda J. Herwig, Psychologie als Gnosis, S. 220 f.
103 Ebd., S. 221.
104 Ebd., S. 226.
105 Gilles Quispel, Gnosis als Weltreligion, S. 40.
106 Ebd., S. 39.
107 Gisela Rieß, Gottes vergessene Sprache. Religiöse Erfahrung in Träumen, in: Weg und Wahrheit, 31. 5. 1987, S. 6.
108 Karl Barth, Kirchliche Dogmatik III/3, Zollikon 1950, S. 435, zit. nach Gerhard Adler, Erinnerung an die Engel, Freiburg 1986, S. 99.
109 Vortrag in Göttingen, in: Magazin 2000, Nr. 1/1986, S. 51.
110 Sigrid Lechner-Knecht, in: Magazin 2000, Nr. 6/1985, S. 28.
111 Ebd.
112 Stanislav Grof, Geburt, Tod und Transzendenz. Neue Dimensionen der Psychologie, München 1986, S. 50; 235.
113 Magazin 2000, Nr. 1/1986, S. 53.
114 Wege... Zur Synthese von Natur und Mensch, Nr. 1/1986, S. 34.
115 Reinhart Hummel, Transparenz der Wirklichkeit. Erster Europäischer Transpersonaler Kongreß, in: Materialdienst der EZW 1984, S. 326.
116 Stanislav Grof, Geburt, Tod und Transzendenz, S. 343.
117 Maria Wirth, Yoga: So gut wie die modernste Therapie, in: Esotera 3/1987, S. 66.
118 George Bach/Haja Molter, Psychoboom, zit. nach Hans-Jürgen Ruppert, New Age. Endzeit oder Wendezeit? S. 158 f.
119 Ebd., S. 159.
120 Ebd., S. 165.
121 Magazin 2000, Nr. 1/1986, S. 52.
122 Psychoboom, zit. a. a. O. (Anm. 118), S. 166.

123 Art. »Astrologie«, in: Lexikon der Astrologie, Freiburg 1981, S. 34.
124 Otto A. Dilschneider, Christus Pantokrator, S. 63f.
125 Psychologie heute 1/1986, S. 22.
126 Lexikon der Astrologie, S. 229.
127 Siegfried Böhringer, Astrologie heute. Eine umstrittene Form der Daseins-Interpretation und ihre Bedeutung für die Grundsituation unserer Zeit (= Information Nr. 97 der EZW), Stuttgart 1986, S. 29.
128 Hansjörg Hemminger, Psychotherapie – Weg zum Glück? Zur Orientierung auf dem Psychomarkt, München 1987, S. 23.
129 Psychologie heute 1/1986, S. 21–22.
130 Hans-Dieter Leuenberger, Das ist Esoterik, Freiburg 1985, S. 169.
131 Vgl. Manfred Bergler, Zen-Buddhismus in Deutschland, in: Materialdienst der EZW 1984, S. 356–366.
132 Hans-Dieter Leuenberger, a. a. O. (Anm. 130), S. 169–170.
133 Der Anonymus D'Outre Tombe (= Valentin Tomberg), Die Großen Arcana des Tarot. Meditationen, Bd. 1, Freiburg 1983, S. 11.
134 Sergius Golowin, Die weisen Frauen, S. 38; 39.

3. Teil

1 In: Materialien und Informationen zur Zeit. Journal der Konfessionslosen und Atheisten Nr. 2/1984 und Nr. 1/1985 (= Materialdienst der EZW 1985, S. 234; 244).
2 Vgl. Reinhard König, New Age. Geheime Gehirnwäsche, 3., überarb. und aktual. Aufl., Neuhausen–Stuttgart 1987, S. 75.
3 Daniel Sillescu, Das New Age Buch, Mainz 1986, S. 112.
4 Ebd., S. 25; 28.
5 Vgl. Matthias Böker, New Age. Ein antichristliches Erlösungsprogramm, in: Aus dem Lebenszentrum Adelshofen 29 (1987), Nr. 113, S. 22.
6 Hans Übler, »Optimist? Na klar!« »BEP« – das »Bewußtseins-Erweiterungs-Programm« im kunterbunten »New Age«-Rummel, in: Materialdienst der EZW 1987, S. 52f.
7 Uwe-F. Obsen, New Age in der Medizin, a. a. O. (Einführung, Anm. 3), S. 488; 509.
8 Petr Pokorný, Die gnostische Soteriologie in theologischer und soziologischer Sicht, a. a. O. (2. Teil, Anm. 56), S. 161, unter Bezug auf metam. XI, 28.
9 Zur Renaissance des Engelglaubens in Amerika vgl. Gerhard Adler, Erinnerung an die Engel, Freiburg 1986, S. 161.
10 Myrell/Schmandt/Voigt, Neues Denken. Alte Geister. New Age unter der Lupe, Vorwort von Robert Jungk, Niedernhausen/Ts. 1987, S. 171f.
11 Rüdiger Lutz, Die sanfte Wende. Aufbruch ins ökologische Zeitalter. Vorwort von Fritjof Capra, München 1984, S. 168.
12 Brita und Wolfgang Dahlberg, Esoterik – was ist das eigentlich?, zit. nach Hans-Jürgen Ruppert, New Age. Endzeit oder Wendezeit? S. 157.
13 Zit. nach Hans-Jürgen Ruppert, New Age. Endzeit oder Wendezeit? S. 47f.

14 Max Weber, Wirtschaft und Gesellschaft (= Grundriß der Sozialökonomie), Tübingen 1921, S. 278ff.; 285ff.
15 Petr Pokorný, Die gnostische Soteriologie in theologischer und soziologischer Sicht, a. a. O. (Anm. 8), S. 154.
16 Vgl. Helmut Aichelin, Das Wiederentdecken des Religiösen als theologisches Problem, in: Evangelisch sein (= Jahrbuch des Evangelischen Bundes XXIV), Göttingen 1981, S. 104.
17 Myrell/Schmandt/Voigt, Neues Denken. Alte Geister, a. a. O. (Anm. 10), S. 108.
18 Petr Pokorný, a. a. O. (Anm. 8), S. 162.
19 Vgl. Jörg Wichmann, Wicca. Die magische Kunst der Hexen, Unkel 1984, S. 87.
20 Vgl. Andrea Appel, Im Zeichen des Wassermann, a. a. O. (1. Teil, Anm. 79), Ms S. 4; ähnlich in dem Vortragsband der New Age-Tagung der »Internationalen Gesellschaft für Tiefenpsychologie e. V. Stuttgart«: Wendepunkte Erde Frau Gott. Am Anfang eines neuen Zeitalters (2. Aufl. Freiburg / Olten 1988). Darin propagiert Christian Sailer, der rechtspolitische Sprecher des »BUND«, Jungsche Psychologie, Transpersonale Psychologie und New Age-Bewegung als Ausdruck einer »neuen Bewußtseinsstufe« der Menschheit (S. 29f.) und insofern als Heilmittel gegen die Öko-Katastrophen: »Je eher die Menschheit diesen Individuationsschritt nach innen tut, um so schneller werden sich auch ihre äußeren Probleme lösen, die ja von innen kommen. Die Einheitswirklichkeit des kosmischen Bewußtseins löst alle Feindprojektionen auf und läßt die Herrschaftsansprüche schwinden« (S. 31).
21 Theodore Roszak, Das unvollendete Tier, S. 151 Anm.
22 Magazin 2000, Nr. 69/1987, S. 17–19.
23 Wolfgang Dahlberg, zit. nach Materialdienst der EZW 1986, S. 362.
24 Willem Visser't Hooft, Kein anderer Name. Synkretismus oder christlicher Universalismus, Basel 1965, S. 34f.
25 Hedda J. Herwig, Psychologie als Gnosis: C. G. Jung, a. a. O. (2. Teil, Anm. 83), S. 228f.
26 Zit. nach: Mehr Politik für das Buch! 20 Jahre Buchmarktforschung: Interview mit Dr. Ludwig Muth, in: Börsenblatt 47/13. 6. 1986, S. 1725.
27 Josef Sudbrack, Neue Religiosität, S. 160.
28 Vgl. Helmut Thielicke, Anthropologische Grundtatbestände in individuellen Konfliktsituationen, in: ZEE 18 (1974), S. 129.
29 Harvey Cox, Licht aus Asien, Stuttgart 1978, zit. nach Reinhart Hummel, T'ai Chi – Kampfsport, Therapie oder Religion? in: Materialdienst der EZW 1987, S. 194.
30 Friedrich-Wilhelm Haack, Von Gott und der Welt verlassen. Der religiöse Untergrund in unserer Welt, Düsseldorf/Wien 1974, S. 93f.; vgl. den ganzen Abschnitt »Die Stunde der Innen-Welt«, ebd., S. 77ff.
31 Gerhard Adler, Vom buntscheckigen New Age. Neue Menschen für ein Neues Zeitalter? in: Die politische Meinung Nr. 232, Mai/Juni 1987, S. 80.
32 Marilyn Ferguson, Die sanfte Verschwörung, S. 325.
33 Elmar Gruber, Was ist New Age? a. a. O. (2. Teil, Anm. 46), S. 119.
34 Ebd., S. 140ff.
35 Ebd., S. 145; 147.
36 Fritjof Capra, Das Tao der Physik, Bern 1984, S. 20f.

37 Ken Wilber, Halbzeit der Evolution, a. a. O. (1. Teil, Anm. 72), S. 30ff.
38 Vgl. Christoph Schubert, Kommune-Begegnung auf Burg Stettenfels. 21.–24. Juni 1984, in: Materialdienst der EZW 1984, S. 337.
39 Vgl. Ernst Benz, Die Vision. Erfahrungsformen und Bilderwelt, Stuttgart 1969, S. 68; 81 (»Vision und Drogen«).
40 Jürgen vom Scheidt, Antworten aus dem Unbewußten, a. a. O. (Einführung, Anm. 22), S. 40.
41 Marilyn Ferguson, Die sanfte Verschwörung, S. 360.
42 Abraham Maslow, Religion, Values and Peak-Experiences, New York 1970, S. 95, zit. nach Josef Sudbrack, Neue Religiosität, S. 93.
43 Hans Gasper, »New Age« als Anfrage und Herausforderung für Glaube und Glaubensvermittlung, in: Erwachsenenbildung 33 (1/1987), S. 44.
44 Myrell/Schmandt/Voigt, Neues Denken. Alte Geister, a. a. O. (Anm. 10), S. 93.
45 Vgl. Josef Sudbrack, Neue Religiosität, S. 100.
46 Walter Schmidt, Die Botschaft Capras, in: Materialdienst der EZW 1987, S. 241.
47 Wilhelm Lütgert, Die Religion des deutschen Idealismus und ihr Ende. Erster Teil, 2. Aufl., Gütersloh 1923, S. VIII.
48 Vgl. dazu Carl du Prel, Kants mystische Weltanschauung, in: Immanuel Kants Vorlesungen über Psychologie, Pforzheim 1964, S. 13ff.
49 Wilhelm Lütgert, Die Religion des deutschen Idealismus, a. a. O., S. 206.
50 Ebd., S. 207.
51 Ebd., S. 205; 213.
52 Ebd., S. 215.
53 Ebd., S. 220.
54 Hans Joachim Iwand, Nachgelassene Werke, hg. von H. Gollwitzer, W. Kreck, K. G. Steck und E. Wolf. Bd. V, München 1974, S. 184; vgl. ebd., S. 16.
55 Ebd., S. 183f.
56 Albrecht Peters, Glaube und Werk, 2. Aufl., Berlin/Hamburg 1967, S. 7.
57 Hans Joachim Iwand, Die grundlegende Bedeutung der Lehre vom unfreien Willen für den Glauben, in: Ders., Um den rechten Glauben. Gesammelte Aufsätze, 2. Aufl., München 1965, S. 17.
58 Reinhard Slenczka, Gotteserkenntnis und Gotteserfahrung, in: Zugang zur Theologie. Fundamentaltheologische Beiträge (Festschrift W. Joest), Göttingen 1979, S. 144.
59 Ernst Benz, Das Bild des Übermenschen in der europäischen Geistesgeschichte, in: Ders. (Hg.), Der Übermensch, Zürich/Stuttgart 1961, S. 124f.; 131.
60 Friedrich Nietzsche, Also sprach Zarathustra; Vom höheren Menschen § 3, zit. nach Ernst Benz, a. a. O., S. 130.
61 Ernst Benz, a. a. O., S. 130f.
62 Hans Joachim Iwand, Rechtfertigungslehre und Christusglaube, 3. Aufl., Darmstadt 1966, S. 122.
63 D. D. Williams, A Theological View of Identity, zit. bei: Helmut Tacke, Glaubenshilfe als Lebenshilfe, Neukirchen-Vluyn 1975, S. 217.
64 Hans Joachim Iwand, Nachgelassene Werke, Bd. 1, München 1962, S. 170.
65 Helmut Tacke, Glaubenshilfe als Lebenshilfe, a. a. O., S. 217f.
66 Hans Joachim Iwand, Glaubensgerechtigkeit nach Luthers Lehre, in: Ders., Glaubensgerechtigkeit. Ges. Aufsätze II, München 1980, S. 92f.
67 WA 39/I, 48, 19–30, zit. ebd., S. 93.

68 Klaus Schilling, Grundlagen der Esoterik I, in: SBL-Magazin, November/ Dezember 1987, S. 8f. Enrico A. Kern, ebd., S. 1.
69 Hans Joachim Iwand, »Sed originale per hominem unum«. Ein Beitrag zur Lehre vom Menschen, in: Ders., Glaubensgerechtigkeit, Ges. Aufsätze II, S. 192f.
70 Hans Joachim Iwand, Rechtfertigungslehre und Christusglaube, S. 87.
71 Albrecht Peters, Glaube und Werk, S. 267.
72 Vgl. Josef Sudbrack, Neue Religiosität, S. 69.
73 Josef Sudbrack, Christliche und nichtchristliche Spiritualität (= VIA MUNDI 1983, Heft 2), Ottobrunn 1984, S. 12f.
74 Paul Tillich, Gesammelte Werke Bd. 5, Stuttgart 1964, S. 81f.
75 Reinhard Slenczka, Gotteserkenntnis und Gotteserfahrung, a. a. O. (Anm. 58), S. 144.
76 Ursula von Mangoldt, Sollen wir auf einen anderen warten? Heilslehren und biblischer Glaube, Freiburg 1987, S. 124.
77 P. Enomiya-Lassalle, in: Knut Walf (Hg.), Stille Fluchten. Zur Veränderung des religiösen Bewußtseins, München 1983, S. 31–33, zit. nach Josef Sudbrack, Neue Religiosität, S. 61.
78 Josef Sudbrack, a. a. O.
79 Ebd.
80 Marilyn Ferguson, Die sanfte Verschwörung, S. 119.
81 Zit. bei Josef Sudbrack, Neue Religiosität, S. 23f.
82 Die Formulierung lehnt sich an die zusammenfassenden Thesen von Professor Albrecht Peters in der Systematisch-theologischen Arbeitsgemeinschaft der Universität Heidelberg über »Das Problem einer ›Theologie der Religionen‹« zum Thema »Die Begegnung des Christentums mit den anderen Religionen« im WS 1974/75 an.
83 Elmar Gruber, Was ist New Age? S. 146.
84 Vgl. Hartmut Zinser, Schamanismus im »New Age«. Zur Wiederkehr schamanistischer Praktiken und Seancen in Europa, in: ZRGG 39 (4/1987), S. 319–327.
85 Mircea Eliade, Schamanismus und archaische Ekstasetechnik, 3. Aufl., Frankfurt 1982, S. 14.
86 Josef Sudbrack, Religiöser Aufbruch oder neue Gnosis? in: Communio 1980, S. 307.
87 Zit. nach Ev. Gemeindeblatt für Württemberg, 26. 7. 1987.
88 Theodore Roszak, Das unvollendete Tier, S. 65.
89 Ebd., S. 184; vgl. auch den Hinweis auf Kierkegaard, S. 186.
90 Ebd., S. 302; 295.
91 Edmund Schlink, Der Mensch in der Verkündigung der Kirche, München 1936, S. 99.
92 Ebd., S. 100.
93 Ebd., S. 100f.
94 Adolf Köberle, Rechtfertigung und Heiligung, 2. Aufl., Leipzig 1929, S. 49 (Neuauflage: Gießen 1987).
95 Theodore Roszak, Das unvollendete Tier, S. 261.
96 Klaus Nientied, »Das Leben liegt hinter den Dingen«. Zum neu erwachten Interesse an religiöser Esoterik, in: Herder Korrespondenz 5/1983, S. 209f.
97 Gilles Quispel, Gnosis als Weltreligion, S. 79.

98 John Coleman, Die religiöse Bedeutung neuer religiöser Bewegungen, in: Concilium 19 (1/1983), S. 17–20.
99 Theodore Roszak, Das unvollendete Tier, S. 135.
100 Ebd., S. 134; 136.
101 Ebd., S. 181 (s. o. 2. Teil).
102 Ebd., S. 181.
103 Gerhard Ruhbach, in: Handbuch Christlicher Glaube, Wuppertal 1985, hier zitiert nach dem Abdruck des Artikels in dem Heft »Spiritualität und Heiliger Geist« der Mitarbeiterzeitschrift für außerschulische Jugendbildung »das baugerüst« 1/1986, S. 37 ff.
104 Josef Sudbrack, Christliche und nichtchristliche Spiritualität, a. a. O. (Anm. 73), S. 26.
105 Josef Sudbrack, Neue Religiosität, S. 75.
106 Vgl. Theodore Roszak, Das unvollendete Tier, S. 130.
107 Vgl. z. B. Gerhard Wehr, Veränderung beginnt innen, a. a. O. (2. Teil, Anm. 1), S. 12.
108 Hans Jürgen Baden, Das Erlebnis Gottes, Freiburg 1981, S. 83.
109 Ebd., S. 38.
110 Josef Sudbrack, Neue Religiosität, S. 17.
111 Ebd., S. 159.
112 Ebd., S. 17.
113 Ebd., S. 17.
114 Ebd., S. 22.
115 Ebd., S. 54.
116 Ebd., S. 62.
117 Zit. ebd., S. 62.
118 Ebd., S. 62.
119 Ebd., S. 96.
120 Ebd., S. 96.
121 Ebd., S. 71.
122 Ebd., S. 143 ff.
123 Ebd., S. 77.
124 Ebd., S. 134.
125 Ebd., S. 125.
126 Zit. nach »das baugerüst«, a. a. O. (Anm. 103), S. 22.
127 Die folgenden Überlegungen schließen sich an an: Helga Hansis, »Wie ich Euch, so Ihr untereinander«. Darf unter Spiritualität jeder verstehen, was er will? in: das baugerüst, a. a. O., S. 21 ff.
128 Josef Sudbrack, Christliche und nichtchristliche Spiritualität, a. a. O. (Anm. 73), S. 18.
129 Kleiner Katechismus, Erklärung zum 3. Glaubensartikel.
130 Wege zum Menschen Nr. 8–9/1983, S. 330, zit. nach »das baugerüst«, a. a. O., S. 22.
131 Reinhard Slenczka, Gotteserkenntnis und Gotteserfahrung, a. a. O. (Anm. 58), S. 145.
132 Ebd., S. 136.
133 Zit. nach Adolf Köberle, Rechtfertigung und Heiligung, a. a. O. (Anm. 94), S. 169 Anm. 1.

134 Ebd., S. 107.
135 Ebd., S. 106.
136 Ebd., S. 111.
137 Zit. ebd., S. 108 Anm. 1.
138 Hans Joachim Iwand, Die Krisis des Wissenschaftsbegriffes und die Theologie, a. a. O. (Anm. 57), S. 64. Weitere Aussagen Luthers über die innere Vergewisserung und Glaubenserfahrung bei A. Köberle, Rechtfertigung und Heiligung, S. 108 Anm. 2.
139 Gerhard Ruhbach, Theologie und Spiritualität. Beiträge zur Gestaltwerdung des christlichen Glaubens, Göttingen 1987, S. 161.
140 Ebd., S. 155.
141 Ebd., S. 150 sowie EKG Nr. 144, Strophe 2.
142 Albrecht Peters, Glaube und Werk, a. a. O. (Anm. 56), S. 258ff.
143 Ebd., S. 261.
144 Ebd., S. 249ff.
145 Ebd., S. 145.
146 Ebd., S. 267.
147 Ebd., S. 264.
148 Hans-Otto Wölber, Spiritualität, a. a. O. (Einführung, Anm. 15), S. 62.
149 Gerhard Ruhbach, Theologie und Spiritualität, S. 24f.
150 Extrem in: Stephan A. Hoeller, Der gnostische Jung, a. a. O. (2. Teil, Anm. 86), S. 223f.: »Die Vorstellung eines persönlichen Gottes ist für viele Menschen der heutigen Zeit, die sich mit C. G. Jung zu beschäftigen beginnen, ein großer Stein des Anstoßes. Der Widerwille, mit dem zahlreiche hochintelligente und kreative Menschen in unserer Kultur der semitischen Gottesvorstellung gegenüberstehen, hat dieselben Menschen in eine Situation gebracht, in der sie der Religion mißtrauisch und feindlich begegnen... Doch mit all diesen Ansichten verband Jung wieder eine Haltung, die als tief gnostisch im klassischen Sinne beschrieben werden könnte. Jung sagte im wesentlichen, daß der Mensch ein religiöses Bedürfnis besitze, doch dieses Bedürfnis verlangt nicht so sehr nach religiösem *Glauben*, sondern vielmehr nach religiöser *Erfahrung*. Religiöse Erfahrung ist ein psychisches Ereignis, das zur Integration der Seele hinleitet und daher das Wirken der Psyche als Ganzes darstellt... Jungs Gott war nicht Gedanke, an den man glauben... konnte; sein Gott wurde erlebt. Nur was der Mensch an Göttlichem erlebt hat, ist lebendig, was er nur glaubt, ist tot... Wie die alten Gnostiker verwarf C. G. Jung den ›Gott des Glaubens‹ und wählte die Wirklichkeit eines Bildes oder Symbols von bleibender Vitalität.«
151 David Steindl-Rast, Fülle und Nichts. Die Wiedergeburt christlicher Mystik, München 1986, S. 170.
152 Jörg Splett, Glaubenserfahrung und Glaubenswissen, in: Erwachsenenbildung 1/1987, S. 17.
153 Zit. bei Adolf Köberle, Rechtfertigung und Heiligung, S. 146 Anm. 1.
154 EKG Nr. 103, Strophe 3; zit. ebd., S. 151.
155 Zit. ebd., S. 152 Anm. 1.
156 Vgl. ebd., S. 170.
157 Ebd., S. 268f.
158 Ebd., S. 272.
159 Ebd., S. 280; 293.

160 Zit. bei Gilles Quispel, Gnosis als Weltreligion, S. 48.
161 Gerhard Wehr, C. G. Jung und Rudolf Steiner, S. 219.
162 Zit. ebd., S. 219f.
163 Zit. bei Josef Sudbrack, Neue Religiosität, S. 143f.
164 Adolf Köberle, Rechtfertigung und Heiligung, S. 60.
165 Ebd., S. 59f.
166 Paul Althaus, Art. »Erfahrungstheologie«, in: RGG[3] Bd. II, Sp. 554.
167 Ebd.
168 Gerhard Lohfink/Rudolf Pesch, Tiefenpsychologie und keine Exegese, Stuttgart 1987, zit. nach Publik-Forum, 28. 8. 1987, S. 25.
169 Ulrich Mann, Theologie und Tiefenpsychologie, in: Für Arbeit und Besinnung, 1. 5. 1987, S. 389f. Vgl. auch die Kritik von Elisabeth Schneider-Böklen in: Für Arbeit und Besinnung Nr. 2/1986, S. 69: »Mir scheint gegenüber D. der Vorwurf der Gnosis in klassischer Weise angebracht zu sein.« Sowie: Tiefenpsychologische Deutung des Glaubens? Anfragen an Eugen Drewermann (= Quaestiones disputatae Nr. 113), Freiburg 1988, mit Beiträgen von Bürkle, Sudbrack, Schnackenburg u. a.
170 Eugen Drewermann, Tiefenpsychologie und Exegese. Bd. II. Die Wahrheit der Werke und der Worte. Wunder, Vision, Weissagung, Apokalypse, Geschichte, Gleichnis, 2. Aufl., Olten/Freiburg 1986, S. 697.
171 Ebd., S. 694.
172 Ebd., S. 693 Anm. 15.
173 Adolf Köberle, Christlicher Lebensglaube, in: Ders., Universalismus der christlichen Botschaft, Darmstadt 1978, S. 45.
174 Eugen Drewermann, Tiefenpsychologie und Exegese, Bd. II, S. 769.
175 Publik-Forum, 28. 8. 1987, S. 26.
176 Netzwerk-Blatt 1/1987, S. 7.
177 Paul Zemp, Esoterische Themen in Fortbildungskursen für Seelsorger, in: Diakonia 18 (4/1987), S. 269.
178 Reinhard König, New Age. Geheime Gehirnwäsche, a. a. O. (Anm. 2), S. 107. – Inzwischen erschien eine offizielle Stellungnahme der Generalleiterin des St. Katharina-Werks in der Schweizerischen Kirchenzeitung (49/1987, S. 758ff.), in der Vorwürfen, es stehe im Dienst der New Age-Bewegung, begegnet wird – vor allem mit dem Hinweis, daß die Begründung der Arbeit des Werks auf den »Christus Universalis« im Sinne Teilhard de Chardins bei New Age-Sympathisanten zum auslösenden Moment dafür geworden sei, sich wieder der Kirche zuzuwenden und »bei uns den christlichen Boden zu suchen«!
179 Einige Beispiele bei Josef Sudbrack, Neue Religiosität, S. 65ff.
180 Franz Alt, Die letzte Instanz: das Gewissen – Vom Taufchristen zum Tatchristen, in: Magazin 2000, Nr. 69/1987, S. 39.
181 Josef Sudbrack, Neue Religiosität, S. 48.
182 Franz Alt, a. a. O., S. 39.
183 Franz Alt, Liebe ist möglich. Die Bergpredigt im Atomzeitalter, München/Zürich 1985, S. 213.
184 Franz Alt, in: Magazin 2000, a. a. O., S. 39.
185 Franz Alt, Frieden ist möglich. Die Politik der Bergpredigt, 16. Aufl., München/Zürich 1983, S. 108 Anm. 1: »Vieles vom Geist der Bergpredigt wird verständlich, wenn man das ›Friedensevangelium der Essener‹ gelesen hat.«

186 Ebd., S. 111.
187 Franz Alt, Liebe ist möglich, S. 13.
188 Ebd., S. 209.
189 Ebd., S. 200.
190 Ebd., S. 12.
191 Ebd., S. 17.
192 Thomas Mann, Okkulte Erlebnisse, in: Neue Wissenschaft 13 (2–3/1965), S. 50.
193 Franz Alt, Liebe ist möglich, S. 12.
194 Vgl. Adolf Köberle, Als Christ denken, in: Materialdienst der EZW 1987, S. 6.
195 Franz Alt, Liebe ist möglich, S. 195f.
196 Ebd., S. 198–200. – Zu dem Bhagwan-Interview über Hitler vgl. Materialdienst der EZW 1985, S. 276f.
197 Adolf Köberle, Rechtfertigung und Heiligung, a.a.O. (Anm. 94), S. 305.
198 Ebd., S. 18.
199 Hans Joachim Iwand, Die Krisis des Wissenschaftsbegriffes und die Theologie, in: Ders., Um den rechten Glauben, a.a.O. (Anm. 57), S. 64.
200 Myrell/Schmandt/Voigt, Neues Denken. Alte Geister, a.a.O. (Anm. 10), S. 171f.
201 Winifred Rushforth, Dein Wille wird geschehen. Spiritualität und Tiefenpsychologie im NEW AGE, München 1987, S. 187.
202 David Steindl-Rast, Fülle und Nichts, a.a.O. (Anm. 151), S. 186.
203 Winifred Rushforth, Dein Wille wird geschehen, S. 216.
204 Günther Schiwy, Der Geist des Neuen Zeitalters. New-Age-Spiritualität und Christentum, München 1987, S. 109.
205 Günther Schiwy, Auf der Suche nach der verlorenen Einheit, in: Börsenblatt, 24. 2. 1987, S. 502–510.
206 N. N., Ein Strahl jener Wahrheit, die alle erleuchtet, in: Esotera 10/1985, S. 919.
207 Hans Joachim Iwand, Nachgelassene Werke, Bd. V, a.a.O. (Anm. 54), S. 41; vgl. S. 23.
208 Gerhard Rosenkranz, Der christliche Glaube angesichts der Weltreligionen, Bern/München 1967, S. 214.
209 Ebd., S. 296.
210 Günther Schiwy, Der Geist des Neuen Zeitalters, S. 28f.
211 Ebd., S. 29.
212 Ebd., S. 28.
213 Ursula von Mangoldt, Was birgt uns in der Gefahr? An der Schwelle eines neuen Zeitalters, Freiburg 1983, S. 32.
214 Dieter Nestle, »Wenn du im Garten wandelst, lerne den Glauben«. Schöpfung im Lichte des ersten Evangeliums, Freiburg 1985, S. 150, in Kritik an der Gemeinsamen Erklärung des Rates der EKD und der Deutschen Bischofskonferenz »Verantwortung wahrnehmen für die Schöpfung« (Gütersloh 1985).
215 Adolf Köberle, Der Herr über alles. Beiträge zum Universalismus der christlichen Botschaft, Hamburg 1957, S. 11f.
216 Adolf Köberle, Das geheimnisvolle Reich der Seele, a.a.O. (Einführung, Anm. 37), S. 46.

217 Adolf Köberle, Geleitwort zu: T. Pakraduny, Die Welt der geheimen Mächte, Miesbach/Obb. o. J., S. IXf.
218 Adolf Köberle, Glaube und Lebensfrische, in: Ders., Heilung und Hilfe. Christliche Wahrheitserkenntnis in der Begegnung mit Naturwissenschaft, Medizin und Psychotherapie, Neuauflage Moers 1985, S. 138f.
219 Adolf Köberle, Teilhard de Chardin, ein christlicher Naturforscher, a. a. O. (Anm. 218), S. 32.
220 Marilyn Ferguson, Die sanfte Verschwörung, S. 56/Anm.
221 Ebd., S. 57.
222 Susanne Schaup, Christentum und Neues Zeitalter, in: Wege... Zur Synthese von Natur und Mensch 4/1986, S. 7.
223 Marilyn Ferguson, Die sanfte Verschwörung, S. 57.
224 Joachim-Ernst Berendt, Nada Brahma, Frankfurt 1983, S. 207.
225 Susanne Schaup, a. a. O. (Anm. 222), S. 3.
226 Vgl. Hans Lachenmann, Entwicklung und Endzeit, Hamburg 1967, S. 173f., sowie: Ernst Benz, Schöpfungsglaube und Endzeiterwartung. Antwort auf Teilhard de Chardins Theologie der Evolution, München 1965, S. 243.
227 Hans Lachenmann, a. a. O., S. 94; 174.
228 Ernst Benz, Schöpfungsglaube und Endzeiterwartung, S. 244.
229 Zit. nach Josef Sudbrack, Neue Religiosität, S. 73.
230 Wilhelm Quenzer, Evolution – mit oder ohne Darwin. Zum spiritualistischen Glauben an nachtodliche Entwicklungen (= Information Nr. 83 der EZW), Stuttgart 1981, S. 19.
231 Josef Sudbrack, Neue Religiosität, S. 70–74, sowie: »Man möchte die Probleme ohne transzendenten Gott in den Griff bekommen.« Fragen an Josef Sudbrack zur New Age-Bewegung, in: Herder Korrespondenz 12/1987, S. 585.
232 Andreas Schlüter, Alte Gefahren, neue Zeit? Zivilisationskritik und Prophetie des »New Age«, in: Universitas 10/1987, S. 1024.
233 Zit. nach Josef Sudbrack, Neue Religiosität, S. 73.
234 Josef Sudbrack, Neue Religiosität, S. 184.
235 Albrecht Strebel, Der kosmische Christus. Eine Einführung in das Problem, in: Der kosmische Christus und die Religionen. Tagung vom 13.–15. 3. 1987 in Bad Boll in Verbindung mit dem Weltbund für religiöse Freiheit (IARF) (= Protokolldienst 23/87 der Ev. Akademie Bad Boll).
236 Ulrich Mann, Die Universalität des Christus – Anspruch oder Angebot? unter Bezug auf Luthers Abendmahlsschriften (ebd., S. 50f.).
237 Kurt Hutten, PSI und der christliche Glaube, in: Esotera 12/1975, S. 1093.
238 So auch Hans-Joachim Rennkamp, Zeitenwende oder Mode? Die New Age-Bewegung zwischen Aberglauben und wahrer Bewußtseinsveränderung, in: Christ in der Gegenwart, 14. 6. 1987.
239 Vgl. z. B. Dave Hunt/T. A. McMahon, Die Verführung der Christenheit, Bielefeld 1987, S. 76ff.
240 Zit.nach Ladislaus Boros, Evolutionismus und Spiritualität. Ein Versuch über die »geistliche Lehre« Teilhard de Chardins, in: Karl Schmitz-Moormann (Hg.), Teilhard de Chardin in der Diskussion, Darmstadt 1986, S. 363.
241 Zit. nach Schwäbische Zeitung, Leutkirch, 21. 10. 1987. Das Referat wurde inzwischen publiziert: Horst Bürkle, An der Schwelle eines neuen Zeitalters? Faszination und Gefahr neuer geistig-religiöser Strömungen, in: Stimmen der

Zeit 1/1988, S. 47–60, erweiterte Fassung unter dem Titel »Zur Unterscheidung der Geister: Selbstrettung des Menschen oder Erlösung durch Gott?« in: Horst Bürkle (Hg.), New Age. Kritische Anfragen an eine verlockende Bewegung. Mit Beiträgen von Horst Bürkle, Fritjof Capra, Edgar Lüscher, Günther Schiwy, Josef Sudbrack und Walther Ch. Zimmerli, Düsseldorf 1988, S. 105–136. Ähnlich auch Johannes Aagaard, der bei der Amsterdamer Konsultation über die »neuen religiösen Bewegungen« 1986 im Blick auf die durch New Age aufgedeckten Defizite des heutigen Christentums die Erneuerung »des Interesses an der traditionellen elementaren Theologie der alten Kirche« forderte, die »helfen könnte, den Kosmos in einer Weise zu sehen und zu deuten, die sich als bedeutungsvoll für heute erweisen könnte« (The World-view / Cosmology of the New Religious Movements, a. a. O. [1. Teil, Anm. 37], S. 55f.).

242 Herder Korrespondenz 12/1987, S. 588 (s. o. Anm. 231).

243 Darauf hat insbesondere hingewiesen der Philosoph Helmut Dahm, Grundzüge russischen Denkens, München 1979, bes. in dem S. 283–320 durchgeführten großangelegten Vergleich zwischen Bulgakov und Teilhard vor dem Hintergrund der Sophiologie Augustins.

244 Jürgen Moltmann, Zeit der Wende, zit. nach Hans-Jürgen Ruppert, New Age. Endzeit oder Wendezeit? S. 180.

245 Und zwar mit Roszaks Büchern: The Making of a Counter Culture, New York 1969, und: Where the Wasteland Ends: Politics and Transcendence in Postindustrial Society, New York 1972.

246 Paulos Gregorios, The Human Presence. An Orthodox View of Nature, Genf 1978, S. 92. Olivier Reiser, Cosmic Humanism. A Theory of the Eight-Dimensional Cosmos Based on Integrative Principles from Science, Religion and Art, Cambridge, Mass., 1966.

247 S. L. Frank (Hg.), A Solovyev Anthology, London 1950, S. 178f., übersetzt nach Paulos Gregorios, a. a. O., S. 79f.; vgl. die Reklamierung Solowjows für das »neue Bewußtsein« in der New Age-Zeitschrift »Trendwende« vom 8. 8. 1986, S. 24, durch einen Vertreter der »Ökosophischen Gesellschaft« in Freiburg.

248 Reinhard Slenczka, Lehre und Bekenntnis der Orthodoxen Kirche: Vom 16. Jahrhundert bis zur Gegenwart, in: Carl Andresen (Hg.), Handbuch der Dogmen- und Theologiegeschichte Bd. II, Göttingen 1980, S. 537f.

249 Ebd., S. 547.

250 Paul Evdokimov, Nature, in: Scottish Journal of Theology 18 (1/1965), S. 9, übers. nach Paulos Gregorios, a. a. O., S. 88.

251 Die geistlichen Grundlagen des Lebens, in: Deutsche Gesamtausgabe der Werke von Wladimir Solowjew, hg. von Wl. Szylkarski, Bd. II, Freiburg 1957, S. 151.

252 Reinhard Slenczka, Ostkirche und Ökumene, Göttingen 1962, S. 84.

253 Paulos Gregorios, a. a. O. (Anm. 246), S. 8.

254 Ebd., S. 80; 79 (übers. nach Ernst Benz, Die Vision, S. 587).

255 Pierre Teilhard de Chardin, Le milieu divin, zit. nach Hans-Joachim Rennkamp, a. a. O. (Anm. 238).

256 Nikolaj Zabolotskij, Das Opfer Christi und der Lebenseinsatz der Christen, in: Das Opfer Christi und das Opfer der Christen, hg. vom Kirchlichen Außenamt der EKD, Frankfurt 1979, S. 175.

257 Paulos Gregorios, a. a. O., S. 64.

258 Sergej N. Bulgakov, Christos v mire, zit. nach Jerzy Klinger, O. Tejar de Šardin i pravoslavnaja tradicija [Pater Teilhard de Chardin und die orthodoxe Tradition], in: Le Messager Nr. 106, Paris/New York 1972, S. 119 (zuerst polnisch in: Zycie i myśl Nr. 6–7, Warschau 1968).

259 Ernst Benz, Schöpfungsglaube und Endzeiterwartung, a. a. O. (Anm. 226), S. 237.

260 Ernst Benz, Das Bild des Übermenschen in der europäischen Geistesgeschichte, a. a. O. (Anm. 59), S. 148.

261 Presseerklärung der Konferenz der evangelischen Weltanschauungsbeauftragten 17.–19. 3. 1987.

262 Klaus Nientied, Durch neues Denken in ein neues Zeitalter? Zur Diskussion über die New Age-Bewegung, in: Herder Korrespondenz 12/1987, S. 583.

263 Zit. nach: Weltanschauungen und neue Heilslehren. Theologischer Studientag des Diözesenrats der Diözese Rottenburg/Stuttgart am 15./16. Mai 1987, S. 53 f.

Zu Themen der Zeit
Bücher aus dem Quell Verlag

Bubmann, Peter: **Urklang der Zukunft.**
New Age und Musik.

Cullmann, Oscar:
Unsterblichkeit der Seele oder Auferstehung der Toten?
Antwort des Neuen Testaments.

Fischer, Manfred (Hg.): **Jesu Botschaft zur Welt bringen.**
Wirtschaftliche, technologische und geistige Entwicklungen im Licht biblischer Texte.

Hartmann, Karl:
Atlas-Tafel-Werk zur Geschichte der Weltreligionen.
Karten, Tabellen, Erläuterungen.
Band I Die Geschichte der fernöstlichen Religionen.

Hartmann, Karl: **Die Rechnung mit Gott.**
Gnostische Strömungen in Kirchengeschichte und Gegenwart.

Hartmann, Karl: **Schöpfungsglaube und Naturwissenschaft.**
Tafeln und Texte für Gemeindearbeit, Unterricht und Erwachsenenbildung.

Heyer, Friedrich / Pitzer, Volker (Hg.): **Religion ohne Kirche.**
Die Bewegung der Freireligiösen.

Horkel, Wilhelm: **Spiritismus.**
Geheimnisse des Jenseits.

Hummel, Reinhart: **Gurus in Ost und West.**
Hintergründe, Erfahrungen, Kriterien.

Hummel, Reinhart: **Reinkarnation.**
Weltbilder des Reinkarnationsglaubens und das Christentum. Unterscheidung.
(In Gemeinschaft mit dem Matthias-Grünewald-Verlag).

Hutten, Kurt: **Seher · Grübler · Enthusiasten.**
Das Buch der traditionellen Sekten und religiösen Sonderbewegungen.

Köberle, Adolf: **Als Christ denken.**
Beiträge zum Zeitgeschehen.

Linnewedel, Jürgen: **Meister Eckarts Mystik.**
Zugang und Praxis für Heute.

Linnewedel, Jürgen: **Mystik, Meditation, Yoga, Zen.**
Wie versteht man sie, wie übt man sie, wie helfen sie – heute?

Loth, Heinz-Jürgen / Mildenberger, Michael / Tworuschka, Udo (Hg.):
Christentum im Spiegel der Weltreligionen.
Kritische Texte und Kommentare.

Reimer, Hans-Diether:
Wenn der Geist in der Kirche wirken will.
Ein Vierteljahrhundert charismatische Bewegung.

Reimer, Ingrid (Hg.):
Alternativ leben in verbindlicher Gemeinschaft.
Evangelische Kommunitäten, Lebensgemeinschaften, Jungen Bewegungen.

Reimer, Ingrid: **Verbindliches Leben in Bruderschaften, Kommunitäten, Lebensgemeinschaften.**
Mit einem einleitenden Beitrag von Helmut Claß und Selbstzeugnissen der Gemeinschaften.

Sudbrack, Josef: **Mystik.**
Selbsterfahrung – Kosmische Erfahrung – Gotteserfahrung